U0840290

阿勒坦汗传

（蒙汉合璧）蒙古文历史文献汉译

佚名 著

珠荣嘎 译注

内蒙古大学出版社

图书在版编目(CIP)数据

阿勒坦汗传:蒙汉对照/佚名著;珠荣嘎译注.—呼和浩特:内蒙古大学出版社,2014.1

ISBN 978-7-5665-0538-5

Ⅰ.①阿… Ⅱ.①佚… ②珠… Ⅲ.①阿勒坦汗(1507~1581)—传记—蒙古语(中国少数民族语言)、汉语 Ⅳ.①K827.48

中国版本图书馆CIP数据核字(2014)第006683号

书　　名	阿勒坦汗传
著　　者	佚名
译 注 者	珠荣嘎
责任编辑	王晓俊
封面设计	雷青　黄曼
出　　版	内 蒙 古 大 学 出 版 社 呼和浩特市昭乌达路88号(010010)
发　　行	内蒙古新华书店
印　　刷	北京彩虹伟业印刷有限公司
开　　本	710mm×1000mm　1/16
印　　张	23.5
字　　数	345千
版　　期	2014年2月第1版　2014年2月第1次印刷
标准书号	ISBN 978-7-5665-0538-5
定　　价	98.00元

出版说明

内蒙古大学出版社有限责任公司于2014年倾力出版的《(蒙汉合璧)蒙古文历史文献汉译》丛书,共8册10种书,分别是《蒙古秘史》《蒙古源流》《蒙古黄金史纲》《大蒙古国根本黄金史》《蒙古黄史》《蒙古博尔济吉忒氏族谱》《阿勒坦汗传》《阿萨喇克其史》《内齐托音一世传》《内齐托音二世传》。

本丛书所选的十部蒙古文史著为自13世纪到19世纪在中国和东西方众多国家广为流传的蒙古文史书,国内外已经有了多种文字的翻译本,但至今为止还没有出现"汉译丛书"的出版规模。我们组织出版了这套汉译丛书,希望能弥补这个遗憾。

该套丛书坚持以学术研究为先导,注重历史文献的大众普及,在原本译注的基础上,增加了蒙文原文版本的影印件,突出了"蒙汉合璧"的出版价值。希望这套丛书的出版,能为保护优秀民族文化遗产尽绵薄之力,同时也能为国内外学术同仁提供富有学术价值和参考价值的第一手资料。

由于水平有限,难免会有疏漏和不尽如人意的地方,我们期待广大读者不吝指教,以便以后修订完善。

蒙古文历史文献导论

各国蒙古学家们从18世纪起就开始搜集整理、研究蒙古族的书面文献、石刻文献等等，这不仅为我们今日的研究打下了良好的基础，同时也提供了大量鲜为人知的丰富的文献资料。据我们了解，各国蒙古学家们从1225年的《成吉思汗石》文开始到18世纪末为止所发现的蒙古文历史文献的数量是相当可观的。从这些遗留下来的或全文或残缺不全或点滴散存的各种蒙古文历史文献中，我们可以看出蒙古游牧民族丰富而灿烂的历史、文化的发展和变化的轨迹。为了叙述之方便，我们在本文中以朝代为序，以古代蒙古文历史文献的出土和发现地点为基本线索，对具有一定代表性的、新近发现的蒙古文历史文献作一概要介绍。

一、大蒙古国时期(1206—1271)

13世纪早期，北亚历史上出现了一个神话般的蒙古帝国。在北亚和中亚新生的这一游牧帝国(名称为“大蒙古国”)把整个民族带到了一个从“野蛮”转向文明的、充满了向上精神的新时代。这个时代最重要的标志是游牧蒙古人有了自己的文字，也有了自己的文献——蒙古人进入了有文字记载的历史时期。

成吉思汗统一蒙古得力于大量的部落战争，他命令每一个部落都必须由一个直接对蒙古大汗负责的人来统治。然而，就当时在蒙古周边民族的历史发展情况而言，他还需要与另一个文明世界的定居民族发生交往，并且懂得：游牧帝国的移动势力会因为与不能够移动的农业定居文明的势力相联系而导致其帝国的崩溃。另外，为了避免新成立的帝国从内部瓦解，他还制定了一整套可以限制游牧民族贵族们个人实力的扩张所必须遵循的规范制度。当然这套规范制度必须像定居农业民族的政权一样,要以文字的形式出现在人们的面前。

成吉思汗攻打奈曼部落时俘虏了新疆绿洲中的一个畏兀儿(回纥)人,命令他制定畏兀儿蒙古文字,即把蒙古语和畏兀儿字母结合到一起的文字。现代学者们将这种文字称之为“回鹘(畏兀儿)式蒙古文”或“回纥(畏兀儿)蒙古文”。这一名称的意思就是指从畏兀儿人(此为蒙古人的称呼,与汉文所称回鹘人相同)借用粟特体字母表创制的蒙古文,而不是有些人所说的畏兀儿人创制的畏吾儿文字。畏兀儿蒙古文是蒙古人最早的民族文字,现代蒙古文、托忒体蒙古文就是在它的基础上发展而来的,满洲文字母也是从畏兀儿蒙古文脱胎来的。

成吉思汗当时让这位被俘的畏兀儿人教太子及诸王用这种文字书写“国言”(蒙古语);他还建立文官制度,并任用一部分通本国文字的畏兀儿人和一些讲突厥语、波斯语和阿拉伯语的回教徒,使他的继承者在与“从日出之地到日落之地”的所有民族打交道时,尤其是与他们南面的有“围墙”的具有古老文明的定居民族发生关系时,不必再完全依从他们的文官(内地所称谓的士大夫)阶层。这个文官阶层,从蒙古以前的古代北亚游牧民族进入该地区时就开始利用他们的文字来推行政事,致使北方游牧民族的征服者也自然而然地利用他们的文字作为管理新征服地区居民的工具。

成吉思汗与众多蒙古人不一样,在其一生中从未夸耀过自己的功劳和荣誉。我们从成吉思汗创制文字算起,迄今为止所发现的首次用蒙古文字记载的文献,即学界所称《成吉思汗石》(其实该名不准确)中可以看到,碑铭不是歌颂成吉思汗个人的荣誉,而是记载了从 1219 年到 1224 年跟随成吉思汗血战花剌子模国的成吉思汗之弟合萨尔次子也松格(约 1192—1267)的荣誉——他获得了成吉思汗降旨刻碑的殊荣。

蒙古人的历史进入到有自己文字的时代后出现了一系列重要的文献,其中具有直接史料性的历史文献有以下几部:

1.《青册》(阔阔 · 迭卜帖儿):13 世纪初问世。该书是记录成吉思汗“大札撒”(大法典)的畏兀儿蒙古文笔录,内容为记录大蒙古国所有的司法决议,包括成吉思汗本人的法律训言(bilig)等都被保存起来以备用作将来司法判决的判例,所有有关部众分配的事例也记载在里面。由此可见,《青册》是一部法典与成吉思汗本人的法律训言的真实笔录。该书是在成吉思汗母亲的养子大断事官(Jarquči)失吉忽秃胡的领导下编写而成的。著名旅行家术外尼是唯一知道大札撒内容的波斯史家,他说《青册》里“有很多札撒条文”,但他阐述得不多。直到元代时,成吉思汗的法律训言仍然有特别的影响力。据波斯史家拉施特说,当元成宗铁穆耳(1295—1307 年在位)与其长兄晋王甘麻剌为争夺皇位而激烈斗争时,他的母亲阔阔真哈敦提出,“忽必烈合汗曾经吩咐,让那精通成吉思汗的必里克(bilig, 意为法律训言)的人登位”。于是,诸王都背诵成吉思汗的必里克,在场的长辈们据此予以裁决,结果铁穆耳背诵得最好,因此被选作可汗。①由此看来,成吉思汗的大札撒在元代时期仍然被保存的同时也具有很高的威信。据其他学者说,该书的原本保存了三代。

2.《蒙古秘史》(亦称《元朝秘史》):此书原文是畏兀儿体蒙古文,作者佚名。书后写“鼠儿年七月写毕”,对这一年份学界有不同看法,分别认为是 1228 年戊子、1240 年庚子、1252 年壬子和 1264 年甲子。该书主要内容为成吉思汗先人谱系、成吉思汗生平业绩和窝阔台汗统治时期的历史,个别内容涉及窝阔台汗以后的史实。看来不是一次成书,而是经过了不止一次的补充和修订。② 原文明初已散佚,在罗藏丹津的蒙古文《黄金史》中遗留了三分之二左右的佚文。现存的汉文音写本是明朝四夷馆的汉文音写本。汉族学者称其为《元朝秘史》。

以蒙古民族典范文献著称的《元朝秘史》(共 12 卷,《永乐大典》收录 15 卷),是研究蒙古历史的重要原始文史资料。该书的原名为《蒙古秘史》,为佚名氏撰。原文系以畏兀儿蒙古文写成,现已佚失,现世传仅有明初洪武年间遵钦命所撰,并附有汉文总译。本书除系统叙述蒙古人的起源、成吉思汗和窝阔台汗时期的事迹、蒙古汗国的建立与对外征服的业绩外,还对当时的社会生活习俗等做了真实的反映。引叙事实多通过传说、故事、谚语、格言、诗歌等形式写出,它不但是蒙古早期

① (波斯)拉施德:《史集》第二卷,商务印书馆 1985 年汉译本,第 375—376 页。

② Yekeming γadai Yirincin-u serg ügelte : Mongγul-un ni γuca tobčiyan, koke qoda, 1987, pp. 81 – 83.

的历史巨作,也是一部优秀的文学语言的珍贵文献。与《蒙古黄金史》《蒙古源流》并称为蒙古民族的三大史作。此书不但我国学者做过注释(注:清·李广田:《元朝秘史注》,清末沈曾植:《元朝秘史注释》等),国外学者也很重视。日本史学家称其为蒙古早期历史时期唯一的"金字塔"式的巨作。国外早在19世纪中叶开始已有俄、德、法、日等诸种文字的译文。

在俄国,有俄国驻北京的传教士帕拉迪乌斯(Palladius)译述的《关于成吉思汗的古代传说》一书(俄国驻北京传教士著作集,1866年)最早出版。在欧洲,一直从事蒙古文献语言学研究的德国学者海涅什(E. Hanisch)早在20世纪30年代就进行了译文还原尝试的《元朝秘史》(第一部)(莱比锡,1931)等著作。在法国还有东方史学者伯希和(P. Pelliot)《元朝秘史卷——蒙古语和译文(附译注)》遗稿的出版。该书由于是对蒙古原文进行了还原,并兼及了译注,一时轰动了蒙古史学界。

在日本,也先后出版了一系列有关《蒙古秘史》的研究著述。首先,由那珂通世最早日译的《成吉思汗实录》一书于1907年公开出版,因为穿插以流利文言文笔的蒙古语译文,并兼引了若干汉籍,再加以丰富的译注,而被称为日本明治时代不朽的东方名著(筑摩书房,1907)。其次,进入昭和年代,又相继有小林高次郎日译的《蒙古秘史》(生活社,1940)、《元朝秘史研究》(日本学术振兴会,1954),还有白鸟库吉的《音译元朝秘史》(《东方书文库》丛刊9,1942)等著作出版。这些译著从语言学角度,力求将汉文音译还原成蒙古语,也引起了学术界的极大兴趣,实为语言学研究的巨作。这一时期,学者服部四郎还发表了与小林高次郎《元朝秘史研究》同一主题的《元朝秘史中出现蒙古语言汉字之研究》的专著(日本学术振兴会,1954)。从1984年起,日本小泽重男的《元朝秘史全释》和《元朝秘史全释续考》陆续出版,共6卷,可以说是当今世界《蒙古秘史》研究史中的一座丰碑。

20世纪30年代以来,德国学者海涅什、苏联学者柯津、日本学者白鸟库吉、法国学者伯希和、匈牙利学者李盖提、澳大利亚学者罗依果等先后发表了《蒙古秘史》原文(根据汉字音译)的拉丁字音译本。

3.《金册》(*altan tebter*):成书约比《蒙古秘史》晚几十年,而论及研究史,则比

《蒙古秘史》早几十年。14 世纪初，波斯史家拉施特（1247—1318）先后受蒙古伊利汗合赞和完者都之命修撰《史集》。这是一部前所未有的世界通史，在当时是当之无愧的亚欧历史的百科全书。他在修撰《史集》的过程中充分利用和研究了当时秘藏于蒙古伊利汗国宫廷金库中的蒙古文《金册》。他是对这部文献最早也是唯一的研究者。用拉施特的话说，该书是蒙古人“逐代均曾用蒙语、蒙文加以记录，唯未经汇集整理，以零散篇章形式[保存于汗的]金库中”“秘藏”的“信史”，“有关蒙古起源的史籍、与蒙古有亲属关系的突厥诸部的世系”。拉施特充分利用并考订、整理了《金册》这部蒙古文古代历史文献。拉施特研究《金册》的年代，应当与《史集》的写作同时进行，即在 1311 年至 1312 年之间。

《蒙古秘史》和《金册》这两部蒙古文历史文献，都在宫廷中被撰写、秘藏、研究过，因此，这两部蒙古文历史文献具有共同的、特殊的地位。

4.《萨迦格言》：又译成《善说宝藏》，吐蕃萨迦派高僧贡噶坚赞（Kun dgav rgyal mtshan，1182—1251）著，原文为藏文，蒙古文译本于 1269 年前完成。关于蒙文译者密咒大师索南戈拉的生平，文献资料没有什么记载，故暂无法做详细介绍。《格言》共 457 段，每段 4 行，共 1 828 行。1921 年至 1931 年间匈牙利蒙古学家李盖提（L. Ligeti）在内蒙古旅行考察期间从喀喇沁旗公爷府获取蒙古文译文。原件今收藏在匈牙利科学院图书馆（布达佩斯国立图书馆）。《萨迦格言》是中世纪蒙古语标准语的重要文献，从 13 世纪以来在藏蒙地区广为流传。

5. 此外，忽必烈于公木虎年（1254）给西藏僧侣的《藏文诏书》（*jav sa bod yig ma*）和鼠年（1264）《珍珠诏书》（*mu tig ma*）等两份文书的原蒙文件虽然丢失，但其完整的内容被保存在藏文文献中，被学界认定为对研究蒙藏佛教关系具有重要意义的珍贵文献。

6. 黑城蒙古文献残片：1907 年到 1909 年间，俄国东方学家柯兹洛夫（P. K. Kozlov，1863—1935）率领俄罗斯皇家地理学会探察队到中亚极东部藏区进行了考察，并从死城哈喇浩特（即“黑城”又名“黑水城”，位于今内蒙古阿拉善盟额济纳旗达来呼布镇东南）遗址中发现了大量的西夏文书籍及其残片和西藏、蒙古等民族的文献及其残片。这是 20 世纪轰动世界的重大发现。然而，其中发现的蒙古文文献只有17件。对此,过去虽有一些研究,但只是对其文字、内容进行研究而已。然而,直到目前为止,我国学术界知之者很少。匈牙利蒙古学家卡拉·捷尔吉(D. Kara Gyorgy)于2003年在俄罗斯科学院东方研究所圣彼得堡分所编写的《东方文献》(第9卷,第2辑)上发表了从哈喇浩特出土的19件(包括回鹘文1件)蒙古文印刷品和手稿文书(大部为残片)的全部照片及其拉丁文转写,并撰写了评注,① 为学术界提供了极为珍贵的中世纪蒙古文文本文献,可谓功德无量。这些文献内容极为丰富,其中与蒙古古代历史相关的有早期借贷文契、寺院经济、契约、信件等蒙古社会经济文书,此外也有佛经故事、入官、推官等官方文书,尤其其中发现的成吉思汗与阿鲁剌惕氏的孛斡儿出那颜(G110背面)、忙兀惕部的智者之间对话的残片是属于成吉思汗至理名言的具有诗歌韵律的早期文献。另有《也先帖木儿给西域火洲之地官员的令旨》是蒙古统治者管理西域的范例之一。

7. 伏尔加河畔发现的桦树皮文献《母子情感歌》:1930年,在中世纪属于金帐汗国或术赤兀鲁斯(约1243—1502)领土的苏联伏尔加河右岸下游的一座古墓葬中有一位农民发现了带有装订线的25叶桦树皮文献,25叶中的13面写的是畏兀儿体蒙古文。这是13世纪末的文献,学术界将其称为《金帐桦树皮文书》,亦称《母子情感歌》。这首情感歌叙写了一个蒙古普通劳动妇女送儿子服兵役时的嘱咐和出发远征的儿子对母亲、家乡的思念之情,其内容与蒙古西征历史有密切联系,并且从其渊源而言是来自民间的一首对唱歌。原件今收藏在俄罗斯圣彼得堡市艾米塔尔(Ermitar)博物馆。

二、元朝时期(1271—1368)

1. 统治波斯的蒙古汗国—伊利汗国的诸王阿巴哈汗(Abaqa khan)、阿鲁浑汗(Argun khan)的两份信函,合赞汗(Qazan khan)、完者都汗(Oljeyitu khan)等于1267年(或1279年)、1289年、1290年、1302年、1305年分别致罗马教皇和法国国

① G. Kara, Mediaeval Mongolian Documents from Khra Khoto Xiyu in the St. Petersburg Branch of the Institute of Oriental Studies. Manuscripta Orientala, Vol. 9, No. 2 June 2003, St. Petersburg.

王的外交信函。这几份蒙文信函对研究蒙古与欧洲各国的联系有密切的关系，这些文献今分别收藏于梵蒂冈档案馆和法国档案馆。

2.《亚历山大传奇》(*Sulqarnai-yin tuγuji*)：吐鲁番出土蒙古文残篇13叶，被认定为14世纪初由波斯文译成蒙古文。今收藏于德国科学院东方学研究所图书馆。其对研究蒙古与西域文化交流史有特殊的史料价值。

3. 蒙汉文对译《孝经》(*takimdaqu nom*)：大德十一年(1307)木刻版。今原件收藏于故宫博物院图书馆。这部文献对研究元代蒙古人的语言、文化历史具有重要的文字学价值。

4. 吐鲁番发现的蒙古文文书：从新疆吐鲁番发现的蒙古文文献是在德国人几次进行吐鲁番考察过程中获得的。这些文献是于1902—1914年间由德国柏林民族博物馆以及后来的普鲁士科学院吐鲁番委员会先后组织了四次考察队派往新疆吐鲁番地区进行考古挖掘所得的蒙古文文献。通过四次挖掘共获得105张蒙古文文稿，其中大部分是元明时期的文书之类。自从艾里希·海涅什(Erich Haenisch)1959年发表了《柏林吐鲁番文集》(*Berliner Turfansammlung*)中的大部分蒙古文文献影印件以来其中的许多残页被欧美各国和蒙古国的蒙古学家们研究整理过。其中1993年蒙古国的策仁索德纳木(D. Cerensodnom)和德国的陶贝(M. Taube)合作刊行的《柏林吐鲁番文集中的蒙文文献》成为最新的、最完整的研究著作。

从吐鲁番发现的文本文献除了《亚历山大传奇》以外，值得我们注意的是，吐鲁番文献中的统治中亚河中地区的察合台汗国(1221—1508)后裔秃忽鲁帖木儿(1346—1363，中亚文献中出现的蒙古斯坦的第一代汗)于1352年给河中三个地域长官们的一份令旨(Uge，共9行字)，于1348年或1360年派遣大臣也先到高昌地区办理公务的令旨(共16行)，于1353年派遣孛罗海牙(Bolad qay - a)为首的使臣等到某地接纳使臣所需物品的令旨(共12行)以及秃忽鲁帖木儿之子亦里牙火者(Ilasqoja，1363—1370年在位)于1369年下达箧儿乞惕将军的有关豁免民户赋税的圣旨(jarliγ，共20行)；还有给印度斯坦使臣的羊年圣旨(共17行)；察合台汗国第14代汗怯别(Kebeg.，1318—1326)于1326年颁发黑色印章的解救赔款令旨(共10行)；第21代汗也孙帖木儿汗(1338—1339年在位)给驿站的圣旨(共14

行)等文书都是盖有红色印章或黑色印章的完整的畏兀儿体蒙文官方文书。这些文书是研究河中地区察合台汗国的政治、经济、文化和风土人情等方面有一定意义的重要资料。

5. 关于元代所译《彰所知论》蒙古文版及相关问题。元代,八思巴有一名著,书名为《彰所知论》(藏文为 *shes bya rab tu gsal ba*)。学界对此书的成书年代及藏、汉、蒙古文版本问题至今有不同说法。过去有的学者认为"现在不存西藏语或蒙古语的原书,只传中译本"。经王启龙先生的努力,发现了其藏文原版完整地保存在德格木刻板《萨迦全集》(*sa skyavi bkav vbum*)函中。在这一重要发现的基础上,经他专题研究,对《彰所知论》的藏文原文的写作年代目前可以定论,即"《彰所知论》藏文版中明确说明,八思巴在戊寅年(sa pho stag gi lo, 阳土虎年,1278 年)于萨迦寺写成此论的"①。同时王启龙还指出了其汉译本成书于 1306 年以前。至于《彰所知论》的蒙文译本,在学术界至今仍然是个谜,王启龙根据德国蒙古学家海西希(Walther Heissig)教授于 1959 年在德国威斯巴登出版的《蒙古人的家谱与宗教历史文献》(*Die Familien-und Kirchengeschichtsschreibung der Mongolen*)一书的说法,认为"蒙文本时间更晚","至于蒙文本是译自藏文原文还是汉译文,尚须考证"。②

海西希以前俄国的蒙古学家科瓦列夫斯基首次提出,17 世纪蒙古著名佛学翻译家锡埒图·固什·绰尔济的一部著作即《必用之全义经》(*čiqula kereglekü tegüs udq-a neretü sasdir*, 也有人译成《本义必用经》)是八思巴喇嘛所著《彰所知论》的蒙古文译本或改写本。③ 尤其是我们看到王启龙先生发表的藏文原文后认为,蒙文《必用之全义经》是一部完全独立的著作,而不是八思巴喇嘛《彰所知论》的译本。只要将蒙文《必用之全义经》同《彰所知论》略加对比,便不难看出这一点。锡埒图·固什·绰尔济在其著作中未曾提及八思巴喇嘛的著作,绝非偶然。他在

---

① 王启龙:《八思巴生平与"彰所之论"对勘研究》,中国社会科学出版社,1999,第 239 页。

② 王启龙:《八思巴生平与"彰所之论"对勘研究》,中国社会科学出版社,1999,第 225—226 页。

③ O. M. Kovalevskii , Buddiiskaya kosmologiya. Kazan ,1837, p. 13 .

《必用之全义经》的"跋语"中指出,作者是"应克穆齐克兀惕(部族)之善胜菩萨为首,明慧者希绕曾格二人以无垢虔诚之心再三请求译之此著,据前圣者之神圣教海与犹如冉冉上升的太阳般照耀之诸种经典之含意进行详实对勘后,名为满洲什礼·固什·锡埒图·绰尔济者,为犹如太阳般弘扬顶圣释迦牟尼之教,实为撰写而成。"要指出的是,海西希等学者所利用和发表的抄本"跋语"与笔者所看到的几种抄本以及内蒙古社会科学院的竹笔抄本之间差别很大。据我们考察,海西希所利用的抄本,无论从其内容还是从版本学角度而言,可以说是一部较劣质的抄本,不足凭据。

就内容和结构而言,锡埒图·固什·绰尔济的这部著作与八思巴喇嘛的著作完全不同。据藏文原文,八思巴喇嘛的著作是由五个部分,即器世界品、情世界品、道法品、果法品和无为法品组成的。而锡埒图·固什·绰尔济的著作可分为四个部分,即佛陀生平及其佛教学说、三界(欲界、色界、无色界)、印藏蒙王统世系、佛陀学说中需要知道的要义。

这样我们首先肯定了国内外现在流传的蒙古文《必用之全义经》不是八思巴喇嘛《彰所知论》的译本。那么《彰所知论》是否有蒙文译本?若有,何时翻译成蒙文?据我们的新近发现,《彰所知论》确实有其蒙古文译本,今藏于俄罗斯圣彼得堡国立大学图书馆,书名为《彰所知论》(*Medegdegün-i belgetey-e geyigülügci ner-e-tü Sasdir*),版心:36.8cm×9.5cm,共1—52a页,每页28—29行字,竹笔抄本。该抄本大约是清代1720—1730年间所抄。但我们根据抄本的句型结构、语言修辞和词法特征以及保持回鹘文书写形式和回鹘式佛教名词术语的多次出现等情况来看具有元代蒙文译经的特点,因此我们认为此抄本的译文属《彰所知论》的元代蒙古文译本的可能性很大。

三、北元时期(1368—1635)

1. 明朝景泰帝蒙古文敕书:汉文称"皇帝敕赐剌儿地面头目咩(yang)力儿吉的诏书"。这是明廷用蒙汉两种文字致伊朗剌儿地区(剌利斯坦 Laristan)长官的诏书,发诏书时间为明景泰三年(1452)十一月二十九日。原件收藏于土耳其国伊斯坦布尔市土布卡皮宫博物馆(Topkapi Sarayi Muzesi)。① 本诏书以及吐鲁番出土的文书证明,明朝最初的百余年里,蒙古文曾是明朝与西域某些国家之间进行联系的外交语言和文字。

2. 阿勒坦汗于 1580 年用蒙汉文对照的呈明朝皇帝的信札和《高昌馆课》(1407)也属于北元时代的用汉文逐字逐句译写,不顾蒙文语法特点,不懂汉文的蒙古人无法理解的特殊文献,但学术界完全可以理解和利用其内容。

3.《阿勒坦汗传》:原书题曰《名为宝汇集之书》,蒙古文原本为削竹笔手抄本,作者佚名。关于该书的成书年代,据学者们的考证是在 1607 年。全书共 54 经卷页,计 107 面,全书采用韵文体,以押头韵的四行诗为其基本形式。此书原藏于内蒙古乌珠穆沁右翼旗王府家庙内,现藏于内蒙古社会科学院图书馆,成为天下孤本。主要内容为赞扬土默特万户领主阿勒坦汗(1502—1582)一生的业绩,反映了当时蒙古右翼三万户的政治、经济、军事、文化和西藏佛教格鲁派等首次传入蒙古地区的实际情况并提供了很多过去鲜为人知的珍贵资料。

4.《白史》:原名《十善福经白史》。不少研究者根据 16 世纪著名思想家呼图克台·彻辰·洪台吉(1540—1586)重编的《白史》一书的"前言"认为,该书为元代忽必烈之作。但也有学者不同意此说。最早发现此书的是 16 世纪下半叶鄂尔多斯部呼图克台·彻辰·洪台吉。据洪台吉说,他从松洲城获得此手抄本后,与畏兀儿人比兰纳识里的旧抄本互校,并写"前言"公布于世。此后《白史》流传于世。从该书的整个内容来说,是一部有关蒙古国家体制与法制方面的典章性著作。

5. 从阿伦苏木(olan süm-e)发现的文书:由日本考古学家江上波夫(Egami Namio)率领的日本考察队先后于 1935 年、1939 年、1941 年在阿伦苏木古城(位于今内蒙古包头市达尔罕茂明安联合旗百灵庙镇之北三十余公里)遗址上进行挖掘后发现了 200 多件蒙古文文献残片。据德国海西希(W. Heissig)等学者研究,认为这些残片属于 16—17 世纪手稿。原件在日本国保存。1976 年,德国海西希教授将其全部残片影印出版,并进行拉丁文转写、识读和考证(其中 29 件残片无法确

① F. W. Kleaves, The Sino-Mongolian Edict of 1453. in the Torkapi Sarayi Mütesi HJAS, XIII, 1950, 431—446 页, 1—VIII 图片。

认),为蒙古学界首次提供了阿伦苏木古城出土的蒙古文文献。残片的大部分是佛教经典、咒语经的抄本,也有不少有关天文历书、算卦书、格律诗以及与民俗学相关的重要的蒙文文献。

6. 蒙古国发现的《阿勒坦汗赞歌》及 17 世纪的桦树皮蒙文文献:由蒙古国考古学家 H. 普日来(H. Perlee)带领的考察队于 1970 年在蒙古国布拉干省南部的哈剌布罕·巴尔嘎松城(黑牤牛城)遗址中发掘出 1 400 多块写有蒙古文和藏文的桦树皮文献。其中只有一部分蒙文法律文书由蒙古国已故学者 H. 普日来公开发表,其他文献仍在蒙古国。这些文献学术界认定为 17 世纪前半叶的产物。1994 年 7 月初,德国波恩大学中亚研究所举办了蒙古桦树皮蒙文文献展览,这是在蒙古国发现的上述桦树皮蒙古文文献中的一部分。在德国展览的桦树皮蒙古文文献是 20 世纪 90 年代初从蒙古国运到德国的粘连在一起而成为几乎无法修复和拆开的一大团整块物品。经德国有关专家们的努力,终于得到修复并还原成可以识读的桦树皮文献。德国波恩大学中亚研究所准备将这些桦树皮蒙古文文献全部出版。2000 年,他们的首批成果在德国威斯巴登公开出版。根据该出版物,我们看到研究者们对其中的 110 份文献进行了内容分类、拉丁文转写和关键语词的考订和解释。他们认为这些文献写就时间大约在公元 1600 年左右。尽管幸存的这些文献大部分是残缺不全的、不连贯的甚至几乎没有一件是完整的,但是,这些文献与内蒙古黑城、阿伦苏木和新疆出土的吐鲁番蒙古文文献一样能够留存到现在,并被发现,最终成为能够使对此感兴趣的学者和读者看到和了解其内容的罕见文献,仅此一点就说明了蒙古人在元代和北元时期曾拥有过很多我们现在不甚知道的蒙古文文献。

从这些文献的内容来看,其绝大部分仍然是宗教经典,但还有一部分是宗教领袖人物、政界领袖的赞颂诗歌和民俗学方面的资料,如:其中的熏祭用品及其礼仪祭词、招魂词及祭火招词、各种民间咒语、历法书、占梦书、星占书等类文献在佛教传入蒙古以前和以后都曾有过,是研究蒙古民俗及风俗习惯不可缺少的资料。

值得特别指出的是,该出版物中有一首《阿勒坦汗赞歌》。这是一部极罕见的文献,尽管它只剩下严重破损而无头无尾的一叶(第 6 叶)的两面文字残片。残片中我们可以读到以"啊,我们的阿勒坦扯辰汗"一句为隔、四行重复一遍的优美的诗句。诗中描绘了阿勒坦汗的生平业绩,如建寺庙、修建呼和浩特、在平川上耕种农田、远征卫拉特部、从汉地掳掠财物、使自己的人民过上太平富裕生活等语句。据此,我们毫无犹豫地可以肯定,这是一首记录土默特部阿勒坦汗一生业绩的长篇叙事诗。仅此一点,该残片就可以作为在蒙古史及蒙古文学研究上一项具有历史意义的新发现而被载入史册。

7.《黄金史纲》(约 1628 年成书):作者佚名,多种抄本流传,有学者认为 2002 年蒙古国乔伊玛发表的影印本为最佳抄本。该书是继《蒙古秘史》出现后又一部集中反映从古代到林丹汗即位为止的蒙古历史,是研究北元汗系和诺颜、台吉谱系的珍贵资料。

四、清朝时期(1636—1911)

有清一代蒙古人则有了大量的书面历史文献、石刻文献、宗教文献、语言文献、法典文献、翻译文献和文学作品。随之,蒙古文历史文献也出现了一个新的发展高潮。

这个时期重要的蒙古历史文献的产生大部分都与当时东亚政治大局发生的重大变化有关系。当时是满洲贵族征服漠南蒙古地区,宣称他们是蒙古正统可汗,同时对漠北、漠西蒙古怀有继续征服的野心而蒙古民族将要失去独立地位之际。这些著作多数是以编年体为形式,从"奉天命而生的孛儿帖赤那"开始到成吉思汗的黄金家族为主线,将他们后裔的历史写到史家生活的那个时代为止的蒙古人的历史。有的史家由于深受当时正在鼎盛时期的藏传佛教思想的影响,将成吉思汗及其先祖的历史与印度、西藏的转轮王统紧密联系起来,以图阐明自己祖先的圣洁和高贵。这些编年史一方面反映了当时蒙古史家们记录民族存亡危机时刻的复杂的思想情绪,另一方面,也尤为难能可贵的是比较客观地记载了当时蒙古社会的政治、经济、军事、宗教和文化的历史进程。

清代在蒙古地区流传的主要史学文献现有《蒙古源流》(1662)、《黄金史》(1665)、《黄史》(1651—1662)、《阿萨喇克其史》(1677)、《恒河之流》(1725)、《蒙古博尔济吉忒氏族谱》(1735)、《金轮千辐》(1739)、《大蒙古国根本黄金史》

(1765)、《水晶念珠》(1775)、《蒙古王公表传》(1779—1812)、《金鬘》(1817)、《宝贝念珠》(1840)、《水晶鉴》(1850)、《圣主成吉思汗传记》(18世纪中叶,松巴堪布·也摄斑珠尔著)等。

漠西蒙古卫拉特人被清朝征服的前后也用他们的圣哲扎雅班迪达创制的托忒文编写了几部有价值的史学著作,同样在蒙古地区流传。卫拉特人的著作有其地方特色,他们的所有史学著作几乎全部都是卫拉特地区的历史。我们应该提到的主要著作有《四卫拉特史》(1739),此后又出现了另一部《四卫拉特史》(1819),后者在前者内容基础上增加了一些新的章目。另外还有《土尔扈特诸汗历史》(18世纪末)、《蒙古溯源史》(19世纪初)、《乌讷恩素珠克图土尔扈特与青塞特奇勒图新土尔扈特诸汗之世系表》(18世纪末)、《和鄂尔勒克史》(19世纪)等以及一些晚近的著作。

19世纪前后,在贝加尔湖周围生活的布利雅特蒙古人用蒙古文编写了与卫拉特人相同的具有地域特色的部族史。其中应该提到的主要著作有《霍里与阿辉布利雅特源流史》(1863)、《霍里十一父亲的溯源史》(1875)、《色楞格布利雅特史》(1868)、《巴尔虎津布利雅特史》(1887)等。还有一部以16世纪民间传说为主要内容的《巴拉珠娜夫人的传说》(约17世纪)的几种蒙古文传抄本在布利雅特地区广为流传。

有清一代蒙古人的历史文献中高僧传记文献也很重要。到了清代,蒙古地区的佛教得到前所未有的发展,随之在蒙古地区出现了众多高僧。清代的蒙古文史料中,蒙古高僧的传记是一个非常重要的历史文化宝库。由于这些高僧往往又是蒙古地区的宗教领袖,他们的传记大都有记事准确、时间清楚、涉及蒙古社会各个方面等特点,其中留下了许多珍贵的政治、经济和宗教活动资料,而这些资料又往往被清代的正史所忽略,因而可以弥补正史之不足。清代蒙古文高僧传记主要有:

1.《内齐托音一世传》:额尔德尼毕力衮达赖著,1739年成书。内齐托音(1557—1653)是卫拉特蒙古土尔扈特部人,著名的宗教活动家,为西藏佛教格鲁派在内蒙古地区的传播做出了巨大的贡献。传记的作者根据内齐托音一世弟子们的备忘录、各种笔记以及当时社会各界的口述而撰。全书分五章,第一章主要叙述了内齐托音的童年,出家赴藏;第二章在西藏札西伦布寺师从班禅学经,经土尔扈特到喀尔喀,然后到呼和浩特的经历;第三章是在呼和浩特地区周围山洞中修行三十余年的苦行僧生活;第四章为内齐托音一世前往东蒙古地区的传教过程:经当时的翁牛特、巴林到盛京,在科尔沁地区传教,清世祖顺治皇帝传其进京,返呼和浩特,再一次东返科尔沁等一系列活动;第五章为记录内齐托音圆寂情况。该传记是研究喇嘛教在内蒙古地区传播的第一手资料,尤其以在内蒙古东部地区的传教过程和佛教与萨满教的斗争记述更具价值。国内有乾隆间木刻版本和今人成崇德、申晓亭汉文译注本(《清代蒙古高僧传译辑》,全国图书馆文献缩微复制中心出版,1990)和金峰的蒙古文《漠南大活佛传》(内蒙古文化出版社,2009)等。

2.《内齐托音二世传》:内齐托音二世弟子达磨三谟陀罗著,1756—1757 年间成书。内齐托音二世(1671—1703),内蒙古茂明安旗人,一生都在漠南地区弘扬佛法,曾以清朝使者身份出使西藏邀请五世班禅(在康熙三十四年,公元 1695 年)。作者根据当时的口碑资料及自己掌握的有关材料撰写了他的童年、出家、学习佛法、奉命出使西藏、跟随皇帝出征厄鲁特等一系列活动,是研究 17 世纪末蒙古地区历史的重要资料。国内有清代手抄本和乌力吉图的汉译本(《清代蒙古高僧传译辑》,全国图书馆文献缩微复制中心出版,1990)和金峰的蒙古文《漠南大活佛传》(内蒙古文化出版社,2009)等。

3.《哲布尊丹巴传记》:据考察《哲布尊丹巴传记》有多种。主要有:①喀尔喀扎雅班第达·罗卜藏普棱列著《哲布尊丹巴一世传》,约成书于 1702 年,该部传记成为后人追叙哲布尊丹巴一世的蓝本。除蒙古文本外还有蒙藏文对照写本。②纳吉旺布喇嘛著《哲布尊丹巴一世传》,成书于 1839 年。此书基本资料出自罗卜藏普棱列著《哲布尊丹巴一世传》,但又增添了许多鲜为人知的细节。有木刻本和手抄本。③《哲布尊丹巴一世至六世传记》,著者纳吉旺布喇嘛,约成书于 1848—1851 年间。此书虽简短,但由于它提供了其他这类传记所没有的哲布尊丹巴一世转世的情况,仍不失为一部颇有价值的著作。④《哲布尊丹巴一世至七世传记》,著者佚名,约成书于 1859 年 。国内外有多种蒙、藏文版本流传。1961 年,英国学者鲍登英译出版了哥本哈根皇家图书馆藏该传记的蒙文抄本(Ch. 鲍登《库伦的哲布尊丹巴》(英文),威斯巴登,1961)。上述传记,对研究17世纪至19世纪喀尔喀蒙古的历史、文化、宗教,尤其是喀尔喀蒙古同清朝、西藏及卫拉特之间的关系,具有第一手资料的价值。在近代蒙古历史上,哲布尊丹巴的政治地位是不容忽视的,但汉文史料所提供的有关他的可靠情况实属微乎其微,甚至连他的名字也有多种讹传。国内有成崇德、申晓亭的汉译校注本(《清代蒙古高僧传译辑》,全国图书馆文献缩微复制中心出版,1990)。

4.《咱雅班第达传》:托忒蒙古文著作,书名为《兰占巴咱雅班第达传——宛如月光一样明亮》,简称《月光》。作者喇德纳巴德喇,成书于17世纪末。据蒙古国学者B.仁亲教授的看法,该传最初是以藏文撰成,后译成托忒文,最后转写为蒙古文。书中详细记载了咱雅班第达(1599—1662)一生的政教活动,同时记述了卫拉特蒙古当时的社会状况、政治变迁以及宗教文化活动,是一部研究17世纪四卫拉特政治、历史、宗教、文化等的重要资料 。该书的蒙古文本手抄本最初发现于喀尔喀咱雅班第达图书馆,于1959年在乌兰巴托铅印出版 。国内有新疆敖日布的蒙古文本和成崇德、申晓亭汉文译本(《清代蒙古高僧传译辑》,全国图书馆文献缩微复制中心出版,1990)。

清一代蒙古人的历史文献中法律文献也很重要。北元后期由于蒙古诸部的封建割据而致蒙古诸部几乎处于各自为政的状态。因此,清初在蒙古地区没有产生一部全蒙古性质的法律文献即法典。当时在蒙古地区所产生的法典或由北元蒙古某部有权势的汗王所颁定,或由某一地区的封建主们商定颁布。

我们现在发现的16世纪到17世纪的蒙文法典主要有:除了《阿勒坦汗法典》(1578—1581)外,另一些重要的法律文献是喀尔喀诸部制定的一系列大小法典(16世纪后半叶到1639年为止)。这些法典是由蒙古国考古学家H.普日来(H. Perlee)带领的考察队于1970年在蒙古国布拉干省南部的哈剌布罕·巴尔嘎松城(黑牤牛城)遗址中发掘出1 400多块写有蒙古文和藏文的桦树皮文献中发现的。其中发现18份蒙文法律文书,于1974年由H.普日来公开发表。① 这是由喀尔喀

① H. Perlee , Qalqyin sine oldson caaz erkemjiin dursγalt bičig (Kh. Perle . Newly discovered juridical Document Khalkha-Mongolia) . Ulaanbaatar. 1973. pp. 3 – 139.

七旗贵族先后在不同盟会上制定的18份法律文书,故学界称其为《喀尔喀七旗法典》,亦称“桦树皮法典”。其中大部分法律文书前有“小法典”等字样,唯有两部法典冠有“大法典”名称:一是“申年大法典”(1620),共有法律条文92条,H.普日来认为这是指《喀尔喀七旗法典》;此外还有一份《土卯年大法典》(1639),遗憾的是被发现的这部大法典只有一页残片。这一年正是一世哲布尊丹巴升法座之年,而且一世哲布尊丹巴本人和喀尔喀部扎萨克图汗及吐谢业图汗等人都来参加,看来是制定了一项重要的法典。有的学者认为很可能是“申年大法典”的修改或者是补充的大法典。该法典制定的次年即1640年,喀尔喀和卫拉特贵族共同制定了《也克察吉》(《大法典》),其内容突出了调整喀尔喀和卫拉特两部关系、共同抵御外敌和推崇黄教的内容。法典把抵抗侵略者作为全体社会成员的职责,放在相当重要的位置上,这是喀尔喀和卫拉特两部面临清朝和俄国的兼并而做出的应对措施。

我们现在所说的《也克察吉》的最初的文本毫无疑问是畏兀儿体蒙古文,因为当时还没有创制托忒蒙古文,然而迄今为止国内外学者没有发现其最初的托忒蒙古文文本。现在我们所看到的全都是托忒文抄本。[①] 根据早期托忒文抄本,该法典的原名称,即准确的名称为《也克察吉》(大法典),然而后来人们根据其内容,为《也克察吉》妄加了各种各样的名称,其中最普遍使用的名称便是《喀尔喀—卫拉特法典》。此外,还有《蒙古—卫拉特法典》《卫拉特—蒙古法典》《卫拉特法典》《1640年喀尔喀—卫拉特法典》《1640年法典》《也克察津文书》等。从文献学角度来看,我们应该而且必须用其原来的名称——《也克察吉》(大法典)。[②]

清朝蒙古法律最初基本上采用蒙古原有的法律形式,是为适应蒙古社会而制定的,但是到后来不断修订,加进了大清律的内容,其中《蒙古律书》最为典型。从

---

① 查阅公开刊行的国内外目录,该法典的托忒文抄本馆藏有5处:1.莫斯科国家档案馆卡尔米克文馆藏部1部;2.圣彼得堡东方学研究所图书馆2部;3.圣彼得堡大学图书馆1部;4.内蒙古社会科学院图书馆1部。

② К. Голтстунская, Монголо – Ойратские закон 1640. Санктпетербургъ, 1880, стр. 2(影印版:《也克察吉》). 此外,苏联的布里亚特学者 с. д. Дылыков 于1981年在莫斯科刊行的《也克察吉》一书同样用了该书的准确的原名 yeke čaγaja.

天聪二年(1629)开始陆续颁布,不断增加内容,由崇德八年(1643)、顺治十四年(1657)、康熙六年(1667)到康熙三十三年(1694)时颁布的《蒙古律书》已经成为152 条。[①] 乾隆六年(1741)重新修订,以后又几次修订,并改译其名为《蒙古律例》,译成满文和汉文。此外还有蒙文《理藩院则理》于嘉庆二十三年(1818)蒙文本刊行。

《喀尔喀 · 吉鲁姆》(喀尔喀法典),共由 24 个法令组成,指定时间约在 1709 年至 1770 年间。其中主要有《三旗法典》(1709)共 25 条;《虎年条例》(1722)共 3 条;《土猴年条例》(1728)共 7 条;《土谢图赛因汗、达赖车臣汗等商定的龙年条例》(1736)共 36 条;《乾隆十年条例》(1745)共 12 条;《供施二主条例》(1746)共 25 条;《赛马条例》(1729)共 13 条等等。上述蒙古文法律文献对研究蒙古古典法制及其历史性的延续性和古代蒙古政治史、社会史的研究有重要的史料价值。

有清一代蒙古文历史文献流传范围广,版本繁多,对研究蒙古人的历史有着不可忽视的史料价值。

乔吉

2014 年 1 月于呼和浩特

① С. Д. Дылыков, MongGul-un čaγajin-u bi čig. Москва, 1998.

目录

前言

这本通称为《阿勒坦汗传》之书，是1958年发现的继《蒙古秘史》、《黄金史纲》、《蒙古源流》三大蒙古历史文献之后又一珍贵的蒙文历史文献。原藏内蒙古西乌珠穆沁旗王府家庙内，现藏内蒙古社会科学院图书馆。因全书用韵文写成，曾一度被视为文学作品，20世纪60年代初开始被作为明代蒙古历史重要文献而受到史学界的注目。

本传蒙文原本书题曰《名为宝汇集之书》(*Erdenitunumal neretü sudur orosiba*)，正文中又称作《介绍转轮王阿勒坦汗生平的名为宝鉴之略传》(*čakravarti Altan qaran-u töröl-i uqagulqui Erdeni toli nere tü qoriyanggui čadig*)、《天圣阿勒坦汗之善行传记》(*tenggrilig borda Altan qaran-u sain yabudal-un čadig*)，书末则称作《转轮王阿勒坦汗传》(*čakravarti Altan qagan-u tuguji*)。

遗憾的是，传记作者没有给我们留下自己的名字，于是，史学家们不得不透过传记的内容，来窥知作者的身世。

留金锁先生认为："1. 作者是和阿勒坦汗(1508年—1582年)同时代的人;2. 信仰佛教，曾积极参与佛教在蒙古的传播工作;3. 曾与阿勒坦汗迎请达赖喇嘛三世的使者，前往青海东境的察卜齐雅勒庙。由此可见，《阿勒坦汗传》的作者是阿勒坦汗使者们的通事或笔帖式。从其著作内容来看，作者是通晓佛教经典的学者。"(《十三世纪—十七世纪蒙古历史编纂学》)

贺希格陶克陶先生根据传记是在达云恰书的资料基础上,再加上作者自身所闻而写成的记载,认为作者基本上是阿勒坦汗的同代人(《关于转轮王阿勒坦汗传》)。

若松宽先生认为:“从记述的内容来看,他是侍于阿拉坦汗左右的通晓佛教的人物(大概是喇嘛僧)。”(《珠荣嘎校注〈阿拉坦汗传〉(蒙文)》)

海西希先生认为:“《阿拉坦汗传》的作者绝非阿拉坦汗同时代的人,也没有见过三世达赖喇嘛”,“他肯定是在阿拉坦死后出生的”。“作品中出现的许多有关喇嘛教的神学概念,说明这位不知名的作者曾受过喇嘛教的训练。”(《论土默特部〈阿拉坦汗传〉》)

森川哲雄先生则对作者其人做了进一步的推断。他根据本传(381)段至(384)段的记载,认为虽不能断定《阿勒坦汗传》是出自阿勒坦汗孙温布鸿台吉(素囊黄台吉)之手,但至少可以说他与本传的编纂大有关系(《论十七世纪初内蒙古的三位佛教宣扬者》)。

关于本传的成书年代,作者也未给我们留下记载。由于资料限制,史家们还只能根据本传的最晚纪年——完成蒙译《甘珠尔经》的红羊年(丁未,万历三十五年,1607 年),做出各自的推断。概括起来有下列几种说法:

(1)留金锁先生的 16 世纪末至 17 世纪初说(《十三世纪—十七世纪蒙古历史编纂学》);

(2)贺希格陶克陶、海西希先生的 1607 年以后说(《关于转轮王阿勒坦汗传》、《论土默特部〈阿拉坦汗传〉》);

(3)译者的 1607 年春说(珠荣嘎校注《阿拉坦汗传(蒙文)》;

(4)森川哲雄先生的 1607 年至 1611 年前半年说(《〈阿勒坦汗传〉研究》。

假定成书于 1611 年,也较 1662 年成书的《蒙古源流》早 51 年,堪称是有关明代蒙古史的最早的蒙文文献。

本传未分章节，根据内容可分下述七个部分：

1. 成吉思汗以来喇嘛教（佛教）传播于蒙古地方之略史。

2. 达延汗略传。

3. 阿勒坦汗的世俗活动：

（1）北征兀良罕；

（2）西征畏兀特与卫喇特；

（3）南征明地与庚戌之役；

（4）隆庆五年之蒙明议和；

（5）兴建呼和浩特城。

4. 阿勒坦汗的宗教活动：

（1）初听阿兴喇嘛传经说法；

（2）遣使迎请三世达赖喇嘛；

（3）会晤三世达赖喇嘛于青海；

（4）请来东科尔呼图克图宣扬佛教。

5. 阿勒坦汗之子——僧格都古楞汗及其迎请三世达赖喇嘛来蒙古。

6. 阿勒坦汗之孙那木岱彻辰汗的治世：

（1）欢送四世达赖喇嘛赴西藏；

（2）执送浩里雅孟克与明修好；

（3）主持蒙译《甘珠尔经》。

7. 后记。

8. 附录：西乌珠穆沁旗王公世系。

本传蒙文原本为手抄本，正文与附录使用的是同一种纸张。而附隶世系中的最后一人是车臣亲王素达尼，他袭授扎萨克和硕车臣亲王，是在清顺治十五年（1658 年）。由此可知，此抄本成于 1658 年以后。全书 54 页，两面用竹笔书写，计

107 面;页长 34.6 厘米,宽 10.7 厘米;每面约 24 行,亦有多至 27—28 行者。全书采用韵文,以押头韵的四行诗为其基本形式,但未分段,连写而成。文中没有〔·〕(n)〔:〕(g)识点,〔ᠴ〕(č)、〔ᠵ〕、(j)、〔ᠶ〕、(y)、〔ᠸ〕、(v)等的书写,亦无严格区分。

译者曾于 1982 年将本传试译为汉文。1985 年应土默特左旗编写《土默特志》之需,曾将部分译稿刊于《土默特史料》第 16、18 集。后几经修改,增补注释,始成这个样子。因受水平限制,译注中粗疏错讹之处一定很多。深望智者示教。

最后,应该提到的是,在整个汉译过程中,涛迪先生在对原文结构的分析研究方面给予大力协助,塔娜女士也帮助做了很多工作,在此谨向他们表示衷心的感谢。

译　者

于内蒙古社会科学院历史研究所

1988 年 8 月

[译文]

(1)向焕发千光之体态秀丽者，
以真切圣洁之音颂扬经文者，
深怀静思解脱的精微之心者，
大德最胜诸根本喇嘛[①]合掌。

[注释]

① 根本喇嘛原文 ündüsün blam-a。ündüsün 意为“根”、“基”、“根本”、“根源”、“初始”、“能生”等；blam－a 原意“无上”、“上人”、“尚师”，后成为僧人的通称。根本喇嘛亦译“根本尚师”，意为“祖师”或世代转生的高僧。

[译文]

(2)奉上天之命而降生者，
开尊国之基创立法度者，
征服世界使归治下之铁木真[①]，
号索多[②]成吉思汗于世闻名。

[注释]

① 铁木真(1162 年—1227 年)，即元太祖成吉思汗，蒙古乞颜部人，孛儿只斤氏。少时父也速该被塔塔儿人毒死，属众离散，随寡母度日，多遭不幸。后得克烈部长汪罕之助，收集旧部，逐渐恢复势力。金泰和元年(1201 年)、二年，与汪罕战胜以札答阑部长札木合为首的联军，灭塔塔尔四部，据呼伦

贝尔草原。三年被汪罕发兵掩袭，不久乘汪罕不备，灭克烈部。次年，灭乃蛮。六年（1206 年），于斡难河畔召开忽里台大会，建蒙古国，即大汗位，号成吉思汗。即位后四年（1209 年），大举进攻西夏，迫使西夏纳女请和。六年，率大军南下攻金，分兵三路略华北各地。十四年，率二十万骑西征花剌子模，先后破兀提剌耳（在苏联哈萨克共和国南哈萨克斯坦省）、不花剌、撒麻耳干、玉龙杰赤（以上三地，均在苏联乌兹别克共和国）等城，占中亚大片土地。十八年，还师。二十二年（1227 年）灭西夏，病死六盘山。元世祖至元二年（1265 年），上庙号太祖。次年，追谥圣武皇帝。

② 索多（suutu），意为"福荫"、"洪福"、"伟大"、"神圣"、"威力"等。

［译文］

（3）收服五色国[①]使归治下，
欢悦地平定世俗之政后，
延请萨迦尊者贡噶宁波喇嘛[②]，
初使佛之教法传播发达。

［注释］

① 一些蒙古史著述家认为，五色国指青、红、黄、白、黑五种颜色所代表的五个国家或民族，谓青代表蒙古、红代表汉，黄代表回回，白代表高丽，黑代表图伯特（西藏）等。其实，五色国之"五色"，来自佛教的"五方色"，即：东方黄、南方赤、西方白、北方黑和中央青。五色国即东、南、西、北、中，指居中的青蒙古（höhe Monggol）及其周邻地区。五色（tabun öngge）又与四异邦（dörben hari）连用，汉译"五色四夷"，即五色国的异称。

② 贡噶宁波（1092 年—1158 年），西藏佛教萨迦派高僧。贡却杰波（1034 年—1102 年）之子。幼年从父学习卓弥·释迦益希（994 年—1078 年）译

师所传经论，后从却巴日等学习卓弥·释迦益希所传道果教授，成为道果教授的集大成者。1111 年任父所建萨迦寺主持，历时 48 年。被尊为"萨钦"，意为"萨迦寺大师"。成吉思汗延请贡噶宁波弘法之说，亦见于他书。而成吉思汗出生于贡噶宁波死后第四年(1162 年)，不可能请他宣教说法。据王森《关于西藏佛教史的十篇史料》记载，成吉思汗是与西藏萨迦派高僧有过来往，如该书第九篇《元朝任命萨迦派领袖管辖卫藏十三万户》中说：成吉思汗兵临西夏时，曾到甘青藏族区的柴达木地区，并"致书于萨迦寺的大喇嘛，表示尊重喇嘛教，并有意派兵进藏"。西藏各地方势力慑于蒙军威力，集议对策，并派出代表二人，一为雅隆觉阿第悉觉噶(sdesrid jo-dga)，一为葵巴衮噶多吉(tshal-pa kun-dga'rdo-rje)，"向成吉思汗请求纳贡降附"。

［译文］

(4)成吉思汗第三子窝阔台汗[①]，

请来大能萨迦班第达[②]喇嘛，

分掌世俗政治与佛教，

使尊大国普享安乐之情如此这般。

［注释］

① 窝阔台汗(1186 年—1241 年)，即元太宗。成吉思汗第三子。1229 年即汗位。次年，率师攻金。三年，遣兵侵高丽。六年(1234 年)，联宋灭金，统一中国北方。次年建和林城，遣诸王大臣及皇太子贵由等分兵进攻钦察、斡罗思及高丽、南宋等地。十二年，诏贵由自西域班师。次年(1241 年)病死。在位十三年。元世祖至元三年(1266 年)，上庙号太宗。追谥英文皇帝。

② 萨迦班第达(1182 年—1251 年)，西藏佛教萨迦派高僧。贡噶宁波之孙。

本名“贝丹敦珠”，法名“贡噶坚赞”。幼时从伯父札巴坚赞学习经典。后从克什米尔高僧释迦室利学习《量释论》等经论。因通五明（内明、声明、因明、工巧明、医方明）被尊为萨迦班第达，意为“萨迦派之大学者”，简称“萨班”。1216年开始主管萨迦寺。1244年，应窝阔台汗次子阔端太子之请北上，1246年抵凉州（今甘肃武威）。次年谒见阔端，议定西藏归顺蒙古条件，并致书劝说乌思藏纳里速古鲁孙僧俗领主归附蒙古。圆寂于凉州。著有《三律仪论》、《正理藏论》、《善说宝藏》（subhasita ratna nidhi）等。《善说宝藏》今名《萨迦格言》，是一部包括四百多首哲理诗的诗集，早在元代由索诺木库喇译为蒙文（书题《Sain üge tü erdeni-in sang》），广泛流传于蒙古。萨迦班第达会见阔端是在窝阔台汗死后第六年，谓窝阔台汗请来萨迦班第达，不确。

［译文］

(5)后有其孙化现而生，
号忽必烈薛禅汗①于世闻名，
此圣者请来呼图克图②八思巴喇嘛③，
使将一切经咒音译为畏兀儿文④。

［注释］

① 忽必烈（1215年—1294年），即元世祖。成吉思汗之孙，拖雷之子。1251年兄蒙哥（宪宗）即汗位后，受命总领漠南汉地。宪宗三年（1253年），奉命征云南，灭大理，招降吐蕃。六年，建开平府（在今内蒙古正蓝旗南境，后称上都）。八年，蒙哥攻宋，奉命领兵攻鄂州（今湖北武汉）。次年，蒙哥死于合州（今四川合州），扶榇北归。十年（1260年）三月，在开平即大汗位，建元中统。四月，弟阿里不哥称汗于和林（在今蒙古人民共和国前杭爱省北

部)。冬,亲征阿里不哥,至至元元年(1264 年)始平。八年(1271 年)十一月,建国号曰“大元”。九年(1272 年)定都北京,称“大都”。十三年(1276 年)灭南宋,统一全国。在位三十五年。庙号世祖,谥圣德神功文武皇帝。蒙古语尊号“薛禅可汗”。

② 藏、蒙佛教高僧的尊号。意为“神圣”、“尊贵”、“有福”、“吉庆”等。凡为呼图克图者,世代转生,永掌其位。俗称“活佛”。

③ 八思巴(1235 年—1280 年),亦译“发思巴”、“八哈思巴”等。西藏佛教萨迦派高僧。萨迦班第达(贡噶坚赞)之侄。本名“罗追坚赞”,号八思巴,意为“圣童”。1244 年,伯父萨迦班第达应阔端太子之召赴凉州,他与弟恰那多吉随行,并从伯父学习显密佛法和五明诸论。宪宗元年(1251 年),受伯父命代领僧众,遂为萨迦派首领。三年,谒见忽必烈,留居其左右。中统元年(1260 年),忽必烈即位,封为国师统领天下释教。至元元年(1264 年),领总制院(后改宣政院),掌管全国佛教及吐蕃(西藏)地区军政事务。又受命创制蒙古新字。次年返萨迦,荐举释迦桑波为“本钦”(大官),总管西藏地方行政。五年,返大都,上所制蒙古新字(即八思巴字),次年二月颁行,升号“帝师”、“大宝法王”。十三年,返抵萨迦寺。著作有《彰所知论》等三十余种。

④ 指畏兀体蒙文。

[译文]

(6)广泛建立对佛的三信仰[①],
尽使宗教弘传发展,
使全世界普享太平之福,
犹如昔日圣转轮王[②]般名扬四方。

[注释]

① 指对佛、法(经)、僧三者的信仰。

② 亦译“轮王”。据传,古印度神话中的圣王即位时,自天感得轮宝(一种轮形武器),他转轮宝降伏四方,故名。转轮王有四,各有相应的金属制轮宝,即:金轮王、银轮王、铜轮王、铁轮王。

[译文]

(7)其家族中降生无比之海山库鲁克汗①,
使等识一切脱因②搠思吉斡节儿喇嘛③于蒙古地方,
翻译无上经典大量刊印散发,
使教政二道于是时普遍传扬。

[注释]

① 海山(1281 年—1311 年),即元武宗。忽必烈子真金之孙,答剌麻八剌之子。大德三年(1299 年),代宁远王阔阔出总兵北边,连败海都兵。八年,封怀宁王。十年,进兵也儿的失河(即额尔齐斯河),逐海都子察八儿。十一年(1307 年)春成宗(铁穆耳)死,拥兵南还,即汗位于上都。次年,改元至大。四年(1311 年)正月病死。在位五年。庙号武宗,谥仁惠宣孝皇帝。蒙古语尊号曲律(库鲁克)可汗。

② 脱因,《华夷译语》、《登坛必究》(鞑靼译语)等,译曰“和尚”。后指贵族出身的喇嘛。

③ 搠思吉斡节儿,又译“搠思哥月即儿”。意译“法光”。西藏佛教萨迦派高僧。元朝国师。精通藏、畏兀儿、蒙文。武宗(海山)时,率领译人将《五护

经》、《菩提行经》等译为蒙文。著有蒙古语法《心脂》(snyng tshil) 一书，俗称《蒙文启蒙》(jiüken-ü tolto)。

[译文]

(8) 自索多成吉思汗伊始，
据传历经十四代可汗，
因有智士贤臣辅佐，
安然执掌经教政事如此这般。

(9) 因前愆于不知不觉之中，
遇囊家特[①]人乘隙而动，
于乌哈噶图妥欢帖睦尔汗[②]时，
时去运转失大政于汉人手中。

[注释]

① 《至元译语》(人事门)作“囊家歹”，译曰“蛮子”，元时对南宋遗民的称呼。明时泛指汉人。

② 妥欢帖睦尔(1320 年—1370 年)，即元惠宗。武宗海山之孙，明宗和世㻋长子。天历二年(1329 年)父被燕帖木儿毒死后，被徙居于高丽、广西静江(今桂林)。至顺三年(1332 年)宁宗(懿璘质班)死，次年即位于上都，改元“元统”。至正二十八年(1368 年)，明军进逼大都，北走开平，越二年病死于应昌(今内蒙古克什克腾旗达来诺尔西岸)。谥号惠宗，蒙古语尊号“乌哈噶图汗”。明太祖朱元璋加号顺帝。

［译文］

(10)外敌恃强围攻大都城[①]时，
不花帖木儿丞相[②]逼近与之搏战，
使可汗之身与玉玺等得脱而出，
可汗虽失大统性命得全之情如此这般。

［注释］

① 元都城，今北京。明时，蒙古人仍称北京为“大都”。

②《元史·顺帝本纪（十）》载，至正二十八年（1368年）闰七月乙丑，“诏淮王帖木儿不花监国，庆童为中书左丞相，同守京城”。据《元史·帖木儿不花传》载：帖木儿不花，元世祖（忽必烈）孙，镇南王脱欢第四子。初嗣镇南王，天历二年（1329年）改封宣让王，移镇庐州（今安徽合肥）。后庐州不守，挈身北归，留京师。至正二十七年（1367年），进封淮王。次年，“大明兵逼京师，顺帝北奔，诏以帖木儿不花监国，而拜庆童中书左丞相辅之。俄而城破，帖木儿不花死之。年八十三”。不花帖木儿丞相即淮王帖木儿不花。

［译文］

(11)天子成吉思汗之黄金家族[①]，
尊佛之化身薛禅汗所建金殿，
于菩提松[③]之化身乌哈噶图汗时，
显因天命失陷之情如此这般。

[注释]

① 黄金家族,原文为 altan uruγ。其中的 altan(金),在蒙文史籍中常被用作可汗的代词,犹如汉字“御”,如称可汗之身体为“金身”,可汗之容颜为“金颜”,可汗之生命为“金命”,可汗之宫帐为“金殿”等。黄金家族即皇族,对成吉思汗家族的尊称。因成吉思汗为孛儿只斤氏,黄金家族又称“孛儿只斤家族”、“孛儿只斤黄金家族”。

② 原文 bodisong,亦作 bodisato、bodisatou-a,译曰“菩提萨埵”,略称“菩萨”。

[译文]

(12)其后直至数代可汗,
　　历经苦难政教不稳,
　　君民迷途善恶不分,
　　是时孛儿只斤黄金家族衰微不振。
(13)时有博勒呼济农①生名为巴图孟克②之子,
　　其于一岁时离别其父落得孤苦伶仃,
　　时有邪心的翁里兀特③恃强作乱,
　　行将占其义母天赋完备之满都海哈敦④。

[注释]

① 本名巴延孟克。阿噶巴尔吉济农之孙,哈尔古楚克台吉之子。成化十一年(1475 年)满都鲁汗即位,封为博勒呼济农。济农,辅佐可汗掌管蒙古右翼者的名号,位仅次于可汗。先为权臣乩迦思兰太师所忌,后被亦思马因太师驱逐,行至永谢布部被害。明代汉籍因其名号称作“孛罗忽”、“孛鲁

忽"、"孛忽",亦误作"李忽"。

② 达延汗的本名。从(32)段达延汗于红牛年(丁丑,明正德十二年,1517年)四十四岁卒的记载,可知他生于1474年。他自幼离别父母,先后被寄养于唐拉噶尔部特穆尔哈达克、满都鲁汗妃满都海哈敦之处。成化十五年(1479年)满都鲁汗死,次年即汗位,号达延(大元)汗。在满都海哈敦辅佐下,先后剪除亦思马因太师等权臣的割据势力,统一蒙古东部(明人称"鞑靼")。将蒙古东部划分为左、右翼,各设三个万户,分封诸子为其领主,以巩固汗权的统治。史称他为明代蒙古的中兴英主。明代汉籍作"把秃猛可"。因年幼即位亦称"小王子"。或因汗号称作"歹颜哈"、"答言罕"等。

③ 部名。亦作"翁尼兀特"(即翁牛特)。明代汉籍作"罔留"、"往流"、"黄苓",或误作"冈留"、"呆留"。该部首领毛里孩王于天顺间(1457年—1464年)入据河套(今内蒙古鄂尔多斯市),成化元年(1465年)立摩伦为可汗,次年又将其杀死。后被满都鲁汗遣兵攻杀。其子阿扯来(亦作斡赤来、火赤儿),结乩迦思兰太师继续雄长于诸部,并曾欲杀满都鲁,自立为可汗。"邪心的翁里兀特",指毛里孩之子阿扯来。

④ 满都鲁汗妃。土默特部恩古特鄂托克绰罗斯拜特穆尔丞相之女。成化十五年(1479年)满都鲁汗死,她为维护汗统与自己的汗妃地位,毅然拒绝科尔沁部乌讷博罗特王的求婚,于次年拥立巴图孟克为可汗,并与之结为夫妻。她记取过去权臣跋扈危及汗权的历史教训,锐意辅助可汗削平亦思马因太师等权臣的割据势力,统一蒙古东部。蒙文史籍赞之为满都海彻辰赛音哈敦。彻辰,"聪睿"、"英明"之意;赛音,"善"、"好"之意;哈敦即皇后。

[译文]

(14)此时(她)不忘昔日圣祖[①](的教训),

不为今时恶人翁里兀特、畏兀特[②]之计所乘,

将宝贝般之子从一岁起加以守护,

向威力长生天父祈祷奏禀:

[注释]

① 圣祖,指成吉思汗。

② 部名。亦作畏兀斯。明代汉籍称作“野乜克力”、“乜克力”。原驻牧于新疆吐鲁番地区,天顺间(1457 年—1464 年)移牧哈密北巴儿思渴(今巴里坤)地方。成化(1465 年—1487 年)初,东迁至河套,势渐强盛。其首领乩迦思兰于成化十一年(1475 年),立满都鲁为可汗,自为太师。后欲杀满都鲁,立毛里孩王之子阿扯来为可汗。满都鲁汗知之,索阿扯来,不与,后被杀。其族弟亦思马因继为太师后,谗言离间满都鲁汗与博勒呼济农,并驱走后者,掳其众。后被巴图孟克达延汗遣兵袭杀。此畏兀特系指乩迦思兰、亦思马因。

[译文]

(15)“请上天之主鉴察心怀恶念之人!
(她)以虔诚之心坚定祈祷,
将贵子小心谨慎地守护照看,
使孛儿只斤黄金家族如意珠[①]般繁荣兴旺。”

[注释]

① 如意珠,原文 čintamani,梵语借词。亦译“如意宝”、“如意宝珠”。据称,此珠出自龙王脑中,或由佛舍利变成。人得此珠,毒不能害,火不能烧,且能出一切宝物、衣食等,随意所欲,尽能与之。故名。

[译文]

(16)其义母额尔克楚特图门之女[①]满都海哈敦,
与宝贝般好心之臣互相议商,
如此一无失误地守护达延汗,
点燃权贵孛儿只斤火焰之情如此这般。

[注释]

① 额尔克楚特,意为“有权者们”。庶民出身的太师、丞相等官长的通称。图门,“万”、“万户”、“群众”、“部落”之意。额尔克楚特图门,即太师、丞相等所管部落。满都海哈敦之父绰罗斯拜特穆尔丞相,系土默特部恩古特鄂托克领主,故称她为“额尔克楚特图门之女”。

[译文]

(17)七岁时娶义母为妻,
四十万蒙古[①]聚会尚号达延汗,
执掌朝政采纳诸臣之言,
安然整治(大国)之间。

[注释]

① 明代蒙古分为两大部分,即东部蒙古与西部卫喇特。明人称东部蒙古为“鞑靼”,西部卫喇特为“瓦剌”。蒙古人习称东部蒙古有众四十万,西部卫喇特有众四万,故有“四十万蒙古四万卫喇特”之称,简称“都沁都尔本”

（四十四），意为全蒙古。四十万蒙古即东部蒙古。

［译文］

（18）巴图孟克达延汗子息繁衍，

生彼等十一位皇子：

其长子图鲁拜呼①，

其弟乌鲁斯拜呼②，

其弟巴尔苏博罗特③，

其弟阿尔苏巴拉特④，

其弟乌德巴拉特⑤，

其弟讷勒博兀喇⑥，

其弟那勒博兀喇⑦，

其弟格根孟克⑧，

其弟察克孟克⑨，

其弟格勒森吉⑩，

其弟乌巴伞吉⑪，

等诸子是也。

［注释］

①《蒙古源流》作“图鲁博罗特”。明代汉籍作“铁力摆户”。

②《蒙古源流》作“乌鲁斯博罗特”。正德（1506年—1520年）初，授为掌管蒙古右翼三万户之济农。甫至右翼，被永谢布领主亦卜剌和鄂尔多斯领主满都赉阿固勒呼杀害。明代汉籍称作“五路士台吉”，亦称“阿尔伦”。

③ 兄乌鲁斯拜呼被弑后，于正德七年（1512年）继为蒙古右翼济农，驻鄂尔多斯万户。十二年达延汗死，十四年嗣即父汗位，号赛音阿拉克汗。未几死。

明代汉籍称作“阿著”。亦因其汗号称作“谡阿郎”、“赛那剌”、“阿喇哈”、“洒阿汗”。

④《蒙古源流》作“阿尔苏博罗特墨尔根鸿台吉”。蒙古右翼多伦土默特部领主。明代汉籍称作“我折黄台吉”,因其属部又名“蒙郭勒津”,亦称“满官嗔”。

⑤《蒙古源流》称作“斡齐尔博罗特”。蒙古左翼察哈尔万户克什克腾部领主。明代汉籍称作“阿赤赖台吉”。

⑥《蒙古源流》称作“阿勒楚博罗特”。蒙古左翼内喀尔喀五部领主。明代汉籍称作“纳力不剌台吉”。

⑦《蒙古源流》称作“阿尔博罗特”。原为蒙古左翼察哈尔万户浩齐特(明人称作“哈不慎”)部领主。后其领地被永谢布万户喀喇沁部所兼并,遂属右翼。明代汉籍称作“那力不赖台吉”。

⑧《蒙古源流》称作“格呼博罗特”。蒙古左翼察哈尔万户敖罕、奈曼部领主。《夷俗记》世系表称作“称台吉”。

⑨《蒙古源流》称作“格呼图台吉”。无嗣。明代汉籍作“克列兔台吉”。

⑩《阿萨拉克齐史》称作“格勒森札扎赉尔鸿台吉”。蒙古左翼外喀尔喀七部领主。明代汉籍作“格列山只台吉”。

⑪《蒙古源流》称作“乌巴伞察鄂卜锡衮青台吉”。蒙古右翼阿苏特、永谢布部领主。明代汉籍作“五八山只台吉”。

[译文]

(19)乌鲁斯拜呼、乌德巴拉特、讷勒博兀喇、格根孟克、格勒森吉、乌巴伞吉等,
安然占据左翼万户而居,
世代相传的左翼万户孛儿只斤家族,
由此六人分衍而成①。

[注释]

① 上述六人中，乌鲁斯拜呼于正德(1506年—1520年)初授为蒙古右翼济农，当属右翼。这里说他“占据左翼万户而居”，可能与其未及理事即被杀害有关。据《蒙古源流》载，乌巴伞吉“据阿苏特、永谢布二部”。而阿苏特、永谢布均为蒙古右翼永谢布万户的属部，当属右翼。这里说他“占据左翼万户而居”，也许达延汗初封时，他为阿苏特部领主，居左翼；后其属部被博济(迪)达喇兼并于永谢布万户，遂属右翼。另外，居左翼的领主中，应包括图鲁拜呼。

[译文]

(20)巴尔苏巴拉特[①]赛音阿拉克[②]、阿尔苏巴拉特、那勒博兀喇三人，
为右翼三万户之孛儿只斤家族，
而图鲁拜呼、察罕孟克[③]二人，
无有建藩守护封地之子孙[④]。

[注释]

① (18)段中作“巴尔苏博罗特”。
② 巴尔苏巴拉特的汗号。
③ (18)段中作察克孟克。
④ 图鲁拜呼(图鲁博罗特)无后说，也见于《黄金史纲》:“达延汗长子图鲁博罗特，未即汗位，无后而殁。”据《蒙古源流》载，自博迪汗至林丹汗的历代可汗，则是“达延汗之长子图鲁博罗特历代相传之政统”。当时，蒙古嗣继以长，如图鲁拜呼无子，达延汗当留次子乌鲁斯拜呼(乌鲁斯博罗特)继承

汗位，不会派他出任右翼三万户之济农。乌鲁斯拜呼出任右翼济农之史实，说明《蒙古源流》的记载更为可信。

[译文]

(21)巴尔苏巴拉特赛音阿拉克汗生七子，

其长子衮必里克①，

其弟阿勒坦汗②，

其弟拉布克台吉③，

其弟拜萨哈勒台吉④，

其弟纳林台吉⑤，

其弟塔喇海台吉⑥，

末子博济达喇⑦。

[注释]

① 衮必里克(1506年—1542年)，亦称“衮必里克墨尔根”。幼名“库莫里哈喇”。正德十四年(1519年)父巴尔苏巴拉特死后，继为蒙古右翼三万户济农，驻鄂尔多斯万户。嘉靖(1522年—1566年)前半期，与弟阿勒坦汗等联兵北征兀良罕，西征畏兀特，并多次南犯明地。嘉靖十七年(1538年)，因随博迪汗征兀良罕功，授墨尔根济农之号。明代汉籍称作“麦力艮”，亦因济农之号称作“吉囊”、“己宁”。

② 阿勒坦汗(1508年—1582年)，明代汉籍称作“俺答”、“俺探”、“安滩”、“俺答哈”(阿勒坦汗的音译)、“安滩阿不孩”等。

③ 拉布克台吉(1509年—?)，蒙古右翼土默特万户乌古新部领主。明代汉籍称作“兀慎打儿汗剌布台吉”。兀慎，其部名乌古新之异译，亦译“兀甚”、“偶甚”等。打儿汗，封号。

④ 拜萨哈勒台吉(1510 年—1572 年),蒙古右翼永谢布万户喀喇沁部领主,号昆都楞汗。嘉靖间(1522 年—1566 年),数犯明地。隆庆五年(1571 年)蒙、明达成和议后,明封为都督同知。明代汉籍作“伯思哈儿”,亦因其汗号称作“昆都力哈”、“髡突里哈”、“坤的里哈”等。他和他的长子、次子皆号巴图尔(“勇士”、“英雄”之意)。明人为与其子相区别,又称“老把都”、“老把夺”。把都、把夺,皆“巴图尔”之异译。

⑤《蒙古源流》作“巴延达喇纳林台吉”。察罕塔塔尔部领主。明代汉籍作“那林台吉”。

⑥ 明代汉籍称作“那竹”。幼亡,无嗣。

⑦《蒙古源流》称作“博迪达喇鄂特罕台吉”,《夷俗记》世系表作“我托汉卜只刺台吉”。“鄂特罕”、“我托汉”,蒙古语末子之意。上述二书将博济达喇列为第六子,将塔喇海列为末子,误。

[译文]

(22)墨尔根济农红虎年[①]生,

因有才智任为六万户的中枢[②],

忠实掌管额真[③]的白室[④],

占据大鄂尔多斯万户[⑤]而居。

[注释]

① 蒙古历纪年。其法,将五色青、红、黄、白、黑各分阴阳,以与十二生肖依次搭配,组成循环顺序,如:1. 青公鼠;2. 青母牛;3. 红公虎;4. 红母兔;5. 黄公龙;6. 黄母蛇;7. 白公马;8. 白母羊;9. 黑公猴;10. 黑母鸡;11. 青公狗;12. 青母猪;13. 红公鼠;……48. 白母猪;49. 黑公鼠;50. 黑母牛;51. 青公虎;52. 青母兔;53. 红公龙;54. 红母蛇;55. 黄公马;56. 黄母羊;57. 白公猴;

58. 白母鸡;59. 黑公狗;60. 黑母猪等。以60为一周期,周而复始,用以纪年。在实际运用中,往往省略阴阳甚至略去颜色,只记生肖。红虎年即丙寅,明正德元年(1506年)。详见附录《蒙历、藏历与干支、公元纪年对照表》。

② 中枢,原文 törö-in töbči。在《成吉思汗祭典》Boγd-a-in yeke manglai tögel(78—102页)中,称鄂尔多斯万户为 naiman čaγan ger-i hadaγalaγsan törö-in töb tümen(守护八百室的中枢万户)。中枢,即指驻鄂尔多斯的右翼三万户济农。

③ 额真,意为"主"、"主人"、"君主"等。这里指成吉思汗。

④ 亦称八白室、八白宫。据《成吉思汗祭典》第242—279页载,八白室包括:1. 成吉思汗的白室;2. 忽兰哈敦的白室;3. 古尔伯勒津高娃哈敦的白室;4. 白翁衮马(画像)的白室;5. 保鲁温都尔(马奶桶)的白室;6. 箭筒的白室;7. 缰绳的白室;8. 仓库的白室。该书作者赛音吉日嘎拉在《论成吉思汗的八白宫(室)》一文中,就此另有详细论述。

⑤ 蒙古右翼三万户之一。明代汉籍作"袄尔都司"、"阿尔秃斯"。

[译文]

(23)其弟乃赖修二聚[①]之福力
　　治服一切敌人使成自己之附庸者,
　　以二制[②]治理无余众生的呼毕勒罕[③]阿勒坦汗,
　　待我将其出生时的礼仪述讲。

[注释]

① 福慧二聚之略。佛教认为,从生死此岸到达涅槃彼岸的方法有六,即:1. 檀那(布施)波罗蜜;2. 尸罗(持戒)波罗蜜;3. 羼提(忍)波罗蜜;4. 毗梨耶(精进)波罗蜜;5. 禅那(定)波罗蜜;6. 般若(智慧)波罗蜜。合称六波罗蜜。

亦称前五种为“福波罗蜜”，最后一种为“慧波罗蜜”，简称“福慧”。福慧二聚，福慧二者具足之意。波罗蜜，梵文 paramita 的音译，意译“到彼岸”、“度彼岸”、“度”等。

② 指世俗政治与佛教两种体制。

③ 意为“化身”、“转世者”。藏、蒙佛教高僧死后，寄胎转生，复继其前身之位者，谓“呼毕勒罕”。俗称“活佛”。

[译文]

(24) 菩提松阿勒坦汗生于火吉庆母兔年①，
库克勒尔撒剌②三十牛日③，
博同哈敦孪生一男一女之时，
举国大摆玛里雅兀特喜宴④。

[注释]

① 藏历纪年。其法，将五行木、火、土、铁、水各分阴阳，依次与十二生肖搭配，组成循环顺序，如：1. 木公鼠；2. 木母牛；3. 火公虎；4. 火母兔；5. 土公龙；6. 土母蛇；7. 铁公马；8. 铁母羊；9. 水公猴；10. 水母鸡；11. 木公狗；12. 木母猪；13. 火公鼠；……48. 铁母猪；49. 水公鼠；50. 水母牛；51. 木公虎；52. 木母兔；53. 火公龙；54. 火母蛇；55. 土公马；56. 土母羊；57. 铁公猴；58. 铁母鸡；59. 水公狗；60. 水母猪等。以 60 为一周期，周而复始，用以纪年。在实际运用中，有时略去阴阳，只记五行与生肖。火吉庆母兔年，即丁卯，明正德二年（1507 年）。详见附录《蒙历、藏历与干支、公元纪年对照表》。

②《至元译语》作“库胡列儿撒剌”，《续增〈华夷译语〉》作“可可勒儿撒剌”，均译“十二月”。

③ 森川哲雄在《〈阿勒坦汗传〉研究》中考证，丁卯年（1507 年）十二月为小

月,无三十日,而十二月二十日为己丑,即丑日。三十日盖为二十日之误。阴历十二月二十日,换算为阳历,即1508年2月1日。

④ 玛里雅兀特,原意"涂抹"。蒙古人旧俗:举行祭祀和庆祝仪式时,涂抹奶油等油脂或奶酒、马奶等,以示祝福,故称祭祀和庆祝仪式为玛里雅兀特。此玛里雅兀特喜宴,指庆祝婴儿诞生的宴会。明人萧大亨在其《夷俗记》中载:"夷人产育男女,不似我中国护持,产时即裹以皮或以毡,越三日方洗,洗毕仍裹之如前。是日,椎牛置酒,召亲戚邻里会饮,名曰米喇兀。""米喇兀"即玛里雅兀特的异译。

[译文]

(25)摆设各种喜宴联欢助兴,
父母为首众皆喜而祝福曰:
"汝享平安柄国执政!"
命名弟姊二人为宝阿勒坦[①]与孟衮[②]。

[注释]

① 阿勒坦,意为"金"。

② 孟衮,意为"银"。

[译文]

(26)其后两大国[①]不睦失和之际,
达延汗遣子阿巴海[②]任右翼三万户[③]济农,
阿巴海、巴巴海[④]拜毕白室居于其地时,
畏兀特之伊巴赉太师[⑤]、满都赉[⑥]二人叛而杀之。

［注释］

① 指蒙古左翼和右翼。

② 阿巴海，皇子、兄长的尊称。这里指达延汗次子乌鲁斯拜呼。

③ 即鄂尔多斯万户、土默特万户和永谢布万户。

④ 乌鲁斯拜呼的随从。《蒙古流源》作“郭尔罗斯之巴巴海乌尔鲁克”。

⑤ 畏兀特部人。因主永谢布，亦称“永谢布之伊巴哩太师”。正德四年（1509年）与鄂尔多斯部领主满都赉阿固勒呼合谋，杀害达延汗次子乌鲁斯拜呼。后受到达延汗的讨伐，败逃青海。嘉靖十一年（1532年），为衮必里克墨尔根济农、阿勒坦汗所破。死于哈密。明代汉籍称作“亦卜剌”、“亦孛来”、“亦卜剌因”、“尾巴儿”等。

⑥ 鄂尔多斯部领主。全称“满都赉阿固勒呼”。正德四年（1509年），与永谢布领主伊巴赉谋杀达延汗次子乌鲁斯拜呼，受到达延汗讨伐。败逃青海后，被迫杀于阿津柴达木之地（青海北部柴达木地区）。明人因其部名称作“阿尔秃厮”。

［译文］

(27) 此时赛音阿拉克逃往父达延汗处，
其聪慧之子阿勒坦汗年方三岁[①]，
就养于星凯乌尔鲁克、额伯凯乌由罕之手[②]，
闻狠毒畏兀特之伊巴赉欲加害于他之后。

［注释］

① 阿勒坦汗生于火母兔年（丁卯，明正德二年，1507年）。其三岁时，是正德

四年,1509 年。

②《蒙古源流》记作“留阿勒坦于蒙郭勒津之锡尼凯乌尔鲁克、额伯该阿噶二人处”。乌由罕,亦作“乌雅罕”、“乌由浑”。阿噶,《武备志》和《登坛必究》(译语)均译曰“娘子”。根据额伯凯乌由罕又称“额伯该阿噶”,可知“乌由罕”意同“阿噶”,为太师、丞相、乌尔鲁克等官员妻子的尊称。如阿鲁克台(阿鲁台)太师之妻称“格哷勒阿噶”;伊斯满(亦思马因)太师之妻称郭罗泰乌由浑,阿喇克楚特部桑海乌尔鲁克之妻称“札罕阿噶”等。

[译文]

(28)(彼等)昼潜夜行伺机脱走,
常由拾柴女仆抱之于怀,
移动时则由佯作孀妇之女带在身前,
因谨慎护理与天佑开始学话作语而未被害。

(29)蒙郭勒津[①]之额伯凯乌由罕、希尔玛鲁特乌尔鲁克[②]二人,
如此守护照料其(达延汗)孙阿勒坦汗,
使于白马年[③]与祖父达延汗平安相见,
(彼二人)为诸圣先祖效力之情如是这般。

[注释]

① 部名。亦称“蒙郭勒津土默特”,或称“土默特蒙郭勒津”。原为脱罗干、浩绥(火筛)父子的属部。达延汗统一东部蒙古后,封为第四子阿尔苏巴拉特的领地。明代汉籍作“满官嗔”、“满官正”、“莽观镇”等。

② 是星凯乌尔鲁克的异名,还是希尔玛鲁特部带有乌尔鲁克头衔的另一个人,不详。

③ 即庚午年,明正德五年,1510 年。

[译文]

(30)此时蒙郭勒津之浩绥诺延[①],
尽离争斗于土默特之仇人,
前来与达延汗父子会合,
于是达延汗会合左翼万户出征。

[注释]

①《蒙古源流》称作"浩赛塔布囊"。蒙郭勒津部领主。脱罗干之子。塔布囊,"仪宾"、"驸马"之意,因妻满都鲁汗之女伊锡格公主而得名。性强悍,善用兵,曾屡犯明边,明代汉籍称作"火筛"、"火腮"。

[译文]

(31)平定畏兀特之恶人[①]于达兰特里衮[②],
使其灰飞烟消般溃散,
确使仇敌衰败不堪之后,
收服鄂尔多斯万户平安凯旋。

[注释]

① 指弑杀达延汗次子乌鲁斯拜呼的伊巴赉。
② 亦名"达兰哈喇"。达兰,"七十"之意,亦意为"多";特里衮,意为"头"、"首"、"第一",这里指山头。达兰特里衮,意为"多峰山",指呼和浩特北面的大青山。《蒙古源流》清译本译作"头目七十人",误。

[译文]

(32)降服战败之众于治下，
掌领太平大政之间，
于红牛年①四十四岁②时，
达延汗循无常之道而归天。

[注释]

① 即丁丑，明正德十二年，1517 年。

② 达延汗于正德十二年(1517 年)四十四岁卒，推前四十四年，即达延汗的生年——成化十年(1474 年)。前文说达延汗七岁时即汗位，即即位于成化十六年(1480 年)。关于达延汗的生、卒、即位年，史书记载不一。如《蒙古源流》载，达延汗甲申年(天顺八年，1464 年)生，庚寅年(成化六年，1470 年)七岁时即位。在位七十四年，岁次癸卯年(嘉靖二十二年，1543 年)八十岁殁。《恒河之流》载，达延汗猪年(丁亥，成化三年，1467 年)七岁时即位，在位三十八年，岁次木鼠年(甲子，弘治十七年，1504 年)四十四岁殁。《黄金史纲》载，达延汗猪年七岁时即汗位，四十四岁殁。由于史书记载不一，史家对达延汗的生、卒、即位年各异其说。和田清博士在其《东亚史研究》(蒙古篇)中认为：达延汗于 1481 年或 1482 年即位，在位五十二年，于 1532 年或 1533 年卒。萩原淳平教授在《明代蒙古史研究》中认为，达延汗生于 1464 年，1488 年即位，在位三十二年，死于 1519 年。本传记载，为研究这一问题提供了崭新的史料。近年来，一些学者发表文章，或从本传说，或参照本传记载将《黄金史纲》所载达延汗即位的猪年，定为己亥(成化十五年，1479 年)，认为达延汗生于 1478 年，1479 年即汗位，卒于 1516 年。

［译文］

(33)其后使赛音阿拉克三十岁时即汗位，

但未及执理政事，

即为天命所夺，

无奈于兔年①升天之情如此这般。

［注释］

① 即黄兔年，己卯，正德十四年，1519 年。蒙文史籍多谓巴尔苏博罗特拥有赛音阿拉克汗号，《黄金史纲》则说达延汗死后，巴尔苏博罗特乘博迪汗幼小之际，非法地窃据了汗位，但未记载即位于何年。本传这段记载，说明巴尔苏博罗特于 1519 年死前不久即位为汗。根据《恒河之流》“巴尔苏博罗特在位一月而殁”的记载，可知巴尔苏博罗特即位于 1519 年或其前一年的十二月。关于巴尔苏博罗特的生卒年，《蒙古源流》的记载与本传异，该书载：“赛音阿拉克，岁次壬申（正德七年，1512 年），年二十九岁为济农，在位二十年，岁次辛卯（嘉靖十年，1531 年），年四十八岁薨。”较本传记载晚死十二年，寿长十八年。《万历武功录·俺答列传（上）》正德十六年（1521 年）条载：“虏寇花马池。时虏可汗阿著死，部人立故阿尔伦台吉之长子卜赤，号亦克罕（大汗）。”阿著即巴尔苏博罗特，即使按他死于 1521 年，也较《蒙古源流》所载早十年。

［译文］

(34)父缘无常之道而辞世时，

额尔德尼①阿勒坦汗年十有三，

权威墨尔根济农、阿勒坦汗与诸弟，

占据尊贵的右翼三万户而居焉。

［注释］

① 尊称，意为“宝”。

［译文］

(35) 对内扶助诸弟族亲，

对外与敌角逐斗争，

统领大国为之掌舵，

始将有益善业实行。

(36) 猴年[①]兀良罕[②]之图类诺延、格勒巴拉特丞相，

进兵袭杀伯速特[③]之乌林泰围攻库里叶兀鲁斯[④]，

阿勒坦汗闻讯后领图古凯诺延、博迪乌尔鲁克之兵，

前往攻打并追击兀良罕。

［注释］

① 即青猴年，甲申，明嘉靖三年，1524年。

② 部名。明代，该部分而为二，异地而居。一部分驻牧今蒙古人民共和国偏北地区。达延汗统一东部蒙古后，划为左翼三万户之一，即兀良罕万户。另一部分驻牧卓儿河地面（绰尔河流域），明初设朵颜卫，与毗邻的福余卫、泰宁卫合称“兀良哈三卫”。后南迁至喜峰口迤北地区。此兀良罕指前者。

③ 部名。据《大黄册》161页载，达延汗之子、喀尔喀万户领主“格勒森札死后，大太后母析产与七子，授阿什海以乌审、札赉尔二部，授诺颜泰以伯速

特、阿吉根二部，授诺诺和威正以克鲁特、郭尔罗斯二部，授阿敏以浩鲁呼、库里叶、绰兀库尔三部，授塔尔尼以库克依特、哈答斤二部，授德勒登以唐古特、撒尔塔兀勒二部，授萨穆以兀良罕一部”。由此可知，此伯速特即格勒森札次子诺颜泰之属部。据《千辐金轮》载，伯速特、额勒吉根（即阿吉根）二部为一鄂托克，是为外喀尔喀七鄂托克之一。

④ 部名。由注③可知，库里叶兀鲁斯为格勒森札第四子阿敏的属部之一。据《清史稿》志五十三·地理二十五《车臣汗部》载：“右翼中前旗，乌默客（阿敏六世孙）裔，初授二等台吉。乾隆十九年晋一等台吉。二十年，封辅国公兼札萨克，后降一等台吉，世袭。佐领一。牧地当喀鲁伦河曲处。东：库里叶山。北：巴颜乌兰山，绵亘东南二百里许。”库里叶兀鲁斯与库里叶山名，当有相因关系，库里叶兀鲁斯盖牧于库里叶山一带。兀鲁斯，意为“人众”、“国家”。大封地亦称“兀鲁斯”。常与“图门”（万户）一词互相通用。

［译文］

(37) 至巴勒吉之地①大有虏获后，
即欢然平安返回家园，
之后不久集结大众于白兔年②，
墨尔根济农、阿勒坦汗二人又征兀良罕。

［注释］

① 据《中国历史地图集》第八册（清）14—15图载，车臣汗部西北境（今蒙古人民共和国肯特省北部）有巴尔即河，东北流，汇入集尔浑河，又东流注入敖嫩河。巴勒吉之地，盖指巴尔即河流域。

② 即辛卯，明嘉靖十年（1531年）。

[译文]

(38)当其驻于布尔哈图罕山[①]，
至而将其击溃加以掳掠之时，
兀良罕之图类诺延、格勒巴拉特丞相二人引兵来战，
经搏战斩杀得兀良罕溃而逃散。

[注释]

① 意为“有佛之山”。今名“汗博格多”(圣山)。在土谢图汗部南部(今蒙古人民共和国南戈壁省东境)。

[译文]

(39)迅即平定兀良罕万户于卓尔噶勒[①]，
使其降伏于昔日白室之前者，
乃从不忧伤气馁之意志坚定者，
国主宝墨尔根济农与阿勒坦汗。

[注释]

① 山名。《中国历史地图集》第八册第14—15图作“卓尔郭尔山”。在土谢图汗部中部(今蒙古人民共和国中央省西南部)。

［译文］

（40）是役中图类诺延、格勒巴拉特丞相侥幸逃窜。

后于黑龙年①墨尔根济农、阿勒坦汗二人，

经星胡拉越（山）②进行远征，

于布哈河③弯曲处下马扎营。

［注释］

① 即壬辰，明嘉靖十一年（1532 年）。

② 星胡拉，亦作星胡尔（Singhur）。今内蒙古乌拉特中旗新忽热苏木所在地。“经星胡拉越（山）”，指经星胡拉北越阴山（杭盖罕山）。见（42）段注②。

③ 源出青海省北部阿木尼尼库山麓，南流汇殷格池水（今作阳康曲），名喀喇细纳河；又东流，受北来之西尔哈河、罗子河；又东流，受北来之济拉马尔台河，始名布哈河。东流注入青海湖。

［译文］

（41）此时仇人畏兀特之博喇海太师①用计，

献女为墨尔根济农之哈敦后避去，

阿勒坦汗于此次远征中，

降服浩兰温台为首一群离散之民②。

［注释］

① 畏兀特部人。原为蒙古右翼领主之一。正德十年（1515 年），以“内难”西

奔青海,与伊巴赉合。嘉靖十一年(1532 年),墨尔根济农、阿勒坦汗西征青海,大破伊巴赉。他献女妻墨尔根济农,敛众自保。十三年,遭墨尔根济农与阿勒坦汗的攻袭。二十二年,被阿勒坦汗俘献于博迪汗。明代汉籍作“卜儿孩”、“卜儿亥”。

② “一群离散之民”,原文 ogorčag bölög irgen。ogorčag,亦作oγorčag,译曰“劫贼”、“强盗”、“被遗弃者”、“被离异者”等。详见(246)段注③。

[译文]

(42)墨尔根济农、阿勒坦汗二人于黑蛇年[①],
越杭盖罕山[②]往攻兀良罕,
虏获之多不可思议,
欢然平安凯旋于本蛇年。

[注释]

① 即癸巳,明嘉靖十二年,1533 年。

② (40)段作“经星胡拉越(山)进行远征”,其中被省略的山名为阴山。这里只说“越杭盖罕山”,又略去“经星胡拉”。杭盖罕山,当是阴山西段(亦名狼山)的蒙古语名称。作为阴山西段古称杭盖山的历史陈迹,一是位于阴山西段的乌拉特后旗境内,有很多名为“杭盖”的地方,如“杭盖戈壁乡”、“杭盖戈壁合作牧场”、“巴彦杭盖乡”、“巴彦杭盖牧场”等;二是乌拉特地区有许多赞美杭盖山的民歌,如《巴彦杭盖》(富饶的杭盖)、《阿勒泰杭盖》、《辽阔美丽的杭盖》,等等。另外,译者 1978 年秋曾在兰州见一大幅甘肃省行政区域图,其中即将阴山西段记作“杭盖山脉”,亦当有据。

[译文]

(43)蛇年回师后不久,
汉国之大都、大同二者之间失和[①],
大明汗[②]之大军蜂拥而至,
正在包围大同城。

[注释]

① 指嘉靖十二年(1533年)十月,大同戍卒杀总兵官李瑾事,史称“大同兵变”。

② 指明世宗嘉靖皇帝。

[译文]

(44)闻讯后墨尔根济农、阿勒坦汗二人,
统领全国大军又向囊家特国出征[①],
平定驱逐大都之军,
与大同城结好收取田赋[②]而还营。

[注释]

①《明史纪事本末·大同叛卒》载:嘉靖“十三年(1534年)春正月,小王子寇大同塞。初,大同叛卒大掠城中,潜出漠北,诱小王子数万人大举入寇。郤永帅师御之失利,杀伤甚众。城中叛卒鼓噪以应之,其渠长数十人入城,诸叛卒指代府曰:‘兵退以此谢。’小王子留精兵相持,余众分掠浑、应、朔、怀

诸郡邑，数月乃去。”小王子即博迪汗。可见，除墨尔根济农和阿勒坦汗，博迪汗亦曾介入大同兵变。

② 田赋，原文 sang tatalγ-a，意同 ir-e sang。根据额尔登泰先生对 ir-e sang 一词的解释（《关于〈蒙古源流〉中的若干名词》），ir-e“边陲”之意，sang 原意贮藏粮谷之“仓”，转意为“田赋”。ir-e sang，即指征自属下边地的田赋。tatalγ-a，意为“拉”、“抽”，据《蒙古人民共和国历史》（一・下册）第 791 页载，征自属下异族的“阿勒巴”（贡赋），亦称 tatalγ-a。故译如文。明代汉籍记载证实，所谓墨尔根济农和阿勒坦汗从大同“收取田赋”，并非虚妄之词。如明太仆寺卿魏时亮，在其《题为圣明加意虏防恭陈大计一十八议疏》中载：“大同边外无时无虏，而大同各堡纳虏月钱，凡有月钱违限者，虏即行催取，未委虚的。果尔，则大同土地人民半为胡虏囊中物矣。”宣大总督王崇古则证实确有其事，他在《禁通虏酌边哨以惩夙玩疏》中说：“大同各路逼近虏巢，向缘将士怯懦，虏酋贪狡，索贿买和（边人买和，未贡市前已有此弊矣），苟延岁月，甚至各堡有月钱之科派。”

［译文］

（45）其后墨尔根济农、阿勒坦汗二人，
于青马年①统大军经星呼拉越（山）远征，
战胜畏兀特②于青海郭尔巴勒津之地③，
心满意足于青羊年④平安返营。

［注释］

① 即甲午，明嘉靖十三年（1534 年）。

② 指博喇海太师。

③ 郭尔巴勒津，意为“三角”、“三棱”、“三面”。郭尔巴勒津之地，指青海湖东

岸的三角城。今名海宴,海宴县府所在地。

④ 即乙未,明嘉靖十四年(1535 年)。

[译文]

(46)其后墨尔根济农、阿勒坦汗二人,
于红猴年[①]又征汉民围攻伊尔盖城[②],
守城之汉军出而交战时,
立即将其击溃平安归营。

[注释]

① 即丙申,明嘉靖十五年(1536 年)。

② 即宁夏镇城。今称银川,宁夏回族自治区首府所在地。

[译文]

(47)其后阿勒坦汗于红鸡年[①],
行兵汉地围攻尼兀察城[②],
众多守军出城来战时,
迅即将其劈刺杀斩。

[注释]

① 即丁酉,明嘉靖十六年(1537 年)。

② 意为“秘密城”。就目前所知,明代蒙古人称作“尼兀察城”的边城有三:一是延绥边的安定堡(niγuča hota),在今宁夏回族自治区盐池县;二是大同

边的平虏城(努插合托),在今山西省平鲁县;三是宣府边的万全右卫(努插合托),今河北省万全县城。据《万历武功录·俺答列传(上)》嘉靖十六年条载:二月,俺答"乃帅五千骑从大同左卫、大黄口、沙咀以南,灰河以北,逐水草至分水岭、珍珠壮窝。于是,微使三百余骑驰三家川、石佛庙。汉使谍者伺之,大小灰河之间,固已二万众矣。顷帅七骑走玉林卫、尖山墩,三千余骑走大同右卫、长沟、马耳山,而以七千骑住牧谎墩子。久之,复合营三万,穹庐数十,并聚桃林山。往往遣轻骑窥隙而起,杀略我军民,围困我墩台,灭绝我烽燧"。其中的大同左卫,今称左云,灰河,今称恢河(桑干河上游),平虏城位于其间。此尼兀察城即指平虏城。

[译文]

(48)此时无比圣汗负伤,
但无悲痛迅速愈合脱险,
无畏大国欢然进行掳掠,
平平安安返回家园。

(49)卑鄙兀良罕之图类诺延、格勒巴拉特丞相二人,
逼近分掠博迪汗①之属众家园而去时。
忠诚的六万户聚会于额真②之前,
商定于黄狗年③往征兀良罕。

[注释]

① 达延汗之孙,图鲁拜呼长子。1521—1547年在位,号"阿拉克汗"。《蒙古源流》载,"博迪台吉甲子年(弘治十七年,1504年)生,岁次甲辰年(嘉靖二十三年,1544年)四十一岁即可汗位",在位四年,岁次丁未年(嘉靖二十六

年,1547 年)四十四岁殁。据《黄金史纲》记载,博迪汗曾逼使巴尔苏博罗特让位于他。据本传前文载,赛音阿拉克(巴尔苏博罗特)即位后,“未及执理政事”,即死于兔年(正德十四年,1519 年)。博迪汗不可能在巴尔苏博罗特死后,迟至 1544 年才即汗位。在博迪汗即位年的研究中;一直未被足够重视的《历历武功录》的记载,则证实博迪汗即位于 1521 年,较《蒙古源流》所载早二十三年。如该书《俺答列传・上》载:“其(正德)十六年(1521),虏寇花马池。时,虏可汗阿著死,部人立故阿尔伦台吉之长子卜赤,号亦克罕。”阿著即巴尔苏博罗特;卜赤,亦作“保只”、“不地”,皆博迪的异译;亦克罕意为“大汗”。

②“额真的白室”之略。

③ 即戊戌,明嘉靖十七年(1538 年)。

[译文]

(50)右翼三万户携带额真的白室,

宝墨尔根济农、阿勒坦汗二人驻扎杭盖山阳,

(博迪汗)偕母后①率左翼万户驻扎杭盖山阴,

尊大国于狗年②驻牧彼地秣马厉兵。

[注释]

① 指博迪汗之母察噶青安桑太后。

② 即黄狗年,戊戌,明嘉靖十七年(1538 年)。

[译文]

(51)六万户大众起兵进攻时,

兀良罕万户为其威势所慑服，

图类诺延、格勒巴拉特丞相、额勒都奈三诺延勉强投降。

六万户诺延因(彼等)作恶万端，

(52)商定分别逮捕惩治降者，

饱掠兀良罕万户为己有，

将可做妻者作为妻，

分拨无数人众于各户为奴之情[①]如此这般。

[注释]

① 最后两行的原文是：öberithü metüs-i öberitüged toγa ügei olan-i，egüden büri oroγulugsan siltagan teimü bölöge。类似语句，亦见于《蒙古秘史》第 112 节中，如："许列[克]薛[惕]　额篾　可温　阿讷　额不里[惕]坤篾都昔　额不里[惕]罢，额闫阗　突儿　斡罗兀[勒]答浑　篾都昔　额闫阗　都里颜　斡罗兀[勒]罢。"旁译是："余剩的　妻　子　他的　可怀抱的　般每行　怀抱了，门里入的　般每行　门　自的行　入了。"总译是："他的其余妻子每，可以做妻的做了妻，做奴婢的做了奴婢。"兹，参照总译译如文。

[译文]

(53)赖上天之恩准赐予，

迅速平定好战之敌，

大国之众咸皆欢喜，

平安回师归自彼地。

(54)其后六万户聚集索多汗之白室前，

叩拜布喇干呼图克[①]于黑树旁，
在额真前举大国尚号博迪汗曰库登汗[②]，
谓卓越墨尔根哈喇已成为国尊尚号曰墨尔根济农[③]。

[注释]

① 布喇干呼图克，灵物名。布喇干，意为“貂”，呼图克意为“神圣”、“尊贵”、“幸福”、“吉庆”等。据《成吉思汗祭典》第58页载，放在成吉思汗灵柩东西两侧的、蓬松地扎在一起的貂皮和五色绢绸，叫作“布喇干呼图克”。平时置于成吉思汗灵柩两侧，每年三月二十一日举行白马大祭和五月十二日祭祀成吉思汗灵时，则悬挂在安放灵柩的毡包梁上，进行祭祀。

② 其他蒙文史籍皆载，博迪汗号阿拉克汗，“库登汗”是他儿子达赉逊的汗号。不无可能，博迪汗曾号库登汗，后为其子达赉逊汗所承袭。

③ 哈喇，墨尔根济农之幼名。据《蒙古源流》载：“衮必里克墨尔根济农，岁次壬辰（嘉靖十一年，1532年），年二十七岁为济农”。似可理解为，衮必里克1532年任为济农，至此始有“墨尔根济农”之号。

[译文]

(55)谓其使仇敌衰败不堪，
对待兄长和睦亲善，
已经成为大国之尊，
(博迪汗)赐索多号于阿勒坦汗[①]。

[注释]

① 据《蒙古源流》记载，阿勒坦之索多汗号，授自博迪汗之子达赉逊汗。

[译文]

(56)使仇敌衰败之后，
诸诺延向圣主请命，
并互赠名号结好联欢，
一再增进友谊后始散。

(57)其后阿勒坦汗行兵汉地，
围攻达尔罕城[②]之时，
使来战之军化为灰烬，
虏获无算平安返营。

[注释]

① 明嘉靖十八年(1539年)、十九年(1540年)，墨尔根济农与阿勒坦汗数犯明地，达尔罕城指何城，无考。

[译文]

(58)墨尔根济农、阿勒坦汗二人，
白牛年[①]统大国出征囊家特，
越白墙[②]深入攻打阿巴哈城[③]，
携带无数虏获之物旋师还营。

［注释］

① 即辛丑、明嘉靖二十年,1541年。

② 长城的蒙古语名称。

③ 据《明史·鞑靼传》载,嘉靖二十年秋七月。“俺答及其属阿不孩遣使石天爵款大同塞,巡抚使道以闻,诏却之。以尚书樊继祖督宣、大兵,悬赏格购俺答、阿不孩首。遂大举内犯,俺答下石岭关,趣太原。吉囊由平虏卫入掠平定,寿阳诸处。”《三云筹俎考》(安攘考:嘉靖二十年条)载:“七月北虏入寇,由左卫猪儿窳入掠马邑、朔州,遂入杨武峪,抵太原,复掠灵丘诸处。由此可见,墨尔根济农和阿勒坦汗是经大同左卫(今山西左云)、平虏卫南犯明地的。《清史稿·志五十六·地理二十八·察哈尔》载:“镶蓝旗察哈尔驻阿巴汉喀喇山,在杀虎口东北九十里。东南距京师一千里。明,大同府西北边外。”阿巴汉喀喇山,汉名蛮罕山。镶蓝旗察哈尔驻该山中段北麓,其南麓一支脉,经杀虎口延伸于大同右卫(今山西右玉)、大同左卫境。阿巴哈城,或许是大同左卫的蒙古语名称。

［译文］

(59)从不忧郁意志坚强的阿勒坦汗,
白牛年又出征残余的兀良罕,
收服翁古察为首的一群百姓,
平安回归斡尔朵宫帐。

(60)刚毅的墨尔根济农于白牛年,
往掳异邦囊家特之浪州城[①]而还,
岁次黑虎年[②]三十七岁时[③],

缘上天之命转世而亡之情如此这般。

［注释］

①《明史》世宗本纪二十年(1541年)条载:"是春,吉囊寇兰州,参将郑东战死。"吉囊即墨尔根济农,浪州即兰州。

② 即壬寅,明嘉靖二十一年,1542年。

③ 据《蒙古源流》载:"衮必里克墨尔根济农,岁次壬辰(嘉靖十一年,1532年),年二十七岁为济农","在位十九年,岁次庚戌(嘉靖二十九年,1550年),年四十五岁卒"。较本传记载,寿长八年。《明史·鞑靼传》嘉靖二十一年条载:秋,"吉囊死,诸子狼台吉(拜桑固尔朗台吉)等散处河西,势既分,俺答独盛,岁数扰延绥诸边。"与本传记载合。《明史纪事本末·俺答封贡》中,不仅说墨尔根济农死于嘉靖二十一年,还述及他的死因:嘉靖"二十一年夏六月,俺答入大同,大掠太原而南。时,吉囊掠忻(今山西忻县)、代(今山西代县)倡伎;纵淫乐不休,病髓竭死"。

［译文］

(61)降服仇敌于脚下,
照料扶助诸弟属众,
正在柄国执政之间,
墨尔根济农因前愆与世长辞之情如此这般。

(62)其兄墨尔根济农已归天,
无所依赖的阿勒坦汗坚强地经星胡拉越(山)远征,
降服仇敌博喇海太师于合鲁勒哈雅[①]之林,
将其赐予侄儿岱青诺延[②]之情如此这般。

[注释]

① 据郭绅《哈密分壤》载,自苦峪至哈密之通路有三。其北路自苦峪而西,经羽寂灭(即今额济纳)、蟒来、垣力、哈剌哈剌灰、哈至、坡尔那、六温羽、俄伦笑,约行千里至俄例海牙。自俄例海牙经阿赤、克力把赤、撒力哈密失、哈剌木提,约行五百里至哈密剌(即今哈密)头墩。元末镇守哈密的威武王兀纳失里(unasiri),亦称"忽纳失里"(Hunasiri),可见,蒙古语词首元音上的摩擦音H,当时仍然保留在哈密一带部分蒙古人的口语中。疑合鲁勒哈雅(Herül hay-a)是这部分蒙古人对引文中"俄例海牙"(erül hay-a)的称谓。

② 全称恩克达喇岱青台吉。阿勒坦汗末弟博济达喇(博迪达喇)台吉之长子。父死后,继为永谢布万户的领主。明代汉籍作"恩克跌儿歹成台吉"、"永邵卜大成台吉"。亦简称"永邵卜"。

[译文]

(63)真诚聪慧的阿勒坦汗此役后未回,
进掳练椎之民[①]于乌兰木伦[②]之巴彦尼库[③],
畏兀儿人觉之相继来援而被击溃,
因其沮丧地承诺纳贡置之于彼地。

[注释]

① 练椎,已婚妇女的一种发型。亦作"练垂"。《夷俗记·帽衣》条载:"若妇女自初生时业已留发,长则为小辫十数,披于前后左右。必待嫁时,见公姑,方分为二辫,末则结为二椎,垂于两耳。"其中之"椎",即"练椎"之略。根据后文记载,练椎之民系指锡赉兀尔人。

② 大通河上游的蒙古语名称，意为“红江”。《清史稿·志五十四·地理二十六青海和硕特部·前左翼头旗》中载：“大通河源出青海西北阿木尼尼库山南诺尔，东南流，曰乌兰木伦河。”

③ 青海西北阿木尼尼库山南一地名。

[译文]

(64)额尔和图[①]圣者阿勒坦汗，
贵体腱子中间负伤但无妨，
击败骄横来犯的锡赉兀尔[②]，
将其降服令居彼地而还。

[注释]

① 尊称。意为“主权者”、“权威”、“强者”、“主”等。

② 族名。明代汉籍作“撒里畏兀儿”。今称“裕固”。原居新疆维吾尔自治区东南部与青海省西北部毗连地区。洪武八年(1375)，设阿端、安定二卫。后东迁至阿木尼尼库山(今甘肃省肃南裕固族自治县)一带。

[译文]

(65)六大国[①]聚集于圣主之白室前，
阿勒坦汗语于博迪汗曰：
“赖天佑我使歹心的博喇海太师于额真前向您叩降！
此时六万户盛赞福圣阿勒坦汗。

[注释]

① 指六万户。

[译文]

(66)平定仇敌使为自己的阿勒巴图[①],
使分离已久之众跪倒于额真前,
博迪汗等为报答勇敢真诚的阿勒坦汗,
于额真前当六万户之面赐号曰土谢图彻辰汗。

[注释]

① 意为“有赋役义务者”,即属民。

[译文]

(67)奉净土上天之命而降生者,
以威力征服骄敌使归治下者,
以仁慈为怀变降敌为自己的附庸者,
狮圣阿勒坦汗之声名传闻四方。

(68)久为外敌的乌济业特[①]兀鲁斯,
以其恩克[②]丞相为首之诸诺延,
(慕名)举族携带尊乌格仑哈敦[③]之宫室来降,
山阳万户自行降为阿勒巴图之情由如是这般。

[注释]

① 部名。亦作“乌齐业特”。明代汉籍作“我着”、“我著”。原驻脑温江(嫩江)东岸支流福余河流域。因地处兴安岭阳面,亦称“山阳万户”。洪武二十二年(1389年)设福余卫,与朵颜卫、泰宁卫合称“兀良哈三卫”。后南迁至辽河中游西岸一带。

② 指福余卫头目影克。见下段注①。

③ 成吉思汗铁木真的生母。亦译“诃额仑”、“月伦”。夫也速该死后,在困苦中抚养诸子成人,并助铁木真统一蒙古诸部。

[译文]

(69)额尔德尼菩萨土谢图彻辰汗,
将恩克丞相赐予其弟昆都楞汗,
将其(恩克)弟兄分别占为己有,
将其收为阿勒巴图之情由如此这般。

[注释]

① 在《卢龙塞略·贡酋考》中,关于阿勒坦汗等蒙古右翼领主瓜分朵颜卫、福余卫的情况记载颇详。如该书载,朵颜卫头目影克弟兄四人之部落二千七百人、影克叔脱力之子兀可儿等十人之部落一千五百九十人,附属西虏把都儿(即阿勒坦汗弟昆都楞汗)。影克弟猛可部落二百人、影克叔革孛来之子把图孛罗之部落五百人,附属西虏纳林(阿勒坦汗弟)。猛可弟猛古歹、斡抹秃之部落一千一百人,附属西虏安滩(即阿勒坦汗)。猛古歹弟抹可赤之部落三百人,附属西虏纳孙(即阿勒坦汗弟博济达喇之子哑速火落赤把

都儿)。把图孛罗之兄伯彦帖忽思之部落四百五十人、影克叔板卜之部落五百人,附属西虏辛爱(即阿勒坦汗长子僧格)。福余卫头目影克之部落百余人,亦属辛爱。把图孛罗弟伯思哈儿之部落五百人,附属西虏伯要(即摆腰,阿勒坦汗次子不彦台吉)。按上述记载,赐予昆都楞汗的恩克丞相是朵颜卫头目影克,而不是乌济业特兀鲁斯的恩克丞相(福余卫头目影克)。福余卫头目影克则属于阿勒坦汗长子僧格。

[译文]

(70)青龙年[①]土谢图彻辰汗远征兀良罕,

至而降服兀良罕之莽乞尔丞相、莽海锡格津、波尔合布克等,

使莽海锡格津敬奉守护额真之白室,

于青马年[②]平安凯旋返回家园。

[注释]

① 即甲辰,明嘉靖二十三年(1544 年)。

② 即甲午年。但自青龙年(甲辰,嘉靖二十三年,1544 年),至后出白猪年(辛亥,嘉靖三十年)之间,只有青蛇年(乙巳)、红马年(丙午)、红羊年(丁未)、黄猴年(戊申)、黄鸡年(己酉)、白狗年(庚戌),并无青马年(甲午)。此青马年当是青蛇年(乙巳,嘉靖二十四年,1545 年)或红马年(丙午,嘉靖二十五年,1546 年)之误。

[译文]

(71)右翼三万户聚集于上都[①]之察罕格尔台[②]地方,

阿勒坦汗、诺廷达喇济农[③]、昆都楞汗三人,

使勇士都古楞僧格诺延④领兵先行，

右翼三万户入希喇塔拉沟向汉国进军⑤。

［注释］

① 元都城。宪宗六年(1256年),忽必烈于滦水北之龙冈(位于内蒙古正蓝旗南境)兴建开平府城,为藩府驻所。中统元年(1260年)在此即位,四年升开平府为上都。至元九年(1272年)定大都(今北京)为首都,上都仍为可汗夏季驻地,与大都并称"两都"。明初,改置开平卫,宣德五年(1430年)移治独石堡(今河北独石口)。

② 察罕格尔台,意为"有白房"。明代汉籍作"插汉根儿",亦称"三间房"、"凉亭"。故址在内蒙古多伦县上都河乡白城子。

③ 墨尔根济农之长子。据那顺巴勒珠尔校勘《蒙古源流》载,诺延达喇壬午年(嘉靖元年,1522年)生,岁次辛亥(嘉靖三十年,1551年)三十岁为济农,在位二十三年,岁次甲戌年(万历二年,1574年)五十三岁殁(《新译校注〈蒙古源流〉》误作"岁次壬亥,年三十九岁为济农")。据《万历武功录·吉能列传》记载,诺延达喇卒于隆庆六年(1572年)三月初三日。明代汉籍作"能言大儿"、"那言大儿吉能",简称"吉能"。

④ 阿勒坦汗长子。为人雄武,善用兵。万历十年(1582)嗣即父汗位,袭号彻辰汗。次年,袭封顺义王。明代汉籍称"辛克都隆"、"部龙铁木儿黄台吉",简称"辛爱"、"黄台吉"、"乞庆哈"(彻辰汗之音译)。

⑤ 嘉靖二十年(1541年)七月,阿勒坦汗遣使石天爵、肯切款大同塞,求贡市,以实现"边民垦田塞中,夷众牧马塞外,永不相犯"的和好局面。明廷不仅不许,且羁留使臣肯切,大悬赏格以购阿勒坦汗首级。次年闰五月,阿勒坦汗复遣石天爵等重申和议,明廷磔石天爵、肯切于市,并传首九边示众。阿勒坦汗闻讯大怒,遂连年南犯,以示报复。此役始自嘉靖二十九年(1550年)秋。因岁次庚戌,史称"庚戌之变"。据《明史·鞑靼传》嘉靖二十九年

条载:“秋,(俺答)循潮河川南下至古北口,都御史王汝孝率蓟镇兵御之。敌阳引满内向,而别遣精骑从闻道溃墙入。汝孝兵溃。遂大掠怀柔,围顺义,抵通州,分兵四掠,焚湖渠马房。畿甸大震。”关于“溃墙而入”的地点,《明世宗实录》则有明确记载:“(嘉靖二十九年)八月丁丑,虏攻古北口,巡抚王汝孝帅蓟镇诸将兵御之。虏引满内向,以缀我师,而别从间道西黄榆沟等处拆墙入。汝孝等兵大溃,虏遂由石匣营达密云县,转掠怀柔,至顺义城下围之。”希喇塔拉,意为“黄甸”。希喇塔拉沟,疑即位于密云、怀柔迤北的黄榆沟。

[译文]

(72)闻讯外敌来犯之后,
汉国的守军出而堵截沟口,
刚强力大之僧格诺延身先破阵,
携带奇迹般大量虏获之物而还营。

(73)复至大明皇城外将其围攻,
将来战之军消耗殆尽,
大国之众又欢然掳掠后,
勒紧金缰敛兵各回本营。

(74)其后汉国大明汗[①]慑于普尊阿勒坦汗之威名,
派来名为杨兀札克之人[②],
谓“相互为害不能杀绝斩尽,
故不如和好往来买卖通贡。”

［注释］

① 明嘉靖皇帝。名朱厚熜。1521 年—1566 年在位。庙号世宗。

② 据《万历武功录·俺答列传(上)》嘉靖二十九年八月条载:“庚辰,虏驻通州河东,分钞马林店,杀略居民亡算,焚湖渠马房,执中贵人杨增等而去。”“居亡何,俺答果慢书,附囊所掳中贵人杨增以进,曰:‘予我市,通我贡,即解围,不者,我岁一虔尔郭。’上以其书示大学士严嵩、李本、尚书徐阶,因召对于西苑,事多秘不载。”杨兀札克即杨增。汉籍说他为蒙古军所掳,本传则说他是明帝派来的使臣。不无可能,杨增是明朝主和派密派的使者,所谓阿勒坦汗“纵所掳马房内官杨增持书求贡”,是为掩盖主战派耳目之语。

［译文］

(75)派名为阿都兀齐[①]者偕同来使前往,
将大军撤至墙[②]外开始会谈,
以三万户分别进兵逼和,
取得极多田赋之后而回还[③]。

［注释］

① 阿勒坦汗之使臣。多次赴明交涉,嘉靖三十一年(1552 年)被杀于大同。明代汉籍称作“丫头智”。

② 指长城。

③ 经谈判,双方达成开设马市的协议。嘉靖三十年,大同、宣府、延绥、宁夏等地先后开市,阿勒坦汗(俺答)等共易马九千余匹。但马市没有维持多久。蒙古富者“能以马易段,贫者唯有牛羊,请易菽粟”,明廷不许。遂又有犯边

抢掠者，阿勒坦汗虽禁不能止。明廷以为阿勒坦汗“朝市暮寇”无诚意，乃于同年十二月诏禁马市。

[译文]

(76)返回后不久于白猪年①，
异邦汉人毕兰百姓②喇把③、仪绷④、笔写契⑤、
萨察萨格鲁统绷及汉人李翁齐塔塔勒噶⑥等官员，
皆慕君汗之名前来归降。

[注释]

① 即辛亥，明嘉靖三十年(1551年)。

② 毕兰，原文 bilan，“白莲”的音译。“毕兰百姓”指白莲教徒。

③ 白莲教头目丘富之蒙古名。丘富，大同左卫(今山西左云)人，以白莲教为务，号丘老祖。嘉靖三十年(1551年)投归阿勒坦汗。据《万历武功录·俺答列传(中)》载：“富，有弟曰仝，辄习梓人艺，即为答起造楼房三区，其(甚)壮丽。已，造舳舻一艘，得渡河西兵而东。已，置农器种禾。答益大喜，两人相与为刎颈交，遂易富名曰‘一克喇把’，进而为酋长矣。”喇把，《武备志·译语》作“喇叭”，译曰“和尚”。“一克”，大也。一克喇把意为“大和尚”，即“老祖”的意译。

④ 白莲教徒赵全的蒙古名。赵全，大同阳和(今山西阳高)人。嘉靖三十三年(1554年)投归阿勒坦汗，与丘富同居丰州滩。据《万历武功录·俺答列传(中)》载：“其(嘉靖)四十二年(1563年)十月，全与李自馨、赵龙、王廷辅、张彦文、刘天麒，引俺答、黄台吉十万余众，从墙子岭入通州、顺义、平谷诸郡，杀略马牛羊亡算。京师震惊。已，谋攻天寿诸山陵，见宿卫严，转所掳略，得快其欲而去。已，越我都城，直走路(潞)河。既还，俺答大喜，乃封全

为'把都儿哈(恰)',而以汉人万余属之。其四十三年九月,全益乘胜帅五千余骑,深入朔州,攻我念高村,杀二百余人,略马牛羊二千三十余头。全以所略广陵(灵)王府贾仪宾室余庆郡君为妻,答因封全为'仪宾倘不浪'。"仪绷即"仪宾"的音译。倘不浪,意为"仪宾"、"驸马"。

⑤ 白莲教徒李自馨的蒙古名。李自馨,大同山阴(今山西山阴)人。嘉靖三十三年(1554年),与赵全等三十余人投归阿勒坦汗,并易蒙古名曰"把汉笔写契"。把汉,意为"小";笔写契,《三云筹俎考·夷语解说》译曰"写汉字书手",即文书、书记员。把汉笔写契即小书吏。

⑥ 据《万历武功录·俺答列传(中)》嘉靖四十年(1561年)十一月条载:"先是,老营将军李应禄兵刘四,又名天麒,怒应禄严,又渔猎饩禀(廪),欲亡。遂与陈世贤、王麒谋杀禄,携其家室一百三十余人,从羊角山亡抵俺答,亦易夷名曰'刘参将'。于是,偕赵全与李自馨、赵龙、王廷辅,导引虏骑万余,从左卫黑王墩入,破云阳诸堡凡五十余座,杀略一千六百余人,略马牛羊凡七千八百余头。俺答即以所略及汉亡命二千余人属四。"李翁齐盖指此刘四。塔塔勒噶(tatalγ-a),意为"拉"、"抽"、"税"、"杀绳"等,于文不通。它当是引文中被译为"参将"的官职名称。tatalγ-a与dootalang(都堂)字形相近,故疑tatalγ-a为dootalang之误。关于dootalang(都堂),见(109)段注②。

[译文]

(77)(彼等)曰:"待我为汝夺回昔日失陷之大统,
与尊大汗汝结交相依为命",
于是,宝菩萨阿勒坦汗又(与明)不和而兴兵,
年年掠获之多不可数清。

(78)又与恶毒的囊家特失和,

将其墩台城垣夷为平地,
日日月月虏获受贿之物不可数计,
仅凭所闻集录于此。

(79)神采奕奕的阿勒坦汗帅三万户出征,
包围汉地苏布尔噶图城[①]进抵卜隆吉尔河[②]时,
酩酊大醉之汉人自行前来投诚,
使其鱼贯而走妇幼乘车而行。

[注释]

① 苏布尔噶图,“有塔”之意,苏布尔噶图城,盖指卜隆吉尔河畔之双塔堡。

② 亦作“卜隆吉河”、“卜陆吉河”。清时称“苏赖河”。今称“疏勒河”。在今甘肃省西境。

[译文]

(80)解归时俘虏之先头抵达乌兰木伦[①],
而其后尾尚未离开长城[②],
举国大众见之皆大欢喜,
将无比圣明汗赞美称颂。

[注释]

① 源出内蒙古伊金霍洛旗,东南流,经神木,注入黄河。明代汉籍称“屈野川”,清时称“紫河”。今称“窟野河”,当地人仍称“乌兰木伦”(红江之意)。

② 指宁夏边的长城。

［译文］

(81)奉上天之命而降生者，
征服外敌使归治下者，
荣膺汗号于己身者，
妙圣阿勒坦汗于红蛇年[①]，

［注释］

① 即丁巳，明嘉靖三十六年(1557 年)。

［译文］

(82)倡修五塔与八大板升[①]，
令种谷薯及诸多果木，
种植美味食物于蒙古地方，
倡导种植之情如此这般。

［注释］

① 故址在呼和浩特市东郊前乃莫板村。据传，前乃莫板是个古老的村子，原称“乃莫板”。后，有人在其北面建村居住，称“后乃莫板”，乃莫板始有“前乃莫板”之称。乃莫，意为“八”，板即“板升”之略。乃莫板即八板升。

［译文］

(83)率右翼三万户行兵汉地，

摧毁掳掠城镇与村庄[①]，

击破其来战之军时，

喜悦阿勒坦汗身发五色光芒。

［注释］

① 据《万历武功录·俺答列传(中)》载，嘉靖三十六年(1557年)，阿勒坦汗三犯明地："二月，俺答引五万骑从拒胡堡入边，杀我守备使唐天禄及其家室二十二人，军五百二十人。已，攻平虏、朔州诸村落，杀略男妇万余，畜产亡算"。"其九月，俺答引众六万，皆执钩杆，从云中左、右卫直走怀仁、应州、山阴、马邑，攻村堡一百一十余所，杀凡八千余人，略马骡牛驴凡一万余匹，焚室庐凡三千五百余区"。"其十二月，俺答引三万余骑从右卫深入，逢参将王浩转谷军中。自馨帅虏众围浩，浩以盔甲九百五十副、军装及器械二千有奇赂(赵)全，得解免"。

［译文］

(84)见可汗身发五色光芒，

知异邦敌人已被征服后，

举国大众称奇赞叹，

对君汗之行径钦佩非常。

(85)后于马年[①]阿勒坦汗经星胡拉越(山)远征，

在远征中遇见众多图伯特[②]商人，
经与彼等战斗将其征服[③]，
心发慈悲就地饶恕释放喇嘛一千人。

[注释]

① 即黄马年，戊午，明嘉靖三十七年(1558 年)。
② 指青海藏族。
③ 关于阿勒坦汗的这次西征，《明史·西域传》“西番诸卫条”载：“时，北部俺答猖獗，岁掠宣、大诸镇。又，羡青海丰饶，(嘉靖)三十八年携子宾兔、丙兔等数万众，袭据其地。卜儿孩窜走，遂纵掠诸番。已，引去，留宾兔据松山，丙兔据青海，西宁亦被其患。”

[译文]

(86)以妙慈之心饶恕千名喇嘛之命，
旋即降服外敌残余畏兀特人，
向锡赉兀尔百姓收取田赋后，
立即还师于马年平安归营。

(87)后又出征卫喇特国进军扎拉满罕[①]山，
遣使往言诸先圣之故事时，
中明安[②]之乌齐赉太师来降于巴彦哈喇地方，
举国大众欢然于彼地驻扎牧养。

［注释］

①《大明一统志》"哈密卫山川条"作"折罗漫山"。清时称"雅尔玛罕山"。在新疆哈密东北百余里处。《蒙古源流笺证》卷五作"济勒满汗"，注云："此汗不知为卫拉特之汗，抑卫拉特所立元裔蒙古汗。"显然将济勒满误为可汗名。其实，蒙古人亦称名山为汗，济勒满汗即济勒满山。

② 中明安，部名，卫喇特属部之一。

［译文］

(88)旋派学识渊博的威正宰桑[①]为使，

向白帽沙汗[②]讲说昔日传说故事，

以及长辈察合台[③]以来互为族亲之由时，

(沙汗)无限欢喜赠给阿尔古玛克马[④]和宝石以为贡赋。

［注释］

① 本名"图古齐"。亦称"图古齐太师"、"达尔罕锡兀楞格"。隆庆四年(1570年)赴明议和，后因迎归阿勒坦汗孙岱青讷寨(大成那吉)功，授威正宰桑之号，并被封为岱达尔罕。万历初死，子舍楞袭威正宰桑名号。明代汉籍称"土骨智"、"土骨赤"、"土忽智"，又称"打儿汉首领"、"打儿汉土骨赤"、"首领土骨气"、"威静宰生"。其中之首领，即"锡兀楞格"之音译，意为"审判"。《三云筹俎考·夷语解说》释曰"各台吉门下主本部落大小事情断事好人"。

② 成吉思汗次子察合台后裔阿黑麻汗之孙，满速儿汗(1485年—1545年)长子。名沙。嘉靖二十四年(1545年)年，嗣继汗位，袭主吐鲁番。信伊斯兰

教，以白布缠头，故名“白帽沙汗”。

③ 察合台，成吉思汗次子。元太祖八年(1213年)攻金，与兄术赤、弟窝阔台总右军，进兵太行山。十四年，从父西征，取兀提剌耳(今哈萨克共和国南哈萨克斯坦省)、玉龙杰赤(今乌兹别克共和国乌尔根奇)。得吐鲁番以西直至阿母河地为封地，是为察合台汗国。成吉思汗死后，与幼弟拖雷遵遗嘱拥戴窝阔台(元太宗)为可汗。极受太宗尊重，重大决策多从其意。1241年病卒。

④ 明代汉籍译称“阿剌骨马”、“阿鲁骨马”。亦称“名马”、“良马”。因产于西域，又称“西马”。据《大明会典·礼部七十·给赐三》载，作为贡物，赏格高于其他马匹：“阿剌骨上等每匹采段六表里，中等每匹采段三表里，下等每匹采段一表里。达马中等每匹纻丝一匹、绢八匹、折钞绢二匹，下等每匹纻丝一匹、绢七匹、折钞绢一匹。上等达马原无赏例，比照中等达马赏例，外每匹量加生绢一匹。”

［译文］

(89)统领大军未回又从彼地进发，
越库凯罕山[①]袭击厄鲁特[②]、巴阿图特[③]，
携带沉重大量的虏获物来自乌兰哈达时，
厄鲁特、巴阿图特之博图海太师、翁惠丞相二人追赶而至。

［注释］

① 库凯罕山，在蒙古人民共和国乌布苏诺尔省。山南有控奎河，清时作“空格衣河”，今作“坤桂河”，西北流，注入吉尔吉斯湖。

②③ 均为卫喇特蒙古的属部。

[译文]

(90)来而交战进退往返，
对射之箭或单或双，
卫喇特之占师见慈圣格根汗身体发光后，
这般互相议论交谈而还；

(91)“其密集而行令人害怕，
其战马疾驰蹄溅火花，
其后有圆星斑马相跟，
生者不复有太平与安宁。”

(92)驻牧于扎拉满罕山之时，
天命圣明汗又念及昔日故事，
向吉格肯阿噶[①]、扎拉满图类[②]二人，
派去扎雅齐达里扎、波勒格扎雅齐二使臣。

[注释]

① 那顺巴勒珠尔校勘《蒙古源流》第339页载：“阿勒坦汗四十七岁时，岁次壬子（嘉靖三十一年，1552年），行兵四卫喇特，于控奎、扎巴罕之地，杀奈曼明安辉特（八千辉特）部诺延玛尼明阿图，收其妻吉格肯阿噶，二子托辉、布合库台及其属众，并席卷四卫喇特使归治下”。吉格肯阿噶即卫喇特蒙古奈曼明安辉特（八千辉特）部领主玛尼明阿图之妻。根据本传（97）段记载，吉格肯阿噶及其属众之最后归附阿勒坦汗，是在黄龙年（隆庆二年，1568年）。

② 乔吉校注《黄金史》第638页作"扎拉满图鲁"。

[译文]

(93)(使臣)曰"我主圣明乌哈噶图阿勒坦汗,
遣吾等来陈欲援昔日之制结为亲家之情"时,
(吉格肯阿噶)派克尔古特[①]之脱顺乌尔鲁克、脱格喇尔阿哈拉呼二人为使还报,
将自己女儿献为中宫结为亲家之情如此这般。

[注释]

① 克尔古特,部名。

[译文]

(94)将其女儿赐予其子库鲁格齐太师[①],
以与长久分离之国结好相安,
赏赐使臣使之欢然而归后,
极其平安喜悦地返回家园。

[注释]

① 究竟是谁将其女儿赐予其子库鲁格齐太师,由于原文缺少主语,令人费解。根据森川哲雄在《关于把汉那吉之降明事件》(《历史学·地理学年报》第10号,九州大学教养部,1986年3月)一文中的解释,似乎是阿勒坦汗将吉格肯阿噶之女赐给自己的儿子哥力各台吉。然而,哥力各台吉在《阿萨拉

克齐史》和《大黄册》中，均作“库鲁格台吉”（külüge taiji），在《水晶念珠》中作“库鲁克台吉”（külüg taiji），与“库鲁格齐太师”（külügeči taisi）异。再者，台吉是黄金家族男性的尊称，太师是庶民出身者担任的一种官职名称，在严格的封建等级制度之下，不大可能称阿勒坦之子哥力各台吉为“太师”。尤应注意的是，在紧接下一行里提到，将其女儿赐予其子库鲁格齐太师的目的，是“以与长久分离之国结好相安”。而现有史料说明，哥力各台吉是阿勒坦汗属下达拉特部的领主，并无与阿勒坦汗“分离”的事实。根据上述理由，“将其女儿赐予其子库鲁格齐太师”，似应被理解为：是阿勒坦汗将其女儿赐予吉格肯阿噶之子库鲁格齐太师。

[译文]

(95)阿勒坦汗统无数大众行兵汉地，
越过白墙①攻破名为石州②之城，
虏获金银财物妇幼无算，
携带无数虏获品平安归营。

[注释]

① 长城的蒙古语名称。

② 今山西离石县城。据《明史·鞑靼传》隆庆元年（1567年）条载：“俺答数犯山西。秋，复率众数万分三道入井坪，朔州、老营，偏头关诸处。边将不能御，遂长驱攻岢岚及汾州，破石州杀知州王亮采，屠其民。复大掠孝义、介休、平遥、文水、交城、太谷、隰州间，男女死者数万。”

［译文］

(96)黄龙年[①]阿勒坦汗远征卫喇特百姓，
偕真诚聪慧的乌讷楚钟根哈敦[②]同行，
于名为赛罕[③]之地设阿兀鲁克[④]以居哈敦，
直趋阿勒泰罕山[⑤]抵达奥达陶图木。

［注释］

① 即戊辰，明隆庆二年，1568年。

② 本传(99)段载，钟根哈敦生一子，名曰博达锡里。《万历武功录·不他失礼、沙赤星列传》载："不他失礼，俺答第七子也。……答以三娘子所生，故益宠爱之"。《三娘子列传》载："其明年(万历十三年，1585年)十二月，黄台吉不幸病，早夭。……是时，三娘子匿王篆及兵符，欲以私其所爱子不他失礼，而与扯力克颇不相能，扯力克乃自立为王。"其中的不他失礼即博达锡里，由此可知钟根哈敦即三娘子。钟根系"中宫"的音译，乌讷楚，盖其本名。

③ 据陈高华《明代哈密·吐鲁番资料汇编·西域土地人物略》(节录)载："瓜州西六十里为西阿丹城(其义班西南五十里为卜隆吉儿城，卜隆吉儿西南□□□□会于西阿丹、义班之西，卜隆吉儿之北。其□□□□力为提干卜剌、察提儿卜剌、额尖乜、大羽□□□□路为□赤瞻求，为垣力，为哈剌哈剌灰，又□□□□西阿丹城西为兀兀儿秃，为牙儿小剌陈□□□□剌迤北为王子庄，树西北为哈剌灰，为□□□□失虎都，为俄偏肖，为阿亦，为卜儿邦，为哈卜儿葛，为赛罕)。西阿丹西二百里为沙州城。"其中的"树"，即"三棵树"之略，西距赤斤城(今甘肃玉门市西北赤金堡)三十里。"名为赛罕之地"，即指三棵树西北的赛罕。

④ 亦译“奥鲁”。意译“家小”、“老小营”。指军队出征时安置老小、辎重的后方营地。

⑤ 明时译称“金山”。清时作“阿勒坦山”。今作阿尔泰山。位于新疆维吾尔自治区东北部中、蒙边境。

[译文]

(97)此时克尔古特国之吉格肯阿噶等诸延驻于彼地，
格根汗率军进驻彼等中间，
经交谈提及前此结为亲家之人时，
吉格肯阿噶等爽然率其诸子属众归附君可汗。

(98)喜悦阿勒坦汗之孙那木岱彻辰诺延[①]、满乞尔巴图尔台吉二人，
与巴布尔、巴唐海二人相见，
随即召巴唐海诺延进入(汗帐)，
并使其叩见祖父阿勒坦汗。

[注释]

① 又名“那木岱楚鲁克鸿台吉”。简称“楚鲁克鸿台吉”。阿勒坦汗孙，僧格都古楞汗之长子。万历十四年(1586年)继承父汗位，袭号彻辰汗。次年，袭封顺义王。三十五年(1607年)四月卒。明代汉籍称“扯力克”。亦因其汗号称“乞庆哈”。

[译文]

(99)远征后未归驻扎名为巴合[①]之地时，

生而高贵的乌讷楚钟根哈敦生一子，

于是温柔可汗为首普国大众喜设玛里雅兀特之宴，

名其子曰博达锡里[2]使之领有卫喇特百姓。

[注释]

① 远征后未归，指这次远征后阿勒坦汗绕道青海，未从奥达陶图木直接东归本土。据王任重《边务要略·一·虏情》记载："虏酋火落赤、把尔谷、克臭、亦郎古、永邵卜、阿榜、真相、瓦剌、旦旦、阿拜、坤都鲁歹成等部落，共约二万有余，久住西海。各酋不时移往莽喇、捏工等川。火落赤现在八河西边地名海列兔住牧。"西海即青海。火落赤，阿尔苏巴拉特（我折黄台吉）之孙，不只吉儿台吉第四子，于阿勒坦汗为侄辈。八河，亦作"八禾川"。清时称"恰克图河"。今作"巴沟"。流经青海同德，注入黄河。巴合即"八河"的音译。

② 亦称"博达锡里鸿台吉"。阿勒坦汗第七子。万历十三年（1585 年）僧格都古楞汗死，母钟根哈敦欲其取代僧格都古楞长子楚鲁克（扯力克）鸿台吉为可汗，未果。二十五年（1597 年）卒。明代汉籍作"不他失礼"、"不他失礼黄台吉"。

[译文]

（100）归自彼地后赐封卫喇特国之吉格肯阿噶等诸延，

依遵圣祖成吉思汗授乞都哈别乞[1]为太师之例，

赐其[2]长子奥巴岱以太师名号，

对其[3]兄弟则按下嫁豁雷罕[4]、彻彻根[5]二人之例。

[注释]

① 亦作“忽都哈别乞”。斡亦剌惕(卫喇特)部首领。元太祖二年(1207年),成吉思汗派长子术赤收服北方林木中百姓时,率部迎降,并引蒙古军经失黑失惕地面(今蒙古人民共和国库苏古勒省西北一带地方)北上,降服斡亦剌惕、不里牙惕、乞儿吉思等十余部。成吉思汗命统斡亦剌惕四个千户,以女阇阇干嫁其子脱栾赤。

② 其,指吉格肯阿噶。

③ 其,指奥巴岱太师。

④ 又译“火雷”。成吉思汗长子术赤之女,嫁乞都哈别乞之子亦纳勒赤。

⑤ 又译“阇阇干”、“扯赤坚”。成吉思汗之女,嫁乞都哈别乞之子脱栾赤。

[译文]

(101)天生菩萨阿勒坦汗将亲女满珠锡里、松布尔二公主,
赐予布合库台、额凯丞相二人使之为婿,
遵圣成吉思汗使伊纳勒齐[1]、图鲁勒齐[2]二人为婿之例,
审慎赐女收养(彼等)使为阿勒巴图之情如此这般。

[注释]

① 亦作“亦纳勒赤”。乞都哈别乞之子。娶术赤女豁雷罕,故又称“哈答驸马”。继其父领斡亦剌惕千户。

② 又作“脱劣勒赤”、“脱栾赤”。乞都哈别乞之子。娶成吉思汗女彻彻根,故又称“脱栾赤驸马”。

［译文］

（102）其后由于上天之命，
汉蒙两国平等议和佳时来临，
谓其缘由始自岱青讷寨[①]
于铁福公马年[②]八月降入尼兀察城[③]。

［注释］

① 阿勒坦汗孙，图伯特（铁背）台吉之子。隆庆四年（1570年）八月降入明地。明廷授为指挥使，于同年十二月遣归蒙古。万历十一年（1583年）卒。明代汉籍称作“那吉”、“把汉那吉”、“大成台吉”。岱青讷寨，原文 Daičing ejei，即 Daičing nejei 的古写。以 e 代 ne 之例，在本传中尚有：（7）段中的 eretü，即 neretü（名为）；（18）段中的 El buɣura，《夷俗记》世系表中作“纳力不剌”；（147）段中的 Heedheg，在（150）段中作 Enedheg；（349）段中的 sang ere，即（290）段中的 sang nere（赏号）。故译如文。

② 即庚午，明隆庆四年（1570年）。

③ 见下段注①。

［译文］

（103）随后妙阿勒坦汗统大军行兵汉地，
尚未攻取名为尼兀察之城[①]，
缘上天之命汉国官人商定讲和，
派来汉官名为布齐格岱[②]之人。

[注释]

① 根据汉籍关于阿勒坦汗这次进军的记载,可知此尼兀察城即指平虏城。如方逢时《大隐楼集》卷十六载,阿勒坦汗分兵三路入犯,索那吉、僧格都古楞以二万骑入弘赐(在山西大同北),永谢布大成台吉以万骑趋威远(在山西右玉县),阿勒坦汗自以大营向平鲁。《万历武功录・把汉那吉列传》则谓:"俺答遣黄台吉提兵二万余人,驰威平堡、水泉河,旦日移大小庄窝、羊顺坡止壁,去平虏城可六十余里,乃大言索那吉,曰:'与我孙,我马牛羊骆驼及板升诸首级,惟汉太师所命,不然,吾且引诸骑入城,大抄乃城中也。'"平鲁即平虏,为平虏卫治所。《万历武功录・俺答列传(下)》载:把汉那吉"与其妻比吉、阿力哥之属十人,马十三匹,顿败胡堡,求入塞。"《大隐楼集・云中处降录》则说:"把汉那吉……叩平鲁之败壶堡乞降。"败壶堡即败胡堡,为平虏卫辖下的一个边堡,今称"败虎堡",属山西平鲁县。

② 即明方使者鲍崇德。职百户,因与阿勒坦汗议和功,后升副千户。

[译文]

(104)(彼曰)"请权威圣明汗恩准,
立即停止攻打此城,
送还汝娇子和好相处,
愿汉蒙缔和输纳田赋。"

(105)阿勒坦彻辰汗与诸弟官员议商,
(皆言)"狡诈多计之汉人岂可轻信,
为探明一切真伪虚实,
宜派精明官员为使前往"。

(106)可汗明察其意派威正宰桑图古齐太师等，
与五名可靠好人[①]偕汉国使臣同行时，
噶鲁迪[②]般力大的都古楞僧格诺延发兵，
深而入之将大明汗[③]宗祠红房[④]付诸丙丁。

[注释]

① 好人，原文 sain hümün(萨音珲)。明时，萨音珲除意为对称于恶人的好人外，亦称庶民中的富有者为"萨音珲"。明臣丘(禾嘉)中丞则另有解释，如他在《夷性无常疏·处置降夷》中的旁注里说："夷部好人，即与中国通事相合者"。

② 原文 Garudi(借自梵语 Garuda)。亦译"羯路荼"，意译"金翅鸟"、"妙翅鸟"。据传，此鸟居四天下之大树上，两翅相去三百三十六万里。取龙为食。

③ 即明隆庆皇帝。名朱载垕。1567 年—1572 年在位。庙号"穆宗"。

④ 据《万历武功录·黄台吉列传》隆庆四年十月条载："黄台吉所历马铺、牛家堡七十余所，杀略男妇凡五百余人，掳马牛羊凡二千余头，糗粮凡一万二千余石，焚室庐凡五百余所。且以代府坟墓所处，亦焚其殿一座，何皇它问乎。"大明汗宗祠红房，盖指代府墓地上的殿堂。

[译文]

(107)囊家特国大小官员为之震恐，
派名为巴彦达喇之通事好言善语云：
"汝弟[①]安康待我释还封贡互市缔和于汉蒙间，
请自今以后停止焚烧红房。"

[注释]

① 岱青讷寨于僧格都古楞为侄辈。

[译文]

(108)“哎呀,吾弟岱明讷寨[1]是否平安,
派名为阿都萨[2]之官员偕同汉国使臣前往看望,
当还报安然健在犹如大明皇子一般时,
(都古楞僧格)大喜将火熄灭期待(讷寨回还)。

[注释]

① 即岱青讷寨。
② 因赴明议和功,于隆庆五年(1571年)受封岱达尔罕。明代汉籍作“亚都善”。

[译文]

(109)此时聪慧的威正宰桑图古齐太师等偕同汉国使臣前往,
至而语于汉国苏朗[1]、都堂[2]等官员:
“(汝)曾敬奏阿勒坦彻辰汗曰‘释还汝子缔和修好,请即停止攻城’,
(今)依此言派吾等前来会晤汝等(官人)。

[注释]

①《卢龙塞略·译部》作“厮郎”,译曰“军门”。《武备志》译语作“厮郎那

言”,译曰“军门爷”。军门对总督、巡抚的尊称。这里指宣大总督王崇古。

②《武备志》译语作“都堂那言”,译曰“都爷”。明制,都察院正副都御史、佥都御史以及带有这些兼衔的总督、巡抚,通称为“都堂”。这里指大同巡抚方逢时。

[译文]

(110)勿以汉人多达八十万[①]而自大,
岂不知大政犹如时轮旋转(不停),
牢固缔和结好则内外相安,
宜遵大汗之旨将其儿孙释还。

[注释]

① 明代蒙古人习称蒙古有众四十万,汉人有众八十万,以喻汉族人众之多。如《三云筹俎考》“俺答初授顺义王封立下规矩条约”中载:“俺答等随令头目打儿汉首领等四名对天叫誓说:中国人马八十万,北虏夷人四十万,你们都听着,听我传说法度,我虏地新生孩子长成大汉,马驹长成大马,永不犯中国。’”

[译文]

(111)四十万蒙古正分兵逼近,
将摧毁汝之大方城[①]等城镇,
夺取汝大政恢复我大统,
故需释放岱青讷寨缔结和平。”

[注释]

① 留金锁校注《黄金史纲》第 59 页作“方形大大都城”(dörbeljin yeke daidu hota)。指明京师(今北京)。

[译文]

(112)汉国苏朗、都堂等大小官员闻之赞同曰:
“若缔结无垢和平即释放岱青讷寨大出封赏”,
并非常尊敬遣还彼等使者,
使其传奏(此情)于可汗。

(113)彼等使者至而尽奏全部详情,
可汗为首赞同若释还岱青讷寨即与之缔和,
于是又派威正宰桑图古齐、阿达萨[①]等前往,
(汉官)遂释还岱青讷寨使与汗父[②]相见。

[注释]

① (108)段中作“阿都萨”。
② 岱青讷寨于阿勒坦汗为孙辈。汗父之“父”,尊称,如尊天为“天父”。

[译文]

(114)因妙圣阿勒坦汗率众逼近,
刚强力大的僧格诺延先去焚烧红房,

异邦汉人始被征服释还其弟，

可汗为首众皆欢喜凯旋于羊年[1]。

［注释］

①(116)段中作白羊年，(128)段中作母白羊年，即辛未，明隆庆五年(1571年)。

［译文］

(115)见仇敌如饥鹰般进攻者，

披挂全副铠甲超乘骟驼者，

成就圣阿勒坦汗父之艰难事业者，

乃果敢刚强力大之都古楞僧格诺延。

(116)其后土谢图阿勒坦彻辰汗于白羊年四月间，

以诸弟喀喇沁[1]之昆都楞汗、永谢布[2]之岱青诺延[3]、鄂尔多斯之彻辰诺延[4]为首右翼三万户行兵逼近汉国，

为平等议和驻扎札格勒哈勒噶[5]外边。

［注释］

① 原为永谢布万户的属部，后渐强盛，自成一部。明代汉籍称“哈喇嗔”、“哈剌慎”。

② 右翼三万户之一。明代汉籍称作“永邵卜”、“永召卜”、“应绍不”、“鹰韶保”。

③ 即阿勒坦汗弟博济达喇长子恩克达喇岱青台吉，于阿勒坦汗为侄辈。见

(62)段注②。

④ 即库图克台彻辰鸿台吉。墨尔根济农之孙,诺木塔尔尼郭斡台吉长子。于阿勒坦汗为孙辈。明敏而娴于文辞,被誉为“能知既往未来之墨尔根”。善用兵,曾西征托克摩克(今吉尔吉斯共和国托克马克)和卫喇特。笃信佛教,劝阿勒坦汗迎佛。万历六年(1578年),随阿勒坦汗会晤三世达赖喇嘛于青海。明代汉籍称作“切尽”、“切尽黄台吉”。

⑤ 札格勒哈勒噶,原文 jager-e hagalg(hagalg-a)。格勒意为“家”,哈勒噶意为“门”,札·格勒·哈勒噶,盖指“张家口”。和田清《东亚史研究·蒙古篇》所收《万历八年(1580年)俺答贡马表文》(图片)中,译张家口为“张·格勒·阿木萨尔”(jang ger amsar)。阿木萨尔意为“口”。

[译文]

(117)汉国王苏朗[1]等大小官员聚于额鲁[2]之内,

汉国大明汗尚蒙古阿勒坦汗以绥王[3]尊号,

赐效力和平之诺延以都督里呼将军[4]之衔,

分别授名号于维护无垢和平之诺延与官员[5]。

[注释]

① 指宣大总督王崇古。王崇古,山西蒲州(在今山西永济县)人。嘉靖进士。四十三年(1564年),擢右佥都御史,巡抚宁夏。隆庆初,进兵部右侍郎兼右佥都御史,总督陕西、延绥、宁夏、甘肃军务。四年(1570年),总督宣大、山西,与大同巡抚方逢时受阿勒坦汗孙大成那吉(岱青讷寨)降,力主汉蒙缔和,通贡互市。

② 额鲁,原文 erü。以 erü 为词根的动词 erühü,意为“掘”、“挖”、“刨”。与 erü 形近的词 ereü,意为“颏”、“下巴”、“地阁”、“铡刀床”。疑 erü 为 ereü(地

阁)之误,指明代汉籍中常见的"暗门"。

③ 顺义王的音译。

④ 都督里呼,为"都督"的动词化形式。都督里呼将军指"都督同知"。隆庆五年(1571年)授此衔者有阿勒坦汗弟昆都楞汗(把都儿)、阿勒坦汗长子僧格都古楞(黄台吉)。

⑤ 据《万历武功录·俺答列传(下)》载,宾(丙)兔台吉、把林台吉、不他失里、扯力克等十人,授为指挥同知。那木儿台吉、波儿哈都台吉、把都儿台吉、台失哈不害、孙木儿哈不害、哈木儿阿不害等十九人,授为指挥佥事。阿力哥打儿汉台吉、来赛台吉、来洪大台吉、大成台吉、大安台吉等十八人,授为正千户。阿拜台吉、阿不害·恶不慎台吉、八耳谷台吉等十二人,授为副千户。恰台吉、打儿汉等二人,授为百户。

[译文]

(118)颁发金印与金字黄书,
给予大量金银等财物,
和虎豹貂獭等各种皮裘,
以及宽敞的蟒缎袭衣等各种衣服。

(119)可汗为首三万户诺延投其所好时,
给予多种奇异的封赏不可数计,
年年月月不断供我所需,
令人满足称心如意。

(120)鄂尔多斯万户于都尔波勒津浩特[1]苏朗所辖口外,
精英土默特之格根汗于察罕浩特[2]苏朗所辖口外,
喀喇沁、永谢布另于米扬浩特[3]苏朗所辖口外,

大受封赏买卖互市之情如此这般[④]。

[注释]

① 隆庆五年(1571 年),鄂尔多斯诺延达喇济农(吉能)及其侄彻辰鸿台吉(切尽)等亦请市。明封济农为都督同知,许市于红山墩、清水营。红山墩、清水营,蒙古人分别称作“洪萨尔浩特”(hungsar hota)、桑浩特(sang hota)。都尔波勒津浩特,意为“方城”,指管辖红山墩、清水营的灵州城。

② 察罕浩特,意为“白城”。《武备志》译语作“插汗合托”,译曰“阳和”(今山西阳高县城)。

③ 喀喇沁、永谢布互市于张家口。米扬浩特(miyang hota),当是管辖张家口的宣浩特(siyang hota 即宣镇)之误。

④ 据《万历武功录·俺答列传(下)》载:隆庆五年(1571 年)五月二十八日至六月十四日,俺答与市得胜堡,于官市易马一千三百七十匹,价万五百四十余两;民市易马骡驴牛羊六千七百八十四头。黄台吉与摆腰、兀慎,自七月初三至十四日,于新平堡官市易马七百二十六匹,价四千二百五十余两,民市易马骡牛羊三千二百三十三匹。昆都力哈及永邵卜大成,自六月十三日至二十六日,于张家口官市易马一千九百九十三匹,价万五千二百七十余两,民市易马骡牛羊六千九百一十二头。多罗土蛮、委兀慎,自八月初四至十九日,于水泉营官市易马二千九百四十一匹,价二万六千四百两;民市易马骡牛羊四千四百五十一匹。

[译文]

(121)此次会盟中为消弭对和局的疑虑,

蒙汗两大国一再聚会,

洒酒祭祀共同说誓于长生天,

从此和局确立之情如此这般。

(122)此次会盟中汉蒙大小全体官员，
依照尊圣阿勒坦汗之命辛劳奔忙，
谓其确立和平迎归岱青讷寨，
赐达尔罕锡兀楞格以威正宰桑名号使成岱达尔罕[①]。

［注释］

① 达尔罕，荣誉称号。《三云筹俎考·夷语解说》作“打儿汉”，注云：“凡部夷因本管台吉阵前失马，扶救得生，或将台吉阵中救出者，加升此名。如因救台吉自身阵亡，所遗亲子或孙，酬升此名。亦有各色匠役，手艺精能，造作奇异器具，升为此名。”据《夷俗记·战阵》条载，打儿汗分为四阶：“功轻者升为把都儿打儿汗，功重者升为威静打儿汗，再重者升为骨印打儿汗，最为首功则升至威打儿汗而止。”塞瑞斯在《〈达延汗后裔世系表〉笺注》中说：“我不懂‘骨印’与‘至威’。关于后者，也许是‘威打儿汗’，应译作‘至……而止’，官一直升到‘威打儿汗’”。上述四阶达尔罕中，缺蒙文史籍中常见的“岱达尔罕”，而“威打儿汗”又不见于蒙文史籍。岱达尔罕，原文 dai darhan。其中的 dai( )在古蒙文中亦写作 ，形近 (ui)，疑威打儿汗即 (dai) darhan 的误译。

［译文］

(123)报其谨慎效力于汉蒙缔和，
使无垢两大国太平相安，
大明汗赐古鲁格[①]以指挥名号与黄书，
因图古齐太师、阿都萨二人酌情相助授为岱达尔罕。

[注释]

① 授为指挥的只有把汉那吉(岱青讷寨)一人。把汉那吉,意为“小那吉”。古鲁格,意为“嫩叶”、“幼芽”、“蕾苞”、“未成熟者”、“仔犬”等,疑即对把汉那吉的昵称。

[译文]

(124)以无量阿勒坦汗为首的三万户诺延,
禁戢(属众)言和结好于汉蒙间,
携带无数得自大赏互市的所好之物,
于白羊年[①]返回乞尔诺尔[②]以北额兀登绰勒地方。

[注释]

① 即辛未,明隆庆五年(1571 年)。
② 湖名。明代汉籍作“克儿”、“圪儿海”。清时作“奇尔泊”、“希尔泊”。今称“黄旗海”。位于内蒙古察右前旗。阿萨拉图蒙译《北虏风俗》中,将“克儿”还原为 heger-e(原舒),误。

[译文]

(125)其后汉蒙之和平大局稳定,
普大国休兵息民乐业安生,
使大元国大享其乐,
和平大局稳定之情如此这般。

(126)妙圣阿勒坦汗于以往之壮年期间，
在艰难困苦的事业中磨炼成长，
对外进行四十五次大的战役，
使外敌归于治下之情如此这般。

(127)奉上天之命而降生者，
天下之主圣阿勒坦彻辰汗，
将尊八思巴喇嘛、薛禅汗二人所建
无比之经教世政怀念向往。

(128)昼不能忘而夜不成眠，
大汗清明心中向往之间，
赖昔日所修福德之力，
名曰阿兴喇嘛[1]者来于母白羊年

［注释］

①《蒙古源流》称作“阿里克喇嘛”。据齐克齐《阿兴喇嘛生平业绩简介》介绍：该僧安多萨木鲁氏，名希喇布。曾于哲蚌寺学经。因是达赖喇嘛母亲近亲，故称阿兴喇嘛（舅父喇嘛之意）。学成后，离藏云游山西五台山。后越长城至蒙古右翼土默特之地，居呼和浩特迤北之察罕哈达说教传法，深受阿勒坦汗崇信。奉阿勒坦汗之命赴藏邀请三世达赖喇嘛，于丁丑年（万历五年，1577 年）返回呼和浩特，受封额齐格喇嘛之号。阿勒坦汗、三世达赖喇嘛逝世后，约于 17 世纪初，东游巴林、喀喇沁等地，继续传教活动。己巳年（崇祯二年，1629 年），应金国皇太极之请，入居盛京，建言征明方略。后，返回蒙古地方，居于盛京西之巴克山，始称“巴克山满珠锡里呼图克

图”。后,迁居今库伦旗,其地始有“满珠锡里库伦”之称。未几,于丙子年(崇祯九年,1636年)八月十五日圆寂。寿八十几。诸弟子遵嘱葬于巴克山。

[译文]

(129)(他)如此启奏于阿勒坦彻辰汗:
“啊,因大汗汝世世修行福聚,
始降生为人君尊汗,
若于今生今世,

(130)净修佛教弘传佛经,
确立博尔桑瑚瓦喇克[①]之界,
修行福慧之聚时,
汝将如圣转轮王般遍地扬名。

[注释]

① 博尔桑瑚瓦喇克,“僧侣”之意。

[译文]

(131)一俟此生终了之时,
汝将彻悟佛陀之道,
怜悯导引一切众生。”
(阿兴喇嘛)如是详奏说经。

(132)于是阿勒坦汗问阿兴喇嘛曰：

“以上所言我领悟在心，

然而所云三宝[①]者何耶？”

彼喇嘛曰：“三宝者待我譬喻说明：

[注释]

① 指佛、法(经)、僧三者。佛，指佛教创始人释迦牟尼，也泛指一切佛；法，即佛教教义；僧，指继承、宣扬佛教教义的僧侣。据信，此三者能使众生止恶行善，离苦得乐，故称“三宝”。

[译文]

(133)(三宝)即佛、法、僧三者，

信佛者不拜其他诸天[①]，

信圣法者不杀人害命，

信僧者不信异教旁门”。

[注释]

① 指当时蒙古人所崇拜的天神。

[译文]

(134)(阿兴喇嘛)如此宣法启奏讲解，

将济世观音菩提萨埵[①]之六字，

示于格根汗[②]、钟根哈敦为首众人曰：

"应持诵无量唵嘛味叭咪吽了"。

[注释]

① 原文 Bovadisatova(梵文 Bodhisattva 的音译),意译"觉有情"、"道众生"。略称"菩萨"。为阿弥陀佛的左胁侍。佛教说他悲心无尽,是救苦救难、有求必应的菩萨。遇难众生只要念诵其名号,即能得到他的解救。

② 阿勒坦汗的尊称,意为"光明"、"明智"。亦称活佛为"格根"。

③ 藏传佛教信徒经常口唱之六字题目,亦作"唵嘛呢叭咪吽"。在梵文中,味(vi)与呢(ni)互相代用。如(334)段中的"瓦齐喇巴呢"(Včir-a bani),在(388)段中作"瓦齐喇巴味"(Včir-a bavi)。另如:大日如来的真言"阿味罗吽欠"(a vi ra hum kham),亦作"阿呢罗吽欠"(a ni ra hum kham)。据丁福保编纂《佛学大辞典》"唵嘛呢叭咪吽"条载:"西藏观音经摩尼伽步婆(Mani bkah hbumv),以诗赞叹此六字题目之功德,说其所以有智慧、解脱、救济、快乐之本源。盖人若一度唱六字题目中唵(om)之一字,其功德能塞死后流转天上界之途。又唱嘛(ma)之一字时,免轮回于恶鬼所住之修罗道。唱呢(ni)之一字时,离再受生于人间之厄。唱叭(pad)之一字时,令人能去轮回于畜生道之难。唱咪(me)之一字时,能脱沉沦于饿鬼道之苦。唱吽(hum)之一字时,有使无死而堕于地狱之功德。"

[译文]

(135)使手执念珠一颗颗拨珠念诵,

曰:"因一切众生无不为无始[1]父母者,

若以爱护慈悲之心禅思持诵,

即得悟入识一切观音菩萨之门。

[注释]

① 佛教认为，一切世间，若众生若法，皆无始。如今生以前世的因缘而有，前世亦从前世而有，如是辗转推究，故众生及法之原始不可得。故云“无始”。

[译文]

(136)若谓此六字之法性时，
尊‘唵’字使解脱天道之生死轮回，
自在‘嘛’字使解脱阿修罗[①]之争斗，
此‘呢’字使解脱人间之四苦[②]，

[注释]

① 阿修罗，原文 Asuri（梵文 Asura 的音译），意译“不端正”、“非天”等。略称“修罗”。为常与帝释战斗之神。
② 指生苦、老苦、病苦、死苦。

[译文]

(137)威‘叭’字使解脱畜生哑愚之苦，
又‘咪’字使解脱饿鬼饥渴之苦，
乐‘吽’字使解脱地狱寒热[①]之苦，
六字之法性无边无比而无数。

[注释]

① 寒热，指八寒地狱与八热地狱。八寒地狱包括：1. 阿部陀，入者身寒生疱；2. 尼剌部陀，入者身寒疱破；3. 阿吒吒，入者唇舌冻僵；4. 阿婆婆，入者口发婆婆声；5. 虎虎婆，入者不能发声，但喉作虎虎婆响；6. 嗢钵罗，入者身体冻裂，如青莲花；7. 钵特摩，入者大折裂，如红莲花；8. 摩诃钵特摩，入者骨折，如白莲花。八热地狱，亦称八大地狱。其中包括：1. 等活地狱，入者互相残杀，凉风吹来死而复活，更受苦害；2. 黑绳地狱，以黑铁绳绞勒罪人；3. 众合地狱，以众兽、刑具等残害罪人；4. 号叫地狱，罪人受苦折磨，发出悲号；5. 大叫地狱，罪人比前者受害更重，大声叫唤；6. 炎热地狱，以铜镬、炭坑煮烧罪人；7. 大热地狱，罪人受煮烧较前者更烈；8. 无间地狱，重罪者堕之，受苦无间。

[译文]

(138) 诸佛精微要略之咒语，
无上佛法要略种子之字①，
清除一切众生愚暗之阳光，
妙微六字之法性不胜枚举。

[注释]

① 佛教认为，咒语（真言）之一字能生无量之义，犹如草木之种子能生多果，故名“种子字”。

[译文]

(139) 连绵而降之雨雪可以数清，
而诵一遍六字之功德却不能数尽，
小僧我约略启奏说解，
请可汗、哈敦精修八关斋戒[1]。

[注释]

① 亦称“八支斋戒”。略称“八戒”。指佛教为在家的善男信女制定的八条戒律。据《中阿含经》卷五十五、《俱舍论》卷十四等载，八戒包括：1. 不杀生；2. 不偷盗；3. 不淫欲；4. 不妄语；5. 不饮酒；6. 不眠坐高广华丽之床；7. 不装饰、打扮及观听歌舞；8. 不食非时食。前七条为戒，后一条为斋。

[译文]

(140) 当问“然而何谓八关斋戒”时，
彼喇嘛答(可汗)曰：
“首先晨朝即起顶礼尊三宝，
禅思静修平等四无量[1]之道。

[注释]

① 亦称“四等心”、“四无量心”。指佛菩萨普度众生的四种精神，即：1. 慈无量心(思维如何与乐于众生)；2. 悲无量心(思维如何拯救众生于苦难)；3. 喜无量心(见众生离苦得乐，感到喜悦)；4. 舍无量心(对众生无憎无爱，

怨亲平等)。

[译文]

(141)清净三宝之外别无庇佑者,

恩德之大莫过于父母、金刚师[1]者。

应念众生皆为父母[2]持守斋戒。

若谓何为八关之一切(内容)。

[注释]

① 指释迦牟尼。

②《心地观经》卷二载:"一切众生轮转五道,经百千劫,于多生中互为父母。以互为父母故,一切男子即是慈父,一切女人即是悲母。"。

[译文]

(142)即不杀生,不取不与之物[1],

不行不净之事[2],不出妄语,

不误食非时之食[3],不饰花涂香,

不和声作乐,不坐高床等是也。"

[注释]

① 意为"不偷盗"。

② 意为"不淫欲"。

③ 非时之食,指"过午之食"、"不误食非时之食",即"过午不食"之意。

[译文]

(143)如是说法启奏之时,
格根汗、哈敦举国大众咸皆信服,
此乃慎守无量八关斋戒,
初次聆听济世佛经之由。

(144)名圣阿勒坦汗于公水猴年①,
又倡导仿照失陷之大都修建呼和浩特②,
商定统领十二土默特③大众,
以无比精工修筑(此城)。

[注释]

① 即壬申,明隆庆六年(1572年)。

② 关于呼和浩特的建城时间,说法不一。呼和浩特市于1981年纪念建城四百周年,显系根据万历九年(1581年)说。据《明神宗实录》万历三年(1575年)十月丙子条载:"顺义王俺答遣夷使乞佛像、经文、蟒缎等物,所盖城寺乞赐城名。镇臣以闻。部复谓:俺答恪守盟约,禁戢部落,迄今五载,劳委可嘉,所请勿拒也。上然之,赐城名曰归化。佛经、佛像,许该镇量写铸给予。"《万历武功录·俺答列传(下)》载:"其(万历三年)十月,又市得胜堡。是月,俺答请城名。上以贡市积功劳,会五年,法当上赏。于是赐金币,名其城曰归化。"《国榷》卷七十一载:"(万历三年)十月丙子,俺答乞佛像、莽段,且城市成,求赐名。赐城曰归化,量给佛像。"根据上述引文和本传记载,似应肯定呼和浩特始建于隆庆六年(1572年),于万历三年(1575年)初步建成。

③ 十二鄂托克(部)土默特之略。十二土默特究竟包括哪些部,意见不一。森川哲雄《土默特十二鄂托克考》一文认为:"土默特的构成情况是:左翼最有力的集团是畏吾尔沁,以下由乌新(乌古新)、伯岳特(伯岳古特)、乌拉特(乌拉古特)、麻古明安、巴林(巴阿林)、弘吉剌特、多罗干土默特组成六鄂托克,右翼最有力的集团是蒙郭勒津,以下由察库特、达拉特等共六鄂托克组成。而土默特所属的汪古特、杭林、依德、依客、撒尔珠特、吉尔肯、布格勒思等究竟属于哪一翼还不清楚。它们属于土默特的强有力的集团,使土默特远远超过了十二这个数字,恐怕是由于几个有力的集团结合成一个鄂托克的缘故。"晓克在《明代后期蒙古土默特万户的各部落及其驻地》一文中认为:"所谓的'十二土默特',很有可能是指前面十二个部落(多罗土蛮、畏吾儿、兀慎、叭腰、兀鲁、王吉喇、把林、满官嗔、打喇、毛明暗、布喀勒斯、杭锦)而言的。而恩古特部,在俺答汗成为土默特万户首领之后,不再见于史籍;兀爱部则是在俺答汗之孙安兔台吉之时,才与土默特万户发生联系的。此时,'十二土默特'的概念已经形成。故上述二部不好计入'十二土默特'之数。"明代汉籍皆言俺答领地为营者六。如《万历武功录·俺答列传(上)》嘉靖三年(1524 年)条载:"满官嗔为营者八,始属火筛,已属安滩。安滩即俺答也。于是,合为营者六,其酋长曰多罗土闷,曰畏吾儿,曰兀慎,曰摆腰,曰兀鲁,曰土(王)吉剌,亦四万人。"郑晓《皇明北虏考》、魏焕《皇明九边考》亦有类似记载。十二部(鄂托克)与六营之差,盖产生于对多罗土闷的不同理解。多罗土闷,即"多伦土默特"(七土默特),亦即"七鄂托克土默特"之略。蒙文史籍显然将土罗土闷视为七部,与畏吾儿等五部合称为十二部。而汉文史籍则将多罗土闷视为一营,与畏吾儿等五营合称为六营。因此,上述引文中出现的诸多部中,除多罗土闷(多罗土蛮、多罗干土默特)、畏吾儿(畏吾尔沁)、兀慎(乌新)、摆腰(伯岳特、叭腰)、兀鲁、土(王)吉喇(弘吉喇特)外,有的部属于多罗土闷,有的部是鄂托克(部)中的亚部,有的部虽有其名,或已不复作为部落实体而存在。

［译文］

（145）于哈鲁兀纳山[①]阳哈敦木伦[②]河边，
地瑞全备的吉祥之地，
巧修拥有八座奇美楼阁的城市，
及玉宇宫殿之情如此这般。

［注释］

① 即呼和浩特北面的大青山。
② 哈敦木伦，黄河的蒙古语名称。

［译文］

（146）其后喇嘛又如此启奏于阿勒坦汗：
“若如先圣薛禅汗、八思巴喇嘛二人一般，
建立施行政治宗教并行之制时，
（应仿效）西土我图伯特孟克地方[①]。”

［注释］

① 孟克地方指拉萨，亦称“孟克召”。

［译文］

（147）最初于印度之金刚座处[①]，

有自在薄伽梵[②]释迦牟尼佛十二岁时之身像，
其为诸天之王浩尔茂斯特[③]
使名为宝波希苏噶尔密[④]之神工所修建，

［注释］

① 指释迦牟尼于摩揭达国佛陀加耶（今印度比哈尔邦加雅）菩提树下成佛之处。

② 释迦牟尼佛十大名号之一，亦译“世尊”。

③ 指帝释。佛教护法神之一。忉利天（三十三天）之主，居须弥山顶之善见城。梵名“释迦提桓因陀罗”（Sakradevanam Indra）。释迦意为“能”，其姓；提桓意为“天”，因陀罗意为“帝”，合称“天帝”。亦译“帝释天”、“天帝释”。

④ 原文 bsisu garmi（梵文 visvakarman 的音译）。汉译“毗首羯磨”。意译“造一切者”。帝释之臣，工巧之神，能化为工匠和建筑师，为诸神制造兵器、车辆、房屋、佛像和装饰品等。

［译文］

(148) 由薄伽梵释迦牟尼佛亲自开光，
为末法时[①]众生起造的这尊佛像，
与胜佛师本身无别而一样，
有缘众生瞻仰之后立除三毒之病[②]而获安。

［注释］

① 三时之一。佛教将释迦牟尼逝后佛法日益衰微的时期分为三，即：正法时、

像法时、末法时。佛虽去世而法仪未改,有教、有行、有证果者,谓“正法时”。佛去世久,道化逐渐讹替,有教、有行但无证果者,谓“像法时”。佛法将灭,有教而无行、无证果者,谓“末法时”。关于三者的时限,多说不一。有谓正法五百年;像法一千年,末法一万年者;有谓正法一千年,像法一千年,末法一万年者。

② 指贪、瞋、痴三种烦恼。亦称“三病”或“三垢”。此三者被视为产生其他烦恼的根本,故又称“三不善根”。

［译文］

(149)使萌发不退转之信仰者,
真正具足见闻[①]之德者,
成为有缘天人之灵威的这尊佛像,
应请于诸天之地施益居住五百年。

［注释］

① 见,指目见佛;闻,指耳闻法。

［译文］

(150)从彼地由般若达乞尼[①]等,
请至西方顶饰之地[②]居住五百年,
由彼地行空化现而降,
至古印度金刚座处施益居住五百年。

[注释]

① 原文 dahini(梵文 dakini 的音译)。汉译“荼吉尼”。夜叉鬼之一类。谓有通力咒术,能六月前知人之死,取其心脏食之。后被大黑天调伏,归命于佛。

② 顶饰之地,原文 oroi-in čimeg-un oron(梵文 Akanistha 的意译)。汉译“色究竟天”、“有顶天”。色界十八天之一。因位于色界之最顶,故名。

[译文]

(151)又因汉国之普里斯提木察雅汗①来请,
前往汉地施益居住五百年,
复有图伯特之转轮王②来请,
遂永成为我图伯特国供奉的神妙佛像。

[注释]

① 原文 Bristim čay-a(梵文 Pratimoksa 的音译)。汉译“波罗提木叉”。意译“别解脱”、“处处解脱”。印度小乘教徒对唐僧玄奘的尊称。

② 指藏王松赞干布。

[译文]

(152)若向往彼有利益之胜佛,
只要向其移近七步①之时,
即可往生万能佛陀之乐土②,

此佛像如此明澈而神奇。

[注释]

① 指达到佛教觉悟的七个步骤。汉文佛典中称作“七觉支”,其中包括;1. 念觉支(忆念佛法不忘);2. 择法觉支(按佛法标准,分辨是非、真伪、善恶);3. 精进觉支(努力修行,坚持不懈);4. 喜觉支(由悟善法,心生喜悦);5. 轻安觉支(因断除烦恼,身心安适愉快);6. 定觉支(心注一境,思悟佛法));7. 舍觉支(舍弃一切分别,用佛教观点平等待物,心无偏颇)。

② 指佛教所说阿弥陀佛居住的西方净土。亦称“极乐”、“妙乐”、“安养”、“乐邦”。

[译文]

(153) 又我图伯特宗喀巴[①]所建之喜乐庄严地[②],
有执掌释迦牟尼教之师,
僧侣之尊观音菩萨的化身,
索南嘉措[③]识一切者[④]达赖喇嘛。

[注释]

① 西藏佛教格鲁派创始人。名罗桑扎巴。生于青海湟中。藏语称湟中地方为宗喀,故称宗喀巴。1357 年—1419 年在世。七岁从名僧敦朱仁钦出家,学习显密教法。十六岁入藏深造,在噶当、萨迦诸大师指导下,研习五论、五明,兼通显密。鉴于当地佛教戒行废弛,僧侣生活放荡,倡导宗教改革。著《菩提道次第广论》等书,阐明显密两宗修行次第,提倡恪守戒律,独身不娶,成为一代宗风。永乐七年(1409 年),在帕木竹地方政权资助下,于拉萨

大昭寺举办祈愿大法会,又于拉萨东建立甘丹寺,其诸大弟子亦在各地建寺弘法,遂形成格鲁派。该派僧人著黄帽,故又称"黄帽派",俗称"黄教"。

② 甘丹寺的意译。亦译"喜足尊胜洲"。西藏佛教格鲁派拉萨三大寺之一。永乐七年(1409 年)由宗喀巴兴建,为格鲁派祖庭。该寺法台甘丹池巴,为宗喀巴法座继承人。寺已毁。

③ 意曰"福海",三世达赖喇嘛的法名。该僧,拉萨附近堆垅地方人。1543 年—1588 年在世。四岁时,被认定为达赖喇嘛二世根敦嘉措的转世"灵童",迎至哲蚌寺。七岁时,拜该寺法台索南扎巴为师,受沙弥戒。十一岁时(1553 年)继索南扎巴任哲蚌寺第十二任法台。二十二岁时(1564 年)受比丘戒。此后,赴札什伦布寺等地说法收徒。后返回拉萨,应请担任色拉寺第十三任法台。万历六年(1578 年)应请会晤蒙古土默特部阿勒坦汗于青海,被尊为"圣识一切瓦齐喇达喇达赖喇嘛"。瓦齐喇达喇,意为"持金刚"。十四年(1586 年),应阿勒坦汗长子都古楞僧格汗之请,至呼和浩特讲经传法。从此,黄教逐渐传播蒙古各地。十六年(1588 年)三月,圆寂于喀喇沁部名为吉噶苏台之地。

③ 识一切者,亦译"一切智者"。"具足一切智者"之意,佛之尊称。

[译文]

(154)彼喇嘛十几岁时,
曾预言将与汝阿勒坦汗相见,
清净佛教将于东方流传发展。
(彼地)有无比佛说甘珠尔[①]、丹珠尔[②]诸经。

[注释]

① 藏文大藏经两个组成部分之一。甘珠尔意为"佛语部"。由衮噶多吉编订

于十四世纪后半叶。据德格版统计，共收书一千一百零八种，分为七类，即：戒律、般若、华严、宝积、经集、涅槃、密乘。

② 藏文大藏经另一组成部分。丹珠尔意为“论部”。由布顿·仁钦朱编订于十四世纪后半叶。据德格版统计，共收书三千四百六十一种，分四大类，即：赞颂类、咒释类、经释类、目录类。其中经释类又分十二类，即：中观、经疏、瑜伽、小乘、本生、杂撰、因明、声明、医明、巧明、世论、西藏撰述及补遗。

［译文］

(155)如此奇异之属多种多样，
汝尊大汗如欲平等掌领佛教，
如同昔日八思巴喇嘛、薛禅汗二人一般，
应向彼地召林宝齐[①]为首诸佛之像，

［注释］

① 召，意为“像”，林宝齐，意为“宝”。像宝，指释迦牟尼像。这里指拉萨大昭寺的释迦牟尼像。

［译文］

(156)呼图克图[①]达赖喇嘛为首众僧，
遣人熬茶施舍禀奏迎请之情；
向神变而成的寺庙行善施舍，
请来甘珠尔、丹珠尔为首诸经。

[注释]

① 高僧的尊号,意为"有福"、"神圣"、"尊贵"等。凡为呼图克图者,世世转生,永掌其位。俗称"活佛"。

[译文]

(157)如此佛教将广泛流传,
清除一切众生之愚暗,
(可汗)将如圣转轮王般扬名,
获佛陀之道往生极乐西天。"

(158)赖昔日所修福缘之力,
平定对立之敌后信仰经教者,
自在阿勒坦汗与宝钟根哈敦二人,
闻罡额齐格喇嘛之言欣然赞同。

[注释]

① 即阿兴喇嘛。额齐格,蒙古语意为"父",尊称。如尊称天为"天父"。明代汉籍称作"哀乞盖"。

[译文]

(159)可汗为首全体诺延与官员,
依遵喇嘛之言迎请达赖喇嘛行善于孟克地方,

派思达陇囊素[①]、威正宰桑、达云恰[②]、本宝善丁[③]等，
于青狗年[④]携带令旨贽仪前往。

［注释］

① 意为思达陇(今作“打隆”,西藏地名、寺名)的使节。

② 阿勒坦汗义子。本名萨尔玛尼(或“萨喇迈”)。多次作为使臣往来于土默特部与明地之间,交涉处理双方事宜。隆庆五年(1571年)蒙明达成和平贡市协议,明廷授他为百户,后升千户。万历二年(1574年),赴藏迎请三世达赖喇嘛。六年,因效力佛教有功,授“奥仁唐噶里克(“巧言善誓”之意)达云恰”之号。十九年(1591年)卒。有著述,是后人撰写本传的主要史料来源。明代汉籍称作“歹言恰”、“恰台吉”。因驻地在妥妥城(今内蒙古托克托县),又称“脱脱”。

③ 万历十五年(1587年),蒙古右翼三万户向明朝保结请封扯力克为顺义王的头目中,有名为“奔布三静”者,盖即此人。

④ 即甲戌,明万历二年(1574年)。

［译文］

(160)又配备金银等珍宝财帛，
布施等无数多种(财货)，
及令人欣喜的诸多用品，
(将彼等)遣往陌生的图伯特国。

(161)遵胜者博格多汗[①]之命遵行无误，
迅速抵达常青之海[②]察卜齐雅勒地方，
尤遵可汗之旨督理三国建成寺庙，

一无延误行程十月抵达孟克地方。

［注释］

① 指阿勒坦汗。博格多,意为“圣”。

② 常青之悔,即青海。

③ 亦译“恰卜恰”。今称“共和”(青海省共和县城)。

④ 根据(173)段“汉藏蒙三国交界处之清净察卜齐雅勒庙”的记载,可知三国指汉、藏、蒙,寺庙指察卜齐雅勒庙。该庙,由阿勒坦汗第四子丙图(丙兔)台吉主持兴建于万历二年(1574 年)。五年四月,明帝赐名“仰华寺”。十九年,被明军焚毁。

［译文］

(162)于召释迦牟尼之前庭会晤众僧,
　　献上曼陀罗画①与礼品件件,
　　全面详奏庄严可汗之旨,
　　向寺庙等妥为散福行善。

［注释］

① 曼陀罗,原文 mandal(梵文 mandala 的音译)。亦译“曼荼罗”,意译“坛”、“坛场”。密教修法时,为防止“魔众”侵入,于道场划一圆圈或建以土坛。有时还画佛、菩萨像于其上,事后废之。一般将这种划圈或建坛的道场称为“曼陀罗”。谓此处充满佛与菩萨,故又称“聚集”、“轮圆具足”。画在纸帛上的佛、菩萨像,亦称“曼陀罗”,即“曼陀罗画”。内分:1. 大曼陀罗(描绘佛、菩萨的形象);2. 三昧耶曼陀罗(描绘象征佛、菩萨的器杖和印契);

3. 法曼陀罗，亦称“种子曼陀罗”（描绘象征佛、菩萨德性的种子字）；4. 羯磨曼陀罗（描绘佛、菩萨的威仪和事业）。合称“四曼陀罗”，简称“四曼”。

［译文］

（163）然后奏曰：“如同昔日我祖圣武索多薛禅汗，
迎请汝等之先祖八思巴喇嘛，
于五色国弘传尊佛教一般，
发愿迎请汝自在呼图克图达赖喇嘛（前往）。

（164）请发慈悲之心恩赐怜悯，
驾临我蒙古地方弘法说经，
恩施自他皆利①之事业，
以极其崇拜之心情敬请恩准光临。”

［注释］

① 亦译“自利利他”。自修功德曰“自利”，施功德于他人曰“利他”。简称“二利”。

［译文］

（165）奏后识一切达赖喇嘛以慈眼视之曰：
“因可汗与我二人前世行善，
有兆预示互相会晤共将宗教发展。”
于是妙佛教之守护者毕哈尔汗①降附人身，

[注释]

① 森川哲雄在《〈阿勒坦汗传〉研究》中注曰:“毕哈尔汗藏语写作 dpe dkar rgyal po 或 dpe har rgyal po。《汉藏大辞典》里释曰:pe har gyal po,白哈王。被莲花生大师降服后,为西藏地方政府崇奉的一主要神祇。”

[译文]

(166)于薄伽梵佛师身像召林宝齐之前,
以胜识一切达赖喇嘛为首僧众之聚会上,
向图伯特大小施主、众多与会者尤其蒙古所有使臣,
毕哈尔汗如此传法说经:

(167)“奉最尊莲花生[①]师之命,
经常晓以马头大王[②]之教示者,
我毕哈尔汗从真谛[③]、俗谛[④]二者中,
特废除俗谛之论。

[注释]

① 八世纪印度高僧。乌仗那(在今巴基斯坦境内)人。属印度“因陀罗部底”系的密教传承。曾应吐蕃赞普赤松德赞(742 年—797 年)之请,入藏传播密法,并与寂护共建吐蕃第一座佛教寺院桑耶寺。后世西藏佛教宁玛派尊为祖师。

② 亦译“马头大士”、“马头明王”、“马头观音”。六观音之一。以马置于头,故名。

③ 指圣智所见真实之理。与“俗谛”合称“二谛”。

④ 指世人所知凡俗之理。亦称“世谛”。

[译文]

(168)以真谛成就八支五身①之业，

与识一切因由之观全利②达赖喇嘛，

真诚菩提萨埵阿勒坦汗等，

最初于雄威铜色山③南巅发愿于莲花生之前。

[注释]

① 八支五身，原文 naiman ar-a higed tabun bey-e。根据本传(120)段将 gadag-a 写作 adag-a，疑此 ar-a 即 gar-a(手)之异写。故译如文。如此推断不误，八支即“八支正道”之略。意谓八种通向涅槃解脱的正确方法或途径。其中包括:1. 正见(对四谛等佛教教义的正确见解);2. 正思维(对四谛等佛教教义的正确思维);3. 正语(修口业，不作非佛理之语);4. 正业(住于清净之身业);5. 正命(符合佛教戒律规定的正当生活);6. 正精进(勤修涅槃之道法);7. 正念(明记四谛等佛教教义);8. 正定(修习佛教禅定，专心观察四谛之理)。佛教认为，按此修行可由“凡”入“圣”，从迷界此岸达到悟界彼岸。五身即“五分法身”之略。意谓以五种功德法成佛身。其中包括:1. 戒法身(离一切过非);2. 定法身(离一切妄念);3. 慧法身(观达法性);4. 解脱法身(解脱一切系缚);5. 解脱知见法身(知己实解脱)。

② 观全利，原文 üjegseger tegülder tusatu，姑译如文。

③ 据王森《关于西藏佛教史的十篇资料(初稿)》第九篇《元朝任命萨迦派领袖管辖卫藏十三万户》中载:“桑耶寺，在今桑耶地方。它在当时赞普(赤松德赞)的冬宫所在地(扎玛 brag-dmar，意为红岩)附近。”铜色山盖即“红

岩”的异译。

［译文］

（169）赖此福缘造化之力，
观音菩萨之化身福海[①]喇嘛降生于西，
化身阿勒坦汗降生于东方蒙古之地，
此乃圣者之教将如太阳般普及的兆示。

［注释］

① 三世达赖喇嘛法名索南嘉措的意译。

［译文］

（170）因此汝观全利达赖喇嘛，
若遵蒙古可汗之旨驾临而去时，
彼地即升起普照众生之宝教太阳。”
毕哈尔汗无所犹豫地给以开导时，

（171）图伯特之大小喇嘛全体僧众，
明白传告（达赖喇嘛）蒙古之行，
呼图克图达赖喇嘛、护法者二人即命蒙古使臣。
“汝等少数人留于此地多数人去向大汗如此回禀：

（172）可汗与我二人（从前有缘），
世代相会互为法主与施主，

多次使佛教传播发展，

（今）为众生利益我往蒙古地方。

（173）请阿勒坦汗于牛年[①]，

驾临汉藏蒙三国交界处之清净察卜齐雅勒庙，

我等自著名召林宝齐之前起程前往，

有兆预示将于察卜齐雅勒庙平安相见”。

［注释］

① 即红牛年，丁丑，明万历五年（1577 年）。

［译文］

（174）（达赖喇嘛）于鼠年[①]五月吉祥之日，

遣有缘分的思达陇囊素、达云恰二人返回蒙古，

（为二人）消除魔障使之前往，

赖三宝护佑之力（二人）抵达蒙古地方。

［注释］

① 即红鼠年，丙子，明万历四年（1576 年）。

［译文］

（175）谒见阿勒坦汗、天性清净之钟根哈敦二人，

献上无比福海喇嘛之令旨与贽仪，

以及清净佛经、金刚结[1]等各种珍宝礼品，

然后禀奏于可汗与哈敦。

[注释]

① 于三摩耶戒坛授予受者的五色线。因以三结作“金刚结”，故名。亦称“金刚线”。

[译文]

(176)将识一切达赖喇嘛怜悯驾临此方，

毕哈尔汗神妙地给以开导指引，

有功僧众皆予支持赞同等情，

尽奏可汗、哈敦为首所有大小诺延。

(177)可汗、哈敦所有人众咸皆欢喜，

与三万户鄂尔多斯之彻辰诺延[1]、喀喇沁之昆德楞汗[2]、永谢布之岱青诺延[3]等聚会商定：

“若于察卜齐雅勒庙相会，

即再派此等使臣先行将呼图克图达赖喇嘛奉迎。”

[注释]

① 彻辰诺延，即库图克台彻辰鸿台吉。见(116)段注③。

② 阿勒坦汗弟(拜萨哈勒)昆都楞汗，已于隆庆六年(1572年)死去，此昆德楞汗系拜萨哈勒之孙，摆三勿儿威正台吉之长子白洪岱台吉。明代汉籍作“白洪大”。

③ 见(62)段注③。

[译文]

(178)为囊素喇嘛、达云恰二人预备令旨与贽仪，
尤其百两[①](黄金)制成的金印，
以及精制服装、金银、财物多种，
给永远护教者毕哈尔汗之衣饰、印信等。

[注释]

① 两，原文 sijir。据额尔登泰《关于〈蒙古源流〉中的若干词汇》的解释，sijir 借自维吾尔语的 sitir，一 sitir 相当于一两二钱八厘。

[译文]

(179)备齐布施等等后交与使臣，
喜悦可汗、哈敦为首大小诺延全体聚会，
将三万户之布施礼品核实集中，
又命思达陇囊素、达云恰二人(前往)如此奏禀：

(180)“集善逝[①]一切佛之本性者，
与无比瓦齐喇达喇[②]性质一致者，
执掌释迦牟尼教之胜旗者，
以无滞慈眼观视众生者，

[注释]

① 亦译“好去”。佛十号之一。“如实去彼岸不再退没生死海”之意。

② 菩萨名。瓦齐喇即“金刚杵”;达喇,“持”、“执”之意。旧译“执金刚”,今译“持金刚”。

[译文]

(181)一切众生之唯一信仰者,
怜悯恩准驾临(此方),
且将我使臣迅速遣还,
故我等举众欢喜遥拜合掌。

(182)我等依遵观全利之旨意,
由此前往察卜齐雅勒庙一无耽延,
我等举众迎接于牛年[①],
请尊喇嘛果真驾临这边。”

[注释]

① 即红牛年,丁丑,明万历五年(1577年)。

[译文]

(183)于是岁红鼠年十一月间,
立即派使臣前往孟克地方,

赖尊三宝庇佑之力，

呼图克图达赖喇嘛之祝愿，

［注释］

① 即丙子，明万历四年（1576年）。

［译文］

（184）天子阿勒坦汗之福缘，

彼等使臣于牛年六月抵达（其地），

向达赖喇嘛献上令旨与贽仪，

将尊可汗所献布施送给聚会的僧侣。

（185）同时熬茶施舍广散布施，

向识一切达赖喇嘛尽奏可汗之旨时，

如意宝珠[①]般的达赖喇嘛明白降旨曰：

“能者大汗不以我言为非而赞同，

［注释］

① 又称“如意摩尼”。据称，此宝珠从龙王脑中出，人得此珠毒不能害，入火不能烧。又云此宝珠常出一切宝物、衣服、饮食等，随意所欲，尽能与之。

［译文］

（186）我无所踌躇立即起程。”

此时虔诚的雅尔隆汗[①]等图伯特之大小官员，
以崇敬之情叩禀于呼图克图达赖喇嘛曰：
“请聪慧的识一切达赖喇嘛晓谕：

[注释]

① 西藏帕木竹法王。名阿旺扎喜扎巴。1565 年—1578 年在位。治所在雅尔隆，故称“雅尔隆汗”。明封“阐化王”。

[译文]

(187)既是众生的保护者观音菩萨，
尤应将我图伯特地方驯服教化，
胜保护者宗喀巴根本喇嘛及其依次转世者，
汝之先世根敦朱巴[①]与根敦嘉措[②]，

[注释]

① 宗喀巴八大弟子之一。1391 年—1474 年在世。生于后藏萨迦附近的一家牧场。幼年帮助父母牧羊。永乐三年(1405 年)十五岁时，在那当寺出家为僧。十三年，拜宗喀巴为师。十七年宗喀巴圆寂后，又从甲曹节(宗喀巴第一大弟子)学习显密二宗。后返回后藏讲经说法，门徒渐众。正统十二年(1447 年)，在日喀则宗本班觉桑布资助下，兴建扎什伦布寺，自任该寺池巴(法台)，直至成化十年(1474 年)圆寂。后被追认为达赖喇嘛一世。著有《量理庄严论》，为格鲁派必读因明课本之一。

② 即二世达赖喇嘛。1475 年—1542 年在世。生于后藏日喀则西北达那地方的一户普通农民家中。四岁时，被认为根敦朱巴转世的“灵童”。成化二十

一年(1485 年),被迎至扎什伦布寺,受沙弥戒。弘治七年(1494 年),应请赴前藏哲蚌寺学经。后于各地讲经传法,并于正德四年(1509 年)建立群科杰寺。七年,应请返回扎什伦布寺,主持教务。十二年,应请担任哲蚌寺第十任池巴。嘉靖五年(1526 年),又兼任色拉寺第九任池巴。实际上已成为整个黄教的领袖。后被追认为达赖喇嘛二世。

［译文］

(188)皆为施恩于此图伯特地方的仁慈者,
使自在佛教如同太阳般普及发展,
请尊圣者如同彼等住持此地济度众生,
以慈悲怜悯之心恩准吾等之请。

(189)彼蒙古地方乃无经无佛黑暗之地,
食人肉喝人血者多而有之,
何可赴彼如同非人之区,
若要亲往教化实属困难之极,

(190)请以慈悲之心从全考虑。”
于是识一切观全利达赖喇嘛,
立即回答彼等之所请曰:
“赖善缘之力很早以前可汗与我二人相逢,

(191)我为东方佛教之法主,
大汗为施主(将我)拥戴敬奉,
有缘继续振兴宗教于东方黑暗之地,
不加劝止给以赞助才符我等誓愿之义。”

(192)复请护教大王毕哈尔汗，
降附人身沉思坐禅，
再三讯问此行之情时，
(护教大王)曰:“聪慧达赖喇嘛若立即去蒙古地方，

(193)将佛教广泛传播发展，
导引邪门外道者(于正道)，
太阳般照亮烦恼之愚暗，
我即伴随汝圣者立即前往。”

(194)其后呼图克图达赖喇嘛，
向召释迦牟尼及诸佛、寺庙献祭后起程，
行至名为冒罗斯①之地时，
等识一切达赖喇嘛立即向蒙古可汗派出使臣。

[注释]

① 森川哲雄在《〈阿勒坦汗传〉研究》中认为，冒罗斯“指长江上游通天河(藏语 bri-chu)。通天河说有嫌泛阔，冒罗斯当指位于通天河左岸的曲麻莱(即麻莱河)。

[译文]

(195)其使臣抵达名为西喇塔拉①之地，
谒见禀奏于真诚菩萨阿勒坦汗：
“识一切缘由的呼图克图达赖喇嘛驾临而来，

急派我等前来向大汗问候请安。”

［注释］

① 青海大草滩的蒙古语名称。据《万历武功录·俺答列传(下)》万历六年四月条载:“是月,俺答从甘州外边芦沟套、黑水、乱骨堆至昌宁。已,从宁堡关入边,至周家湾。已,从永昌城至横梁山壤。已,从新城儿至石头口。已,从西南大川至大河口。已,从九条岭透洪水、花寨、曹古城,至大马营、泉脑。其五月,至扁都口。”大草滩位于大马营、扁都口之间,《清史稿》志五十四(青海),称之为“凉州边外西喇塔拉”。

［译文］

(196) 天子雄威格根阿勒坦汗,
闻无比福海喇嘛之来,
充满敬仰崇拜之情喜悦非常,
疾速派出迎接的诺廷与官员。

(197) 派鄂尔多斯万户之彻辰鸿台吉[①]、彻辰岱青[②]、威正钟图赉[③],
精英万户[④]之那木岱彻辰鸿台吉、达云诺延[⑤]、巴雅兀特诺延[⑥]、岱青讷寨,
另有永谢布喀喇沁之巴尔虎[⑦]彻辰岱青台吉[⑧]等为首,
相继迭出(将达赖喇嘛)欢迎。

［注释］

① 库图克台彻辰鸿台吉之略。见(116)段注④。

② 布尔赛彻辰岱青之略。墨尔根济农之孙,布扬郭赉都噶尔岱青之子。亦称"布尔赛哈坦巴图尔"。隆庆六年(1572 年)二十七岁时,随库图克台彻辰鸿台吉西征中亚托克摩克。臂力过人,箭法超群,被誉为"能射穿三锨"的神箭手。明代汉籍作"七庆歹成台吉"。

③ 亦称"钟图赉威正"。墨尔根济农之孙,班扎喇威正诺延之子。曾率众西牧甘州边外昌宁湖一带。明代汉籍作"庄秃赖"、"威正庄秃赖台吉"。

④ 指阿勒坦汗所属土默特万户。

⑤ 亦称"达延鸿台吉"。达延汗第四子阿尔苏博罗特之孙,博济格喇(不只吉儿)台吉之长子。土默特万户多伦土默特部领主。曾西牧甘州边外昌宁湖一带。万历十五年(1587 年),南掠藏族地区,遇战明军,中矢死。明代汉籍作"歹言黄台吉"、"歹雅黄台吉",或误作"歹稚黄台吉"。亦因其部名称作"多罗土蛮"、"多罗土蛮把都儿黄台吉"。

⑥ 阿勒坦汗次子不彦台吉,明代汉籍作"摆腰台吉",称其子曰"摆腰把都儿台吉"。摆腰,其属部名"巴雅兀特"之异译。不知此巴雅兀特诺延是指"摆腰台吉",还是指其子"摆腰把都儿台吉"。

⑦ 部名。永谢布万户属部之一。

⑧ 阿勒坦汗弟博济达喇(卜只剌)台吉之孙,额森达喇(也辛跌儿)台吉之子。永谢布万户巴尔虎部的领主。万历六年(1578 年),奉阿勒坦汗之命迎请三世达赖喇嘛至青海。明人因其部名称作"把儿勿"、"八耳谷"、"把尔户"。巴尔虎部非属喀喇沁。这里说"永谢布喀喇沁之巴尔虎彻辰岱青台吉",意为彻辰岱青台吉既是永谢布的代表,又是原属永谢布万户的喀喇沁部的代表。

[译文]

(198)将珍宝金银曼陀罗等,

　　将金制鞍嚼鞴于马身,

将各种财物大量礼品布施，
尽交彼等诸延官员使之往迎。

(199)首班迎接使臣至名为哈伦乌苏[1]之地，
其后中班迎接使臣至名为衮额尔吉[2]之地，
其后末班迎接使臣至名为哈伦乌苏[3]之地，
向等识一切达赖喇嘛献上礼品等叩禀：

［注释］

① 意为“热水”。在青海同德進西，曲什安河南岸。今称“温泉”。见《中华人民共和国全图》(国家测绘局，1982年)。

② 在青海同德進西、曲什安河北岸的一个山口。亦称“哈尔吉岭”。

③ 此“热水”在衮额尔吉進北，青海兴海西南。亦称“温泉”。见《中华人民共和国全图》(国家测绘局，1982年)。

［译文］

(200)“满足众生祭祀祈愿[1]之威严者，
具足一切二足尊[2]之德性者，
因人制宜拯救(众生)者之化身，
名圣福海喇嘛为首全体僧众，

［注释］

① 祭祀祈愿，原文 hereglehüi taγalal hüsel。据《新译校注〈蒙古源流〉》记载，阿勒坦汗病危后，其属下官员怀疑佛教之功益时，满珠锡里呼图克图说过

这样一段话:“寿终之死,无论何人亦不能挽回也。夭折之死,或可以药,以经咒之属愈之欤! 而今此合罕已至寿终之时,故未可也。”其中的“经咒”,原文 hereg jereg,亦作 hereg jirig。《蒙古语大辞典》释 jirig 为“剥牲畜皮时下面垫的青枝叶”。据 jirig 之义及蒙古人杀牲祭祀之俗考之,hereg jereg 盖即祭祀之意。hereglehüi 为 hereg 的派生词。姑译如文。

② 佛之尊号。言有二脚生类中之最尊者。又以人之二足譬喻福慧二者。六度中般若为慧足,其余五度为福足。佛圆满福慧之二足,故曰“二足尊”。

[译文]

(201)比丘博尔桑瑚瓦喇克众僧人,
皆为生灵利益心发慈悲恩顾此方,
啊,可无疲劳太平安适地、
一无阻碍地驾临此方?!”

(202)闻奏后识一切达赖喇嘛如此曰:
“赖妙三宝之保佑我等平安到来,
可汗、哈敦为首大小诺延可安康?!”
(如是)会晤互相问候请安。

(203)之后达赖喇嘛又命达云恰、本宝希丁[①]二通事曰:
“如此往奏我旨于尊大汗,
按吾等二人会晤之先兆,
将于五月十五吉日如愿相见”。

[注释]

① (159)段中作“本宝善丁”。

[译文]

(204)所遣使者至而向可汗
明白尽奏呼图克图达赖喇嘛之旨时,
可汗、哈敦为首大众完全赞成
于戊寅年[①]五月十五吉日(相见)。

[注释]

① 即明万历六年(1578 年)。

[译文]

(205)阿勒坦诺们汗[①]、钟根哈敦等率五色国之众,
至青海迤东察卜齐雅勒庙之西厢,
敬奉识一切福海喇嘛、索南扎巴呼毕勒罕[②],
如愿与所有瑚瓦喇克僧众(会见)。

[注释]

① 诺们汗,意为“法王”。
② 三世达赖喇嘛索南嘉措(福海)的经师。嘉靖三十二年(1553 年)索南嘉措

继任哲蚌寺法台之前,曾任该寺法台。

[译文]

(206)于最尊呼图克图达赖喇嘛之金刚足[①]前,
以极其崇拜敬仰之心,
虔诚信仰之情叩拜供奉,
不断奉献多种布施后奏曰:

[注释]

① 意为金刚不坏之足。指佛足。

[译文]

(207)“识一切呼图克图达赖喇嘛为首,
所有博尔桑瑚瓦喇克众僧人,
坚韧不拔之圣心可无疲劳,
必念众生之利益平安(驾到)!”

(208)经阿僧祇之三劫[①],
具足清净之二聚者,
圣观自在之化身,
无比福海喇嘛降旨曰:

［注释］

① 亦译“三阿僧祇劫”。阿僧祇劫，系梵文 Asankhyakal-pa 的音译，意译“无数长时”。菩萨之阶位有五十，以之区别无数长时为三期。十信、十住、十行、十回向之四十位，为第一阿僧祇劫。十地之中，自初地至第七地，为第二阿僧祇劫。自八地至十地，为第三阿僧祇劫。第十地卒，即成佛果。劫有大中小，此劫为大劫，故又称“三大阿僧祇劫”。

［译文］

(209)“赖尊三宝之保佑，
为弘传无比之佛教，
未曾遇盗疲劳染恙，
于是吾等平安相见。”

(210)施主与法主二者相会，
宿愿得偿称心如意，
大设喜宴法会志兴，
众生见之闻之欢悦称奇。

(211)此时可汗身体微热不适，
识一切达赖喇嘛为除其疾，
立即赐予无量成就母后[①]灌顶[②]，
继而又授安广雄威四业灌顶[③]。

［注释］

① 指胎藏界莲花部母“法波罗蜜菩萨”。胎藏界三部、金刚界五部，各立部主与部母。部主如国王，部母如国母。部母对于部主为能生之母，故又称“母主”。

② 原文 Abisig（梵文 Abhiseka 的音译）。意译“灌顶”。本为印度古代国王即位时的一种仪式，国师以“四大海之水”灌于国王头顶，表示祝福。密宗效此世法，于僧人加行成就、嗣阿阇梨位时，设坛举行灌顶仪式。

③ 亦称“四种灌顶”，即：1. 除难灌顶，又云“降伏灌顶”；2. 成就灌顶，又云“受明灌顶”；3. 增益灌顶，又云“求果灌顶”；4. 得阿阇梨位灌顶，又云“传法灌顶”。

［译文］

（212）为消弭诽谤与魔障，
以遂一切兴法诸神之心，
唪诵功德甘珠尔、丹珠尔等经后，
抛撒妙圆满天女之华[①]。

［注释］

① 源自下述佛教传说的一种宗教仪式。《维摩经》观众生品曰：“时，维摩诘室有一天女，见诸大人闻所说法，便现其身，即以天华（花）散诸菩萨大弟子上。华至诸菩萨，即皆堕落。至大弟子，便著不堕。一切弟子神力去华，不能令去。尔时，天女问舍利弗：‘何故去华？’答曰：‘此华不如法，是以去之。’天女曰：‘勿谓此华为不如法，所以者何，是华无所分别，仁者自生分别

想耳。若于佛法出家，有所分别，为不如法，若无所分别，是则如法。观诸菩萨华不著者，已断一切分别想故。'"

[译文]

(213) 又做其他诸多类似之法时，
喜悦可汗热退病愈，
于是出自身语意[①]之信仰大增，
举国大众喜萌敬仰之心。

[注释]

① 亦译"身口意"、"身语心"。身即"身业"(行动)，语即"语业"(言语)，意即"意业"(思想活动)。出自身语意之信仰，即全面的信仰。

[译文]

(214) 此时识一切呼图克图达赖喇嘛，
与彼等呼毕勒罕喇嘛及全体僧众，
立即为之祝福唪诵三乘经[①]，
其声犹如龙鸣十方[②]传闻。

[注释]

① 谓导化众生达到解脱的三种教说。一般称"声闻"、"缘觉"、"菩萨"为三乘。声闻，意为听闻佛陀言教的觉悟者。原指佛在世时的弟子，后指遵照佛的说教修行，并以达到自己解脱为目的的出家者。以修学"四谛"为主，

最高果位是阿罗汉。缘觉,亦作"独觉"。指"自觉不从他闻",观悟十二因缘之理而得道者。菩萨,指修持大乘六度,上求菩提,下利众生,于未来成就佛果的修行者。

② 佛经称东、西、南、北、东南、西南、东北、西北、上、下为十方。

[译文]

(215)可汗、哈敦献上百两金制的曼陀罗,
千两银制的奇异之锅,
玉石、水晶、各种珍宝金银与很多衣服,
鞴有金鞍嚼的阿尔古玛克、托木察克马[①]等。

[注释]

① 托木察克亦称"托卜察克"、"托毕察克"。因产于西域,又称"西马"、"大西马"。

[译文]

(216)五色国献上多不可数的驼马骡牛羊,
其数之多各以百、千、万计算,
以及各种供品与布施,
使为父母众生获得正觉祈祷祝愿。

(217)于是可汗、哈敦为首举国大众,
聆听达赖喇嘛宣讲戒律之功德,
和经咒传乘之导引乌波提舍[①],

以及闻、思、修[②]之诸功德。

[注释]

① 原文 ubadis(梵文 upadesa 的音译)。译言“论议”,指回答和论议佛法意义的经文。十二部经之一。

② 闻即“闻慧”,指依见闻经教而生的智慧;思即“思慧”,指依思维道理而生的智慧;修即“修慧”,指依修禅定而生的智慧。合称“三慧”。

[译文]

(218)妙阿勒坦诺们汗为首皆起崇信之心,
焚毁外道谬误之翁衮、察里格[①],
使愚昧之孛额、乌达干[②]衰落消亡,
使有功无上经教之制固如绫结[③]般。

[注释]

① 翁衮、察里格,均为萨满教之神像。

② 孛额,萨满教男巫;乌达干,亦作“乌都干”、“伊都干”,萨满教女巫。

③ 指金刚结。

[译文]

(219)使本黄金家族巴雅兀特台吉之子[①]为首,
带领十二土默特之一百零八人成为班第脱因[②],
以真挚虔诚之心坚定皈依宗教时,

四十万蒙古愈益信仰达赖喇嘛各自向其皈依。

[注释]

① 据《夷俗记》世系表载,不彦台吉(摆腰台吉)之子摆腰把都儿台吉有六子,第五子曰:“剌麻台吉,为僧。”此巴雅兀特台吉即摆腰把都儿台吉,其子即剌麻台吉。

② 班第,意为小喇嘛。脱因,在《登坛必究》、《武备志》、《卢龙塞略》等书译语中,均作“脱印”,译曰“和尚”。《蒙古语大辞典·蒙和之部》释为:“沙弥(台吉当喇嘛者),贵族出身的僧侣。”

[译文]

(220)五月十五日会晤于察卜齐雅勒庙,
广献多不可数之布施等,
真正踏上吉祥幸福之道,
使大小诺延各自成为喇嘛班第敬奉宗教。

(221)以妙圣教法之千光,
使愚暗(之地)盛开智慧的莲花,
使相克的悖谬的库木达花破败者,
识一切索南嘉措福海喇嘛为首,

(222)索南扎巴呼毕勒罕与满珠锡里呼毕勒罕喇嘛[①],
众多聚会的博尔桑瑚瓦喇克僧众,
以最胜法王阿勒坦汗为首所有大小诺延,
如同昔日之法主施主互赠名号一般,

［注释］

① 下段中称作“东科尔呼毕勒罕喇嘛”。若松宽在《察汉诺们汗在清代青海蒙古史上的作用》一文中，介绍东科尔呼图克图这一活佛系统说：“其第一世是在西藏东部喀木之冬科尔出生的 zla ba rgyal mtshan（1476 年—1556 年）。第二世是在喀木之 Wa ho bo 出生的 Yon tan rgya mtsho（1557 年—1587 年）。这位活佛，不仅作为呼和浩特俺答汗的喇嘛而闻名，而且与外蒙古阿巴岱汗之归依喇嘛教也有不少关系。第三世 Rgyal ba rgya mtsho（1588 年—1639 年）也是喀木出身，其出生地叫 Stag bzan。这位活佛被请到瓦剌地方，做了王公们的喇嘛。东科尔呼图克图将根据地从喀木迁到西宁，是第四世 Hjam dbyans rgya mtsho（1639 年—1683 年）时代之事。1647 年他在西宁附近的丹噶尔（湟源）建立的寺院，叫作 Dgah ldan chos hkhor glin。从这时起，便有了西宁东科尔呼图克图之名称。”此东科尔呼毕勒罕喇嘛，即东科尔呼图克图二世 Yon tan rgya mtsho（云丹嘉措）。

［译文］

（223）可汗为首全体施主尚识一切达赖喇嘛

以妙瓦齐喇达喇赛音绰克图宝音图达赖[①]之号并献金印，

尚有功东科尔呼毕勒罕喇嘛以满珠锡里呼图克图之号，

尚索南扎巴呼毕勒罕喇嘛以迈达里呼图克图之号。

［注释］

① 瓦齐喇达喇，梵文 Vajradhara 的音译。意译“持金刚”，亦译“执金刚”。赛音绰克图，庄严之意。宝音图达赖，索南嘉措（福海）的意译。

[译文]

(224)谓阿兴喇嘛首倡宗教劝修清净善业,
赐以额齐格喇嘛[①]之号;
为报其恭请呼图克图达赖喇嘛(之功),
赐思达陇囊素以岱青达尔罕囊素之号。

[注释]

① 见(158)段注①。

[译文]

(225)呼图克图达赖喇嘛为首之三呼图克图,
尚土谢图阿勒坦彻辰汗以梵天大力察克喇瓦尔第[①]诺们汗之号并赐银印;
赐有缘乌讷楚钟根哈敦以塔喇菩萨[②]之化身阿利雅塔喇[③]之号,
(以下)集录依序分封名号于三万户诺延之情。

[注释]

① 察克喇瓦尔第,梵文 čakravarti 的音译,意译“转轮”。
② 亦译“多罗菩萨”、“多罗观音”。因系莲华部之部母,亦称“多罗母”。
③ 阿利雅,梵文 Arya 的音译,意为“圣”、“尊”。阿利雅塔喇即“圣塔喇”,亦译“多罗尊”。

［译文］

(226)因巴彦巴格什[①]兼通印藏蒙三种语言，
翻译喜悦佛经担任通事(有功)，
赐巴格什阿优希以阿难答满珠锡里固什之号使为诸师之首；
为使其无误地奉行政教事业，

［注释］

① 在本段第三行中又名巴格什阿优希(长寿师、无量师)。万历十五年(1587年)，陪同三世达赖喇嘛赴喀喇沁部。同年十二月，创制“阿利伽力字”(阿利为元音字母，伽力为辅音字母)，用以音写《五部经》之陀罗尼咒。三十至三十五年(1602年—1607年)，与锡勒图固什绰尔吉等译《甘珠尔经》为蒙文。

［译文］

(227)赐乞迪台以威正彻辰欢津之号使为诸官员之尊；
谓其迎请真识一切呼图克图达赖为首僧众，
迎请佛经甘珠尔、丹珠尔效力于宗教，
赐萨尔玛尼以奥仁唐噶里克达云恰之号使为岱达尔罕。

(228)因威正宰桑效力佛教而亡，
恩宠关怀其子合楞赐予威正宰桑之号，
因其不断效力迎请达赖喇嘛，
赐予善宝达喇之号使为岱达尔罕。

(229)赖前世所修福缘之力，
为传布宗教使如旭日般，
互相会晤结为法主与施主，
又互封名号之情如此这般。

(230)尊瓦齐喇达喇赛音绰克图宝音图达赖喇嘛降旨曰：
“赖昔日积修福缘之力，
及自在召释迦牟尼之保佑，
吾等二人今已相见，

(231)为成就二制[①]应献曼陀罗于召释迦牟尼之前。”
安乐大力转轮阿勒坦汗为首，
皆情不自禁萌发崇拜信仰之心，
赞成以千两(金银)将庄严曼陀罗铸成。

[注释]

① 指佛教与世俗政治。

[译文]

(232)著名梵天大力转轮法王阿勒坦汗，
给予一切用品与多种布施，
将阿兴额齐格喇嘛、道尔吉巴格什等，
遣往清净薄伽梵召释迦牟尼之前。

(233)其后全能梵天大力转轮法王阿坦汗，
如此启奏于识一切瓦齐喇达喇达赖喇嘛曰：
“请等识一切瓦齐喇达喇达赖喇嘛示谕，
佛师所说经咒之多不可数计，

(234)然而可有集此等诸经之本义于一体，
使能迅速获得圆满佛果之经？”
于是识一切瓦齐喇达喇达赖喇嘛曰：
“胜一切佛师所说之经不可数清，

(235)啊，然而可有获得佛果之捷径，
此乃清净无比之密咒金刚乘[1]。”
阿勒坦汗奏曰：“据闻昔日八思巴喇嘛，
曾将著名空金刚曼陀罗(灌顶)念珠赐予我祖薛禅汗，

[注释]

① 亦称“真言乘”。真言乘，意为“乘真言之教法而到佛地”其谓金刚乘，喻其教法坚利如金刚。

[译文]

(236)其空金刚灌顶者指何而言？”
等识一切呼图克图达赖喇嘛曰：
“所谓空金刚灌顶者，
乃无比密咒金刚乘灌顶也。”

(237)于是阿勒坦汗以清净崇敬之情如此奏请曰：
“啊，识一切瓦齐喇达喇达赖喇嘛，
既如此可否如同昔日八思巴喇嘛
(将其)赐予我祖薛禅汗一般，

(238)今将著名空金刚灌顶(念珠)赐之与我？”
尊识一切瓦齐喇达喇达赖喇嘛如此曰：
“威力大汗汝之所言甚是，
昔日八思巴喇嘛确曾将空金刚灌顶(念珠)赐予薛禅汗。

(239)(彼二人)爱护眼珠般恪守誓约，
使佛教美妙地弘传发展，
创立与之平等的世俗政治，
互为法主、施主之情如是这般。

(240)与其同样吾今为汝大汗，
成就无比密咒金刚乘灌顶念珠，
赐予可汗、哈敦等所有信教之人。”
于是尊梵天轮法王、额合塔喇①之化身钟根哈敦，

[注释]

① 额合，蒙古语，意为“母”。额合塔喇即“母塔喇”，亦译“多罗母”。指莲华部母“多罗菩萨”。

[译文]

(241)及其诸子诺延、巴格什与诸臣官员,
皆向往崇拜信仰专念一心,
将精微密咒灌顶念珠受领。
此时将三河[①]之图伯特人众为首,

[注释]

① 指黄河上源的三河。《卫藏通志》卷三“山川·黄河”条下注云:“源出星宿海(鄂敦他拉)西巴颜哈拉山东麓。……二泉涘发,东南流数里而汇,曰阿尔坦河。……有七眼池水自北来会,始得(名)鄂敦他拉。……又有巴尔哈布山水自北来会,哈拉答尔罕山水自南会,番名‘古尔板索尔马’。蒙古谓三为‘古尔板’,以阿勒(尔)坦合二水为三也。东南流,注于槎灵海(今作扎陵湖)西北,得水为海。”古尔板索尔马为蒙藏叠意词 ,古尔板,意为“三”;索尔马,藏语意为“三河”。《蒙古源流》卷六载:库图克图彻辰鸿台吉“岁次丙寅年(嘉靖四十五年,1566年)二十七岁时,行兵土伯特地方,营于锡里木济之三河合口”。其中的“锡里木济”(silimji),乃萨拉木曲(Salam chu)的音译,清时作“琐力麻川”,意译“三河”。

[译文]

(242)金银制成的尊贵曼陀罗,
清净全备的七宝[①]八供[②],
以及所积各种贵重的珍宝财物,
献给圣达赖喇嘛出自非常敬仰之心。

［注释］

① 何为七宝，诸经说法互异。《般若经》以金、银、琉璃、砗磲、玛瑙、琥珀、珊瑚为七宝。

② 指八种供物。据《蒙古语大辞典》（上卷）解释，八种供物包括：1. 舍利塔；2. 金色鱼；3. 白法螺贝；4. 白莲；5. 甘茶器具；6. 丝；7. 四色幢幡（旗）；8. 千辐金轮。民间将水、花、香、灯、米、糖分置于八个供碗，以为八供。其排列顺序是（自左至右）：水、水、花、香、灯、水、米、糖，亦有以枣代糖者。

［译文］

（243）专念一心聆听灌顶念珠（之经）时，
识一切瓦齐喇达喇达赖喇嘛亲自成就（念珠），
以妙慈悲之心怜悯视之后，
赐予（念珠）大诵功德空金刚灌顶经：

（244）“得此尊贵的根本灌顶念珠，
若能无误地保护眼珠般恪守誓约，
善缘者将于此生此身成佛得道，
否则经七世或于十六世前终获正觉。”

（245）其后转轮法王阿勒坦格根汗聚议，
派宝迪苏色特希、敖齐赉古彦为首，
自察卜齐雅勒庙赴白帽、卫喇特二国，
立即命隆古英、岱青乌尔鲁克、古英台吉等官员使臣先行前往刺探。

(246) 遵梵天大力转轮王阿勒坦汗之命前往，
彼等官员安抵浩瓦那姆[①]进行侦察之间，
于额尔克楚特[②]中明安之边地，
遇见满德勒巴图尔为首离散之民[③]将其收降。

［注释］

① 新疆哈密迤北一地名。留金锁校注《水晶鉴》第365页载："自青海北名库尔鲁克之地，北经大额勒吉勒戈壁，至回教白帽人的哈密城、巴尔库喇勒人(驻地)和出产肥羊之地哈希纳尔。东有那姆浩瓦坡国，其地盛产珊瑚、珍珠和金银线缝纳的毡垫以及丰富多样的用品。"其中的库尔鲁克，清代称额勒苏池，今作"可鲁克湖"。大额勒吉勒戈壁，留金锁注云："即额勒苏戈壁，指大柴达木。"巴尔库喇勒，明代作"巴儿思渴"，清代作"巴尔库勒海"，今作"巴里坤湖"。哈希纳尔，疑即哈萨克。"那姆浩瓦坡国"中的"浩瓦"，意为"坡"、"丘陵"等，"浩瓦坡"为叠意词。浩瓦那姆即那姆浩瓦。

② 此额尔克楚特指卫喇特。如《新译校注〈蒙古源流〉》第262—264页载："召集都沁、都尔本二部，阿噶巴尔济农即合罕位，以额森太师为济农矣。其后，卫喇特四部设谋，建相连之二大室，后室内掘一大坑，复(覆)以大毡，备盛大宴席，狡徒阿卜都拉·彻辰乃诣济农奏曰：济农已即合罕位于都沁、都尔本二部之上，又赐俺额尔克楚特以济农之号，多施大赉矣。"其中的"额尔克楚特"，即指额森(也先)太师。太师的属部亦称"额尔克楚特"。如同书第239—240页载："彼额色库合罕，自乙未年，在位十一年，岁次乙巳，年三十九岁崩。萨木尔公主心恨乌格齐·哈什阿之恶行，匿出鄂勒泽图·洪妃子、阿寨台吉、阿鲁克台太师三人，遣往母家蒙古地方去也，谓之曰：'其额色库合罕已死矣！额尔和彻古特之众乱其首矣，当向汝君父叩首请命，乘其此机庶可加兵乎？'"其中的"额尔和彻古特"，即额尔克楚特，指卫喇特。

③ 原文 oorčag irgen。额尔登泰等著《〈蒙古秘史〉词汇选释》，释“斡斡儿察黑”，(oorčaq)为“劫贼”、“强盗”。又说：在鄂尔多斯人口语中，“určaq 与 orčaq 含义相同。离开山岭或丘陵地带的孤立的小山也叫作 urč-aq。”《蒙古语大辞典》(上卷)，释作“被遗弃者、被离异者”。irgen，“民”、“百姓”之意。故译如文。

[译文]

(247)继而从彼地前往白帽城途中，
与白帽之一群百姓交战将其战胜，
俘获名为塔尔毕斯巴图尔之人，
旋即抵达白帽之哈密勒①城。

[注释]

① 明代汉籍作“哈梅里”。即今新疆哈密。

[译文]

(248)至而提及昔日分衍自成吉思汗之族亲时，
(白帽人)遵大汗之旨敬重款待彼等官员，
其人师①为首向使臣许诺输纳贡赋，
将前来会谈之官员各个认为亲族。

[注释]

① 阿訇的意译。阿訇，波斯文 Akhund 的音译，亦译“阿洪”、“阿衡”，原意“教师”。

［译文］

(249)十二城白帽之主阿卜都乞喇木汗[①]，
极为尊重阿勒坦汗兄之使臣，
喜悦非常地交纳各种贡物以修和好，
给予金刚宝石、阿尔古玛克、托木察克马和乞赤尔驼[②]等(将使者)遣还。

［注释］

① 即阿卜都尔卡里木(Abdur karim)汗。成吉思汗次子察合台之后裔。满速儿汗弟赛德汗(1514 年—1533 年在位)之孙，阿卜都尔拉施德(Abdur Rashid)汗之子。嘉靖四十五年(1566 年)，嗣继汗位。

② 原文 Kičir。额尔登泰等著《〈蒙古秘史〉词汇选释》"乞赤都惕"条载：kičidüd(驼名)是 kičir 的双重复数形式。kičir temege 即 kičir bühü tei temege，指驼峰瘦软，总是歪在一边的骆驼。

［译文］

(250)彼等使臣官员未去卫喇特国，
遣达尔罕乌尔鲁克自浩瓦那姆前往卫喇特，
归自彼地后谒见转轮阿勒坦汗，
白帽之使臣随即将贡物送上。

(251)此时钟陇之噶尔玛喇嘛[①]
神通胜地之全体喇嘛，
全图伯特之施主延请呼图克图达赖喇嘛，

广献所集布施领受接引灌顶。

[注释]

① 指西藏佛教噶玛派黑帽系四世活佛洛拜多吉在青海湟中所建寺院的高僧。

[译文]

(252)额楞木[①]、甘肃[②]之都堂诺延亦请胜师达赖喇嘛,
为观其征兆既不叩拜亦不佩服,
待显示征兆使所燃香灰吉祥地结成诸天之字时,
汉人始起钦佩之心(将其)敬奉[③]。

[注释]

① 指凉州,今甘肃武威。
② 指甘州,今甘肃张掖。
③ 据《明史·列传西域(三)》“乌斯藏大宝法王”条载,三世达赖喇嘛应请去甘州,是在万历七年(1579年):“嘉靖中,法王犹数入贡,迄神宗朝不绝。时有锁南坚错者,能知已往未来事,称活佛,顺义王俺答亦崇信之。万历七年,以迎活佛为名,西侵瓦剌,为所败。此僧戒以好杀,劝之东还。俺答亦劝此僧通中国,乃自甘州遗书张居正,自称释迦牟尼比丘,求通贡,馈以仪物。居正不敢受,闻之于帝。帝命受之,而许其贡。由是,中国亦知有活佛。”

[译文]

(253)达赖喇嘛自彼地驾临察卜齐雅勒庙,

晤见阿勒坦汗后如此启奏曰：
“全能梵天大力转轮王回归蒙古地方，
为普传宗教应将寺庙修建。

(254)菩萨我前往诺拉木塔拉①庙，
实际地为施主为首生灵之利益，
确立博尔桑瑚瓦喇克之界修建寺庙，
如此扶助佛教则于汝等所有施主大有利益。

[注释]

① 原文 nolam tala。亦作 nilom tala。《蒙古源流笺证》译作“尼洛木塔拉”，注云：“尼洛木盖即后藏之聂拉木”。森川哲雄在《〈阿勒坦汗传〉研究》中，根据索南嘉措“于一五八〇年到达康区的巴塘、理塘一带……在理塘主持建立了理塘寺”（王辅仁《西藏佛教史略》）的记载，认为尼洛木塔拉即理塘。据《中国历史地图集》第七册第60—61图载，在理塘北百余公里处有名为“聂龙”（今称新龙）之地。聂龙或即尼洛木的异译，不无可能。索南嘉措原拟在聂龙建寺，后改建在理塘。在《阿拉坦汗传》（蒙文）的拙注中，曾将诺拉木释作聂拉木，误。

[译文]

(255)大汗汝返回蒙古之地后，
应念父母一切众生的利益，
广泛传扬发展佛教，
牢固确立博尔桑瑚瓦喇克之界。

(256)以宝中之最金银等各种珍宝,
精修尊薄伽梵释迦牟尼之身像,
使自在佛教盛如太阳般时,
汝将扬名如同梵天大力转轮王。

(257)应请满珠锡里之化身呼图克图喇嘛前往,
敬重彼胜喇嘛如同对我一般,
定要顺从其言不以其言为非,
彼尊者将扶助宗教(使之发展)”。

(258)如此降旨后转轮阿勒坦汗为首三万户诺延聚议,
为给德海无边的达赖喇嘛送行,
命察哈尔①乞齐古岱青②、畏兀尔沁丙图③、永谢布巴尔虎阿拜为首④,
与学识渊博的阿优希固什、额尔德尼玛尼、萨丁等人留居(青海)。

[注释]

① 左翼三万户之一。达延汗以后,明代蒙古共主历代可汗驻帐于此。

② 据乌力吉图校注《大黄册》第120页载,达赉逊汗有四子,曰“图们台吉,忠图都喇噶勒,巴噶达尔罕,岱青台吉”。《夷俗记》世系表载,打来素台吉子四,即:“土蛮台吉、昆都力庄兔台吉、大成台吉、威正打儿汗台吉”。乞齐古岱青,盖指其中的“岱青台吉”或“大成台吉”。

③ 阿勒坦汗第四子。嘉靖三十七年(1558年)随父西犯青海,后留其地。明代汉籍作“丙兔台吉”。畏兀尔沁,其属部名。明代汉籍作“威兀慎”、“委兀慎”、“委兀儿趁”等。

④ 阿勒坦汗侄恩克达喇岱青台吉(永邵卜大成台吉)之末子。《大黄册》第130页及胡和温都尔校注《水晶珠》第866页皆载,恩克达喇岱青有三子,

曰恩克彻辰、额森威正、乌勒泽图阿拜。阿拜,即"乌勒泽图阿拜"之略。《万历武功录·俺答列传(下)》"隆庆五年五月"条,将恩克达喇岱青之三子,依次称作"隐克台吉"、"挨肆台吉"、"挨着兔台吉"。挨着兔,即"乌勒泽图"的异译,亦即"乌勒泽图阿拜"之略。

[译文]

(259)为(达赖喇嘛前往)执掌佛教,
命彼等诸延诸臣奉陪送行,
请满珠锡里呼图克图驾临自青海,
与普国之汗、哈敦等同途抵达蒙古地方。

(260)其后于白龙年[①]可汗体发高热时,
不解经教奥义之诸臣官员,
即私下信仰前已废除的邪说谬见[②],
此时满珠锡里呼图克图甚为忧伤。

[注释]

① 即庚辰,明万历八年(1580年)。
② 指萨满教。

[译文]

(261)(他)祈祷于三宝、喇嘛与护法神,
迅速行其非常之法时,
普国之汗立即热退苏醒,

于是摆席设宴为之欢庆。

（262）此时满珠锡里呼图克图面奏于可汗曰：

“最胜大汗汝敬奉三宝，

对吾等之崇拜信仰深牢，

然汝不净之臣民对经教信仰甚少①。

［注释］

① 关于阿勒坦汗病危所引起的佛教信仰危机，以及满珠锡里呼图克图为克服这一危机所做的说教，在《蒙古源流》中记载颇详，如：“岁次己卯，阿勒坦合罕年七十六岁时，身患重病，外则形体消瘦，内则气尚未绝之际，蒙古勒津、土默特之诸诺延，众官员私相议之曰：‘此经教之益安在哉？既无益于合罕之金命，岂能利后世之他人乎？此等喇嘛乃欺诳者也。今当弃绝此辈僧徒’云。满珠锡里·胡图克图闻之，遂尽召土默特之诸诺延大臣，至合罕前而对众降旨曰：‘凡事无不有其始终，乃如水中之月；人生不免其无常，恰似镜中之像。生死轮回之道也，凡此世间之生灵，未有不死者。故不论何人，皆不可脱却死难也。惟超越生死之金刚佛体，方无死亡。是故，若欲获此佛道，除真经外，更无他法。未获佛道之先，而能不死者，永世未之有也。即令三世之诸佛，尤今生灵皈依之释迦牟尼佛，亦未尝说不死之言焉。今若我尊喇嘛——圣识一切瓦齐尔达喇·达赖喇嘛，一旦来临，亦止言之如是也。是故，寿终之死，无论何人亦不能挽回也。夭折之死，或可以药，以经咒之属愈之欤！而今此合罕已至寿终之时，故未可也’。……降此大诫之旨毕，乃令神术蕴丹林沁医师，吹药入合罕鼻中，曰：‘唉，愿大合罕为宗教而与我复生！’待满珠锡里·胡图克图三唤，则合罕即复生矣。于是大众惊奇，欢心向化，各自直陈前此之所言不讳，则合罕降旨曰：‘汝等十二土默特之诺延大臣等，奈何毁我宣扬之宗教而加害于僧众耶？昔日未（奉）经教

时之我先祖及其他无经、无僧之地，惟祀神祇之人等，汝等曾见其长生乎？我已年近八十，时已至矣。莫道我也，昨我圣识一切喇嘛非降旨谓：即释迦牟尼佛（亦）晓谕众生以死亡之真，躬自示以涅槃焉云。汝等各自只不之知耳’”。（《新译校注〈蒙古源流〉》第397—398页）

［译文］

（263）因此我无法扶持佛教，
一俟汝尊大汗恢复安康，
我即回图伯特地方请勿阻拦。”
转轮法王阿勒坦汗闻奏后曰：

（264）“请集胜一切智慧于一身者，
清除无余众生愚暗之骄阳，
导引（众生）于圣途的僧侣之长，
呼毕勒罕满珠锡里恩准，

（265）（我）申斥不解（经教）之人，
严修自在经教之政，
以诸宝修造尊召释迦牟尼，
待我成就此般诸事请留（于此）！

（266）不久三万户大众聚议，
如绫结般巩固尊上经教之政，
于是满珠锡里呼图克图恩准逗留，
使可汗为首众皆萌生崇拜敬仰之心。

(267)依遵识一切达赖喇嘛之旨，
为建造妙释迦牟尼之身像，
备齐各种珍宝交与有功巴勒布[①]匠人。
建成身像后可汗、哈敦为首举国大众，

［注释］

① 尼泊尔之藏语名称。

［译文］

(268)进献各种珍宝大量金银，
鞴有鞍嚼的阿尔古玛克、托木察克马等乘骑，
多不可数遍川盈野之牲畜，
大行福事奉献之多不可数计。

(269)请满珠锡里呼图克图为首四项僧人[①]，
为最胜召林宝齐[②]开光撒谷时，
天空果真降霖花雨，
现出五色彩虹异常鲜明。

［注释］

① 指比丘、比丘尼、优婆塞、优婆夷。亦称“四僧伽”、“四部众”。
② 指所修释迦牟尼身像。

[译文]

(270)美妙瑞兆为一切生灵所见时，
梵天大力转轮法王阿勒坦汗为首普国大众，
皆萌不可改易之信仰而赞叹，
真实皈依全胜佛教之情如此这般。

(271)为众生升起圣教之太阳，
使妙尊佛陀之智慧莲花开放，
使三信仰之枝叶伸展十方，
阿勒坦诺们汗之声名遍地称扬。

(272)大力转轮法王阿勒坦汗，
平等治理世俗、经教二政，
致普国之众太平安康。
在其寿终显示无常之状以前，

(273)天地时象俱变，
天上光辉日月为罗护[①]所执，
非天龙鸣时龙声作响，
大地以六种之态颠簸震荡[②]。

[注释]

① 梵文 Rahu 的音译。星名，意译“覆障”、“障蔽”、“障月”、“执月”、“执日”，意谓能障蔽日月而使蚀。

② 以六种之态颠簸震荡,指“六种震动”,简称“六震”。其中包括:1. 动(摇动不安);2. 起(自下升高);3. 涌(嶙陇凹凸);4. 震(隐隐有声);5. 吼(砰磕发响);6. 觉(令物觉悟)。据说六震发生于下述六时: 1. 佛入胎时;2. 佛出胎时;3. 佛成道时;4. 佛转法轮时;5. 佛由天魔劝请将舍性命时;6. 佛入涅槃时。

[译文]

(274)出现不曾见的扫帚星,
风雨不调(大地)干旱,
灾害发生星辰陨落,
各种凶兆梦中多见。

(275)举国大众心神不安之间,
白蛇年[①]十二月十九虎日鸡时于啥敦河[②](畔),
君主可汗享年七十五岁,
以妙佛之坐式[③]而升天。

[注释]

① 即辛巳,明万历九年(1581 年)。《万历武功录·俺答列传(下)》万历九年十二月条载:“答以是月十九日卒”。与本传记载合。森川哲雄在《〈阿勒坦汗传〉研究》中考证,旧历十二月十九日即西历 1582 年 1 月 13 日。此日为已酉,非寅日。《明史·鞑靼传》载:“(万历)十年春,俺答死,帝特赐祭七坛、彩缎十二表里、布百匹,示优恤”。其实,万历十年春是明帝遣使致祭的时间,并非阿勒坦汗死于此时。

② 黄河的蒙古语名称。

③ 指结跏趺坐。

[译文]

(276)哈敦钟根与可汗之子女，
以及举国大众哀号悲痛而倒时，
满珠锡里呼图克图亲为超度，
接引英灵于上生解脱中品之地[①]。

[注释]

① 九品净土之一。亦称“中品上生善觉地”。九品净土包括:1. 上品上生真色地;2. 上品中生无垢地;3. 上品下生离垢地;4. 中品上生善觉地;5. 中品中生明力地;6. 中品下生无漏地;7. 下品上生真觉地;8. 下品中生贤觉地;9. 下品下生乐门地。据《观无量寿经》言,往生中品上生善觉地者,持五戒、八戒等,不造众恶,即时得阿罗汉道。

[译文]

(277)唪诵广大显密诸经为之祝福，
使八十四千经典[①]之声远闻(四方)，
以无私四坛[②]之水沐浴度化(遗体)，
(将其)接引至净土上天。

[注释]

① 即八万四千经典。释迦牟尼教法之总称。佛教常以八万四千示数之多,如举烦恼之多曰“八万四千烦恼”,举教法门类之多曰“八万四千法门”。

② 见(162)段注①。

[译文]

(278)无智愚昧之众百姓，
继续悲痛哀号卧倒不起，
为唤醒哈敦钟根与皇子皇女，
满珠锡里呼图克图亲自如此晓谕：

(279)“众生无常皆有死，
识一切福相全备之佛师，
以及昔日神奇之转轮王，
亦示无常之状与世长辞。

(280)汝等之主了悟其理，
故向尊上三宝皈依，
若理解权威圣汗这般意志，
(即知)可汗犹如昔日圣者阿尔希[①]。

[注释]

① 原文 Arsi(梵文 Rsi 的音译)，译曰“仙人”。这里指释迦牟尼佛。

[译文]

(281)若行有益英灵之功德，
奉行济世者佛陀之经教，

平安执掌所建优异之大政，

此乃是汝等报其无限之恩。”

(282)哈敦钟根、皇子皇女与诸官员闻之稍醒，

于功德七七之日内，

使妙四项僧人全体聚会，

唪诵四部根本大乘经[①]等。

[注释]

① 简称“四大部经”，即华严经、涅槃经、宝积经、般若经。

[译文]

(283)使唪诵八万四千经典，

不断祭祀、赞叹、叩拜、祈祷、祝福，

于七个七日之间隔内[①]，

举国大众不断唪诵诸经。

[注释]

① 七个七日，指人死后的四十九日。亦称“中有”、“中阴”。佛教认为，人死后四十九日内尚不能转生。此间，死者亲属若每七日追善荐福一次，死者可得果报转生善处。

[译文]

(284)将虎豹皮制成的宫室，
绒锦制成的宫室，
刺绣蟒缎制成的帐房，
以及布施等无数多种(物品)，

(285)将金银制成的甲胄、撒袋、弓，
金银制成的锅、锅撑、盘、盆、壶、桶、瓶，
金银制成的碗、勺等，
以及大量布施和各种珍宝；

(286)将人夫、骆驼与鞴金鞍嚼的骟马以九数之，
集聚六种牲畜布满于原野，
敬献于满珠锡里呼图克图为首众僧，
普大国酬献布施之多不可数清。

(287)因阿勒坦诺们汗升于上生之地，
其占据十二土默特之儿孙，
与天性清净的乌讷楚钟根哈敦等，
大行善事所献布施不可数清。

(288)五色之国进献布施后，
四十万蒙古之汗、诺延等黄金家族，
甘心情愿相继不断施舍行善。
在此期间汉国之大明汗[①]，

［注释］

① 即明万历皇帝，名朱翊钧，1573年—1620年在位，庙号神宗。

［译文］

（289）自大都派其大喇嘛为首诸官员，
赍送有益于圣阿勒坦汗英灵的七坛之供，
及贵重的各种珍宝财物无算，
按其汉制不断诵经荐福追善。

（290）大明[①]为给钟根哈敦及其兄弟、诸子属众
释忧解愁消除悲伤，
又临时颁给一年的白马之赏，
为释忧解愁大都大出封赏不同寻常。

［注释］

① 指明廷。

［译文］

（291）安葬阿勒坦诺们汗遗体之地，
由汉国占师、尊满珠锡里呼图克图达赖喇嘛[①]亲自卜其凶吉，
于是在哈喇兀纳山[②]阳建立宫殿，
如同宝贝般（将阿勒坦汗遗体）安葬。

［注释］

① 即满珠锡里呼图克图喇嘛。“达赖"二字，衍。

② （145）段中作“哈鲁兀纳山”。

［译文］

（292）钟根哈敦、博达锡里鸿台吉等与诸师诸臣，
赞同赍送布施于西方呼图克图达赖喇嘛，
并告以庄严可汗归天之事，
将金银曼陀罗、财物和多种用品妥交萨岱巴格什[①]等使之前往。

［注释］

① 据《三云筹俎考·封贡考》载，万历四年（1576 年）新升百户五十七员中，有名为“撒袋榜实”者，盖即此人。

［译文］

（293）达尔罕萨岱巴格什于马年[①]到达，
向等识一切瓦齐喇达喇达赖喇嘛
禀奏尊可汗归天之由并献布施，
使为祝福获得无比万能菩提正觉。

[注释]

① 即黑马年,壬午年,明万历十年(1582年)。

[译文]

(294)呼图克图达赖喇嘛视以慧眼曰:

"呼毕勒罕阿勒坦汗之英灵,
已升于喜足兜率天①,
迅速往生于弥勒佛②身旁。"

[注释]

① 原义tüsit(梵文tüsita的音译)。意译"喜足"、"妙足"、"知足"等。音译"兜率天"。六欲天之一。佛经谓此天有内、外两院,外院是欲界天之一部分,内院是弥勒寄居于欲界的净土。世人持戒修行并称念弥勒名号,死后可往生弥勒净土。

② 弥勒,原文Maidari(梵文Maitreya的音译)。菩萨名。意译"慈氏"。据《弥勒上生经》和《弥勒下生经》等载,弥勒出生于婆罗门家庭,后为佛弟子。先佛入灭,上生于兜率天内院。经四千岁当下生人间,于华林园龙华树下成佛,广传佛法。

[译文]

(295)梵天大力转轮阿勒坦汗升天后。

其贵长子都古楞僧格鸿台吉,

受大号于圣主白室前，

继自在阿勒坦汗父之位于黑马年。

(296)其后都古楞汗、钟根哈敦，

为迎请等识一切达赖喇嘛，

遣敖齐赉古英①、敖尔呼台岱青、额尔德尼玛尼等，

携带所给布施自彼地前往(西方)。

[注释]

①(245)段中作“敖齐赉古彦”。

[译文]

(297)依遵可汗、哈敦之命趱行无误，

谒见(达赖喇嘛)于胜宗喀巴之化生地衮本寺①，

尤其进献贽仪、布施与令旨后，

将来意全部妥奏于达赖喇嘛。

[注释]

① 位于今青海湟中县鲁沙尔镇。嘉靖三十九年(1560年)始建，万历五年(1577年)建成，为西藏佛教格鲁派在青海的主要寺院。衮本，藏语，意为“十万佛像”。据传，宗喀巴诞生后，该地长出一棵菩提树，枝叶茂盛，树叶多达十万，且每枚树叶上皆显释迦牟尼说法之像，故名。汉名“塔尔寺”。

[译文]

(298)呼图克图达赖喇嘛应允驾临而来途中，
钟陇之噶尔玛喇嘛等及鄂尔多斯诸诺延叩迎请其逗留，
并妥献布施供养敬奉。
闻庄严达赖喇嘛驾临而来之后，

(299)都古楞汗、钟根哈敦二人发出命令，
派多伦土默特之达云鸿台吉为首前往迎接，
派内蒙郭勒津[①]之阿齐赉固什、达赖古英等，
与大永谢布喀喇沁之固什莫德格齐、塔毕太古英往迎，
彼等往迎之使臣诸廷抵达名为乌兰柴札[②]之地，
等识一切达赖喇嘛视以慈眼一无拖延立即起程。

[注释]

① 根据《阿萨拉克齐史》第126页“铁蛇年(辛巳，万历九年，1581年)，可汗(阿巴岱土谢图汗)二十八岁时，一伙商人来自特古尔格齐巴噶巴图尔之外蒙郭勒津土默特”的记载，可知蒙郭勒津曾有内、外之分。

② 根据《新译校注〈蒙古源流〉》第430页“岁次辛酉(天启元年，1621年)，(博硕克图济农)年五十七岁时，赴明地榆林城议政之使者六十人被害，济农合罕震怒，召鄂尔多斯部之大小诺延、臣宰共议，起兵十万，由榆林城西之乌拉罕·柴札之地，进逼阳衮城”的记载，可知榆林城以西有名为乌拉罕·柴札之地。乌拉罕·柴札，原文ulaɣan čaija，当是乌兰柴札(ulan čaija)的书面语形式。三世达赖喇嘛之来呼和浩特，先经宁夏边至库图克台彻辰鸿台吉的牧地(今乌审旗一带)，后过博硕克图济农的驻地(今伊金

霍洛旗)而北上的。因此,乌兰柴札或即田静波推定为“镇罗堡”的 čaija qota。“镇罗堡”,明时称“镇虏堡”,位于宁夏回族自治区中卫、中宁之间。

[译文]

(300)驾临而来时鄂尔多斯之彻辰鸿台吉来请,
施主与法主二者如愿欢然相逢,
大献无数无限之布施,
使祝福父母众生踏入菩提佛门。

(301)与呼图克图达赖喇嘛会晤,
库图克台彻辰鸿台吉极为崇信,
领受显密诸经接引优波提舍灌顶,
率全鄂尔多斯万户皈依宗教之门。

(302)继彼等使臣之后可汗、哈敦二人,
又派达云恰、本宝善丁等人往迎,
彼等使臣至鄂尔多斯彻辰鸿台吉家中,
叩见驻锡该地的达赖喇嘛将来意奏禀。

(303)菩萨呼图克图瓦齐喇达喇达赖喇嘛应允前来途中,
掌领继承圣主之白室者,
博硕克图济农[①]请至奥兰卜拉噶斯[②]之地,
奉献的布施不可数清。

［注释］

① 诺延达喇济农之孙，布延巴图尔鸿台吉之子。万历五年(1577 年)十三岁时立为济农，天启四年(1624 年)卒。明代汉籍称作“卜失兔”。

② 奥兰卜拉噶斯，“多泉”之意。八白室所在地。在今鄂尔多斯市伊金霍洛旗伊金霍洛苏木。据《成吉思汗祭典》第 6 页载，该地有巴噶卜拉噶(小泉)、伊克卜拉噶(大泉)、托古噶卜拉噶、莽罕卜拉噶、阿鲁卜拉噶、希乞尔卜拉噶等许多泉水，故名。

［译文］

(304)为一般父母众生之利益，
使大行祈祷为之祝福，
领受通常赐予的安广雄威四业
接引优波提舍灌顶。

(305)大献无限无量之布施后
欢送至名为察罕哈台[①]之地，
以无限崇拜之情将其敬奉，
鄂尔多斯万户进入吉祥幸福之门。

［注释］

① (307)段中作“哈台”。清时作“坎台庙”，今作“罕台”。在鄂尔多斯市东胜区罕台庙乡。

［译文］

（306）闻达赖喇嘛驾临而来时，
都古楞汗、钟根哈敦为首，
立即率领十二土默特之大小诺延，
渡过哈敦木伦[①]往迎于鸡年[②]。

［注释］

① 即黄河。

② 即青鸡年，乙酉年，明万历十三年（1585年）。

［译文］

（307）至名为哈台的祥瑞之地相会，
向识一切达赖喇嘛进献贽仪与布施，
哈敦为首大小诺延问候请安，
神妙法主与施主欢然相见。

（308）可汗、哈敦众皆欣然钦佩叩拜之时，
白洪岱昆德楞汗[①]，昆德楞岱青[②]为首之喀喇沁万户，
为迎请胜师达赖喇嘛抵达哈敦木伦江边，
献上布施贽仪同安相见。

[注释]

① 拜萨哈勒昆都楞汗之孙,拜桑兀尔威正台吉长子。在独石口外至开平一带住牧。明代汉籍称作"白洪大台吉"。阿萨拉图蒙译《北虏风俗》中,将"白洪大"还原为 buhundai(公牛),误。

② 拜萨哈勒昆都楞汗之次子。又名"宰桑兀尔青巴图尔",明代汉籍称作"昆都仑歹成台吉",亦称"青把都儿"、"青把都"。

[译文]

(309)古塔尔[①]可汗、哈敦为首所有人众,
与三万户诸汗孛儿只斤黄金家族商定,
依遵普国之主根格汗之命,
迎请呼图克图达赖喇嘛驾临呼和浩特城。

[注释]

① 古塔尔,意为"第三"。蒙古无称第几世汗之习惯,古塔尔当是哈敦的定语。将其书于"可汗"之上,是为押头韵。"古塔尔哈敦",即第三夫人,指钟根哈敦。《明史纪事本末》补编卷三"西人封贡"载:"俺答妾克兔哈屯,号曰三娘子"。克兔哈屯,即"古塔尔哈敦"的异译。

[译文]

(310)于哈喇兀纳山阳庄严之地,
君汗所建呼和浩特城南,

树立所有各种旗帜伞幡等，

请(达赖喇嘛)驾临妙召释迦牟尼庙[①]。

[注释]

① 即今呼和浩特市大召。由阿勒坦汗兴建，于万历八年(1580年)十二月建成，明帝赐名弘慈寺。因庙内释迦牟尼佛像以银铸成，又名“银佛寺”。俗称“大召”。

[译文]

(311)使各种锣鼓、觱篥[①]、笛箫作响，

备齐庄严的七宝八供等，

请下榻于尊胜召释迦牟尼庙，

大事联欢百般敬奉。

[注释]

① 原文 böriy-e 的音译。意为“号角”、“喇叭”。

[译文]

(312)钟根哈敦为首三万户诺延，

大献供品与布施，

为超度诸先逝者之英灵，

广献布施使为祝福获得菩提正觉。

(313)为袚除在世诸汗孛儿只斤家族[①]之魔障，

为父母一切众生之利益，

(达赖喇嘛)经常以坚实圣洁之音唪经祝福，

尊法主与施主心心相印之情如此这般。

[注释]

① 见(11)段注①。

[译文]

(314)其后于火福狗年[①]达赖喇嘛晓示钟根哈敦，

命巴勒布匠人制做金冠，

顶戴于尊召释迦牟尼佛像，

使成圆满安乐之身后为之开光，

[注释]

① 即丙戌年，明万历十四年(1586年)。

[译文]

(315)其后(钟根哈敦)进献布施无限无边。

尊识一切瓦齐喇达喇达赖喇嘛曰：

“若谓所建此召释迦牟尼佛像的性质，

其与昔日薄伽梵佛师在世时，

(316)由诸天之王浩尔茂斯特作为施主所修建，
当时由佛亲自为之开光，
现今在我图伯特地方的妙佛像
召释迦牟尼无别而一样。

(317)若真诚信仰此著名召释迦牟尼佛像，
净心叩拜、供奉、忏悔、祈祷，
即可解脱于三大恶运[1]，
获得最初天人[2]完备之身。”

［注释］

① 三恶运，亦称“三恶道”、“三恶趣”。谓众生依所造恶业而堕入之三恶处，即：地狱道、饿鬼道、畜生道。

② 天即天界，亦称“天道”、“天趣”；人即人界，亦称“人道”、“人趣”。谓众生依所行善业而转生的两种趋向。与阿修罗道合称“三善道”或“三善趣”。

［译文］

(318)依遵领国之君格根汗父之大法，
敬奉宗教执政理事之间，
于青鸡年[1]秋末月[2]二十九日，
都古楞汗六十五岁时因患重病而升天。

［注释］

① 即乙酉，明万历十三年(1585年)。

② 据《明神宗实录》万历十三年十一月丙寅条载:"顺义王乞庆哈及西番答赖等表文、鞍马、弓矢等方物至边,顺义并妻百一十六人,兀慎一枝一十七人,摆腰一枝一十六人,扯力克一枝六十四人,青把都一枝百一十六人,永邵卜哈罗气兄弟一枝五十六人,俱给赏如例。"其中的"顺义王",即阿勒坦汗之子都古楞彻辰汗。乞庆哈系彻辰汗的异译。说明万历十三年十一月他还在世。据《万历武功录·黄台吉列传》载:"其(万历十三年)十二月,顺义王乞庆哈死于大成娘子所。"《三云筹俎考·封贡考》,亦载黄台吉"十三年十二月"故。由此可知,秋末月为冬末月之误。

[译文]

(319)其后驻牧于杭盖罕山[①]者,
已成为坚兵利器之锋芒者,
为反抗外敌而争斗者,
喀尔喀万户[②]之主阿巴岱赛音汗[③],

[注释]

① 今作"杭爱山"。在蒙古人民共和国中西部。

② 喀尔喀万户,原驻牧于喀尔喀河(今哈拉哈河)流域。后,其七鄂托克西迁,称外七鄂托克喀尔喀。另五鄂托克南迁至辽河中下游以西之地,称内五鄂托克喀尔喀,明代汉籍称作"罕哈"。

③ 达延汗之子格呼森扎台吉之孙,诺诺和台吉之长子。1554年—1586年在世。万历十三年(1585年),建额尔德尼召,叩见三世达赖喇嘛索南嘉措,进献马千匹及大量软硬财货。达赖喇嘛赐空金刚灌顶及佛舍利子、虎皮帐房等,并封为瓦齐尔汗。喀尔喀台吉之有汗号自此始。

［译文］

（320）皈依普国之主格根汗叔所修之经教，
一心向往叩见呼图克图达赖喇嘛，
来献所集无限无量之布施以前，
呼毕勒罕达赖喇嘛梦见其化为栗色斑虎倚卧床边。

（321）旋即而来呈献布施并叩见，
达赖喇嘛赐封阿巴岱赛音汗为瓦齐赉汗，
（阿巴岱汗）叩见其嫂[①]菩萨之化身钟根哈敦，
复皈依格根汗之政教后立即回还。

［注释］

① 阿勒坦汗死后，子僧格都古楞汗依“父死妻其后母”之俗，娶钟根哈敦为妻。阿巴岱与僧格都古楞同辈，故称钟根哈敦为嫂。

［译文］

（322）其后那木岱彻辰鸿台吉，
因祖父尊圣转轮阿勒坦汗
所建平等之政教不能无主，
于火狗年[①]即尊大位为可汗。

[注释]

① 即丙戌年,明万历十四年(1586 年)。

[译文]

(323)向可汗、哈敦为首十二土默特之大小诺延,
识一切达赖喇嘛亲自降旨曰:
"妙圣梵天大力转轮阿勒坦汗,
赖吾等世世修行福慧二聚之力,

(324)生为有权势的人君可汗,
平等执掌宝佛教与世俗政治,
为此方生灵广行有益善事。
赖成就此等善业果报之力,

(325)于佛教衰微之际垂怜而来,
菩萨阿勒坦汗为利被蒙古人众而降生,
于少壮时审慎降服凶顽使归治下,
赖圣者祝福与法主我相逢,

(326)创立自在佛教于此方。
若将昔日四洲[①]之主转轮王般的大圣之遗骸,
葬于此金色世界[②]如同普通诸汗一般,
其瑞兆何可察知分辨。

[注释]

① 谓须弥山四方咸海中的四洲,即:东胜身洲,南瞻部洲,西牛货洲,北俱卢洲。

② 指受佛教教化的世界,即现实世界。

[译文]

(327)若将尊遗骸火化察其瑞兆,
造塔如同济世佛师之塔一般,
其功德利益则大而无边。"
可汗、哈敦、大小诺延闻之议商表示赞同,

(328)于是瓦齐喇达喇达赖喇嘛于猪年[①]三月二十六日,
如同昔日(火化)如来遗骸一般设立坛场,
尤按经教之制祭祀火化之时,
天空之景色变得无垢而清朗。

[注释]

① 即红猪年,丁亥年,明万历十五年(1587年)。

[译文]

(329)出现五色彩虹花雨降霖,
美妙之瑞兆为众人所见,

呈现五善逝[①]之种子字，

普国大众咸皆称奇赞叹。

［注释］

① 指五方佛，即：东方阿閦佛，西方弥陀佛，南方宝生佛，北方不空佛，中方大日佛。

［译文］

(330)其后开启（火化）遗骸的浩玛噶[①]口，

以宝盅殓收（骨灰）于金器时，

呼图克图汗[②]骨灰中的安广雄威佛

及观音菩萨之种子白纥里[③]字等，

［注释］

① 原文 homaga（梵文 homa 的音译）。原意为“烧”，转意为“炉”

② 指阿勒坦汗。

③ 原文 hri（梵文 Hrih 的音译）。亦译“纥利”、“纥利俱”。又为弥陀佛之种子字。

［译文］

(331)使（见者）身语意之信仰立即叠增，

诸善逝之种子字，

无比奥瓦·吽·德楞·纥里·额[①]字等，

犹如五色真珠炼成的念珠一般鲜明。

［注释］

① 奥瓦·吽·德楞·纥里·额，原文为 ova hong dreng hrimm e mm。“奥瓦”为大日佛的种子字，“吽”为阿閦佛的种子字，“德楞”为宝生佛的种子字，“纥里”为弥陀佛的种子字，“额”为不空佛的种子字。

［译文］

(332)右旋正转的白色螺贝[①]，
不可胜数的五色舍利[②]，
如意珠般的合利及不可言喻的各种合利，
众人见此无穷瑞兆信服而钦佩，

［注释］

① 又称法螺。佛之法音标识。螺贝之声远闻，以喻佛之说法广被大众；又螺声勇猛，以表大法之雄威。

② 原文 šaril（梵文 sarila 的音译）。意译“尸体”、“身骨”或“灵骨”。原指释迦牟尼遗体火化之后结成的五色珠状物，后来高僧死后烧剩的骨灰亦称“舍利”。

［译文］

(333)五色国分别取之叩拜供奉。
仿照昔日诸善逝之舍利塔，

令巴勒布匠人菩提齐特以珍宝金银大造其塔，
将妙不可思议的灵骨奉安其中。

(334)于召释迦牟尼庙之西厢，
建起庄严的青色宫殿，
由瓦齐喇巴呢[①]之化身济陇呼图克图[②]
及四项僧人妥为撒麦开光(置塔于其中)。

［注释］

① 原文 Včira bani(梵文 Vajrapani 的音译)。译曰“金刚手”，即金刚手菩萨。
② 据若松宽在《济陇活佛小传》中的考证，此济陇呼图克图系指济陇呼图克图四世拉汪曲结坚参(1537 年—1604 年)。

［译文］

(335)此时十二土默特的施主诸延，
分别延请赫赫庄严的瓦齐喇达喇达赖喇嘛，
大献不可胜数的布施，
复又相继皈依清净佛教之门。

(336)又有昆德楞汗[①]、岱青[②]为首喀喇沁万户，
一心向往请去胜师达赖喇嘛，
奉献无限无量的布施，
欣然举行法会联欢作乐之间，

[注释]

① 即白洪岱昆德楞汗。见(308)段注①。

②“昆德楞岱青”之略。见(308)段注②。

[译文]

(337)岁次鼠年[①]于喀喇沁名为吉噶苏台[②]之地，
呼图克图达赖喇嘛示众生以无常之状，
普国之众起造佛之舍利塔，
将呼毕勒罕达赖喇嘛之遗骸葬于召释迦牟尼北方。

[注释]

① 即黄鼠年，戊子，明万历十六年(1588年)。据《西藏宗教源流考·达赖喇嘛世系》载，三世达赖喇嘛卒于“戊子年三月二十六日”。《番僧源流考·达赖喇嘛源流》误作“万历二十六年岁次戊戌三月二十六日”。

② 吉噶苏台，蒙古语，“有鱼”之意。据《蒙古源流》(那顺巴勒珠尔校勘)第491页载，三世达赖喇嘛卒于“名为‘吉尔曼台’之地”，金峰《呼和浩特召庙》第23页，则谓卒于“名为‘吉喇玛台’之地”。吉尔曼台、吉喇玛台，均为“扎尔玛台”(jarmatai，意为“小鱼”)的异写。吉噶苏台、扎尔玛台，当是同地异名。在喀喇沁万户牧地的中心地区今内蒙古正蓝旗，有两个吉噶苏台诺尔(鱼湖)，一在吉噶苏台苏木，一在桑根达来苏木。不知孰是。

[译文]

(338)识一切瓦齐喇达喇达赖喇嘛，
自行显示无常之状于众生，
为宏传神妙佛教而涅槃[①]
然而犹发慈悲垂怜此方。

[注释]

① 原文Nirvan(梵文Nirvana的音译)。意译“灭”、“灭度”、“寂灭”等，谓对生死诸苦及其根源“烦恼”的彻底断灭。在佛教典籍中，通常也作为死亡的代称。

[译文]

(339)转轮梵天大力阿勒坦汗之孙[①]，
于牛年[②]白福月[③]显示无限各种瑞兆，
化生自信仰无边的松布尔彻辰楚古库尔[④]
与毕格楚克孌吉[⑤]二人。

[注释]

① 阿勒坦汗曾孙，僧格都古楞汗之孙，松布尔彻辰楚古库尔台吉之子。《夷俗记·世系表》称作“虎督度”(呼图克图之异译)。万历十七年(1589年)生于宣府下西路正北边外擦哈猱儿(今内蒙古商都县察汗淖)。二十年，西藏三大寺派来巴勒丹嘉措为首的高僧，确认他为三世达赖喇嘛的转世“灵

童”,命名曰“云丹嘉措”。三十年,西藏三大寺派人来迎,由蒙古军队护送入藏。次年抵哲蚌寺,由甘丹池巴根敦坚赞授戒出家。三十五年赴扎什伦布寺,向该寺池巴罗桑曲结(四世班禅)求法。四十二年受比丘戒,并应请就任哲蚌寺第十三任池巴。又应色拉寺僧众之请,兼任该寺第十五任池巴。四十四年(1616年),圆寂于哲蚌寺。

② 即黄牛年,己丑年,明万历十七年(1589年)。

③ 白福月即正月。据《阿萨拉克齐史》第112页载:四世达赖喇嘛云丹嘉措生于“母土牛年(己丑)正月初一日出时”。《番僧源流考·达赖喇嘛源流》,则误作“万历二十七年岁次己亥正月初一日”。

④ 阿勒坦汗之孙,僧格都古楞汗第五子。明代汉籍作“松木儿台吉”。

⑤ 松布尔彻辰楚古库尔之妻。又名“巴罕珠拉”。尊称“塔喇哈敦”。

[译文]

(340)诸天自天空降霖花雨,
识一切者脱胎后立即清晰读出六字,
以圣洁之音发出妙僧侣唪经之声,
举国大众见之大加赞扬称颂。

(341)后于黄狗年[①]欢送济陇呼图克图等和达赖喇嘛的库里业[②],
那木岱彻辰汗、钟根哈敦、博达锡里鸿台吉为首,
统领真诚菩萨阿勒坦汗所降离散之民和土默特之精兵迅速前往,
平安抵达库库诺尔[③]于虎年[④]。

[注释]

① 前出牛年(黄牛年,己丑年,万历十七年,1589年)与后出虎年(白虎年,庚

寅，万历十八年，1590 年）相接，中间并无黄狗年（戊戌）。黄狗年当是黄牛年之误。

② 下段作“察罕库里业”。察罕，意为白、纯洁、善良、吉祥等；库里业，意为院、园、圈、围、营、馆，寺院亦称“库里业”。达赖喇嘛的库里业，盖指三世达赖喇嘛生前居住的宫帐。

③ 青海的蒙古语名称。

④ 即白虎年，庚寅年，万历十八年（1590 年）。

［译文］

（342）为送济陇呼图克图等和达赖喇嘛的察罕库里业，
向宝胜召释迦牟尼①奉献供品与布施，
派使者道尔吉巴格什、达尔罕莫德格齐等前往，
（使者）遵权威汗、哈敦之命趱行无误到达（孟克地方）。

［注释］

① 指拉萨大昭寺。

［译文］

（343）献布施于胜一切召释迦牟尼为首寺庙，
将呼图克图达赖喇嘛的察罕库里业和僧侣平安送到，
请诸呼毕勒罕高僧祈祷祝福，
迅速从蒙克地方平安回还。

（344）可汗、哈敦于虎年又亲往察卜齐雅勒庙，

请来妙思达陇绰尔吉喇嘛，
大献令人珍惜的布施，
聆听功德修多罗[①]、坦特罗[②]诸经。

［注释］

① 原文Sudur(梵文sutra的音译)。意译“经”、“经卷”、“经典”等。《大藏经》之经部与“十二部经”中的长行直说，均称“修多罗”。

② 原文tantaris。梵语借词tantra的复数形式。《蒙古语大辞典·蒙和之部》释谓“有神秘内容的宗教书”，即密宗经典。

［译文］

(345)其后于白兔年[①]豁比勒罕撒剌[②]，
使尊思达陇绰尔吉为首黄红帽僧众聚于布哈河畔，
广泛奉献不可计数的布施，
大行祈祷均等散福之情如此这般。

［注释］

① 即辛卯年，万历十九年(1591年)。

② 正月的古蒙古语名称，《至元译语》作“忽必撒剌”；《续增华夷译语》、《登坛必究》(鞑靼译语)作“豁比撒剌”。均译曰“正月”。

［译文］

(346)可汗、哈敦及孙鸿台吉[①]为首土默特之诺延，

又往惩西方违命而去的汉、藏、锡赉兀尔人，
依旧使归治下后予以释放，
欢然于白兔年平安回还。

［注释］

① 那木岱彻辰汗之孙，晁图台吉之长子。名博硕克图，(373)段中作“博硕克图鸿台吉”。父先死，万历三十五年(1607年)祖父死后，嗣位为汗。明代汉籍称作“卜石兔”、“卜失兔”。森川哲雄在其《〈阿勒坦汗传〉研究》中认为，可汗孙指阿勒坦汗之孙温布鸿台吉，即博达锡里之子，以“素囊黄台吉”之名见载于汉籍者。笔者认为，(377)、(379)段中出现的未标明辈分的“鸿台吉”，才是温布鸿台吉。

［译文］

(347) 回后不久可汗为首所有人众于黑龙年①，
向往叩拜化现而生的达赖喇嘛②，
皆至名为察罕诺尔③之地，
祝福吉祥与呼图克图达赖喇嘛相见。

［注释］

① 即壬辰年，明万历二十年(1592年)。
② 指四世达赖喇嘛。
③ 僧格都古楞汗之子，那木岱彻辰汗弟松布尔彻辰楚古库尔的住地，亦即四世达赖喇嘛的诞生地。《夷俗记·世系表》载，松木儿台吉“在宣府下西路西北边外擦哈猱儿住牧。离边约二百余里”。擦哈猱儿即宣府西北的察罕

脑儿。今作“察汗淖”,位于内蒙古商都县南境。

[译文]

(348)与达赖喇嘛会晤联欢之间,
以浩里雅孟克为首的千名军队①,
又叛离囊家特国降于噶勒图诺延②,
(噶勒图)据之与大明汗所遣使者进行和谈。

[注释]

① 据后文可知,浩里雅孟克指归降噶勒图(安兔)诺延的史二官。参见下段注②。

② 那木岱彻辰汗之弟。原驻宣镇龙门所(在今河北赤城县)边外。后东迁,为东土默特部始祖。明代汉籍称作“安兔”、“赶兔”等。

[译文]

(349)洪福无边的那木岱彻辰汗执送(叛军于明方)时,
汉国无限欢喜所出封赏不同寻常,
转轮①安定汉蒙之和局,
刷新祖父转轮阿勒坦汗所创和局之情如此这般②。

[注释]

① 下有缺文,当补“阿勒坦汗孙那木岱彻辰汗”。

② 此段记载,系指史二官、车达鸡归降安兔(噶勒图诺延)后,被扯力克(那木

岱彻辰汗)执送明方恢复市赏事。史二官、车达鸡,皆兀良哈三卫人。嘉靖中,隆庆初,先后投明,分别住牧于龙门所、滴水涯。万历十八年(1590年),率众北投安兔。是时,扯力克西行送佛至青海,因助火落赤犯河州,被革市赏。十九年,扯力克东归,次年执送史二官及大酋我列(车达鸡)于明边,求复市赏。明帝诏复二年市赏,转迁不他失礼(博达锡里)为都督佥事,那木儿台吉(扯力克弟,亦名"五路把都儿台吉")为龙虎将军。

[译文]

(350)为化身济世达赖喇嘛自福地察罕诺尔驾临这边,
最尊那木岱彻辰汗为首举国大众,
迅速(遣人)进献无数布施往奏迎请之情。
闻呼图克图达赖喇嘛挥缰驾临而来后,

(351)先由衮楚克台吉[①]为首的蒙郭勒津土默特往迎,
至名为巴彦吉如很[②]之地,
向尊识一切达赖喇嘛呈献珍宝金银等礼品和布施,
禀奏奉权威汗、哈敦父母之派来迎之情。

[注释]

① 乔吉校注《千辐金轮》第213—215页载,阿勒坦汗有八子,即:僧格都古楞汗、噶勒图诺延、图伯特台吉、丙图伊勒登、古勒格台吉、博达锡里台吉、衮楚克台吉、札木苏台吉。继之,介绍了僧格都古楞汗、噶勒图诺延、图伯特台吉的后裔,然后说"格根汗其余诸子巴彦图、古勒格、博达锡里、衮楚克、札木苏等人(的后裔)不详"。其实,阿勒坦汗有九子,这里遗漏了把林台吉,并将噶勒图诺延(阿勒坦汗孙,僧格都古楞之子)误为阿勒坦汗之子。

对照汉籍资料考之，衮楚克台吉当是汉籍所载阿勒坦汗第八子沙赤星台吉的异名。

② 喀喇沁部昆德楞岱青台吉（拜萨哈勒昆都楞汗之子）的住地。汉籍作“白言举儿克”。

［译文］

(352)（衮楚克台吉等）归来后可汗、哈敦及孙鸿台吉等举众出迎，
树立美妙的旗、纛、伞、幡与小旗，
响奏所有各种锣、鼓、琵琶、唢呐、觱篥和笛箫，
请识一切达赖喇嘛落座于释迦牟尼像[①]前。

［注释］

① 指呼和浩特大召的释迦牟尼像。

［译文］

(353)赫赫庄严的瓦齐喇达喇达赖喇嘛年四岁时，
就坐于铺有兽皮的无畏狮子座[①]土，
于众多四项僧人之中，
以圣洁之音说法传经。

［注释］

①《智度论》谓：“佛为人中狮子，凡所坐若床若地，皆名狮子座。”

［译文］

（354）可汗、哈敦为首众皆钦佩尊敬，
充足奉献奇妙得体的布施，
平等供奉所有博尔桑瑚瓦喇克僧众，
识一切者亲播经音于十方犹如雷鸣。

（355）其后于黑蛇年[①]正月举行祈祷法会，
如同在尊孟克地方召释迦牟尼[②]前举行法会一般，
达赖喇嘛为首四项僧人聚会，
为一切生灵利益不断祈祷祝愿。

［注释］

① 即癸巳年，明万历二十一年（1593 年）。
② 指拉萨大昭寺释迦牟尼像。

［译文］

（356）呼图克图达赖喇嘛之美名遍闻十方时，
所有四十万蒙古齐萌信仰之心，
大献所集布施（将其）敬奉供养，
将呼毕勒罕达赖喇嘛之声名与宗教传扬十方。

（357）自黑龙年[①]起至白鼠年[②]之间，
译一切之母般若波罗蜜多[③]使成册卷。

可汗、哈敦为首众皆赞成,
依遵识一切达赖喇嘛之命,

[注释]

① 即壬辰年,明万历二十年(1592 年)。
② 即庚子年,明万历二十八年(1600 年)。
③ 即《大般若波罗蜜多经》。略称《大般若经》、《般若经》。为大乘佛教的基础理论,认为世俗认识及其面对的一切对象,均属“因缘和合”,假而不实,唯有通过“般若”对世俗认识的否定,才能把握佛教“真理”,达到觉悟解脱。

[译文]

(358) 为将一千五百两银制的曼陀罗
及各种珍宝财物等送往西土孟克地方,
向常胜召释迦牟尼献供、施舍并散茶,
故派使臣锡勒图固什绰尔吉[①]等,

[注释]

① 三世达赖喇嘛之高徒,呼和浩特锡勒图召第一世活佛。名希迪图噶布楚。万历十三年(1585 年),随师来呼和浩特。十六年三世达赖喇嘛圆寂后,坐床主持经教,遂有锡勒图固什绰尔吉之称。锡勒图,蒙古语,“有床”、“坐床”之意。后,奉命赴藏,请来高僧,确认阿勒坦汗曾孙,松布尔台吉第四子为四世达赖喇嘛。精通梵、藏、蒙三种文字,1602 年—1607 年期间,与阿优希巴格什等将《甘珠尔经》译为蒙文。著有《本义必用论》(čihula hereglegči tegüs udh-a tu neretü sastir)。

［译文］

(359)大臣蒙郭勒津之图格图达尔罕、古英台吉、希喇布扎木苏等，
以及畏兀尔沁之翁固什、吉苏台萨尔密里等，
组编以大臣官员为首的五部侦察兵，
以无比可汗、哈敦的名义统之立即前往。

(360)赖呼图克图达赖喇嘛的祝福保佑，
与普国之主可汗、哈敦的福缘安抵其地，
于神通召释迦牟尼之前呈献曼陀罗并散布施；
向三寺[①]为首波萨玛春库尔拉增、札什伦布[②]、奥里呼尔布楞寺，

［注释］

① 指拉萨甘丹寺、哲蚌寺、色拉寺。甘丹寺，由宗喀巴兴建于永乐七年(1409年)，为格鲁派祖庭。该寺法台甘丹墀巴，为宗喀巴法座继承人。今已毁。哲蚌寺，永乐十四年(1416年)由宗喀巴弟子嘉样曲结兴建。第二、三、四世达赖喇嘛曾在此坐床。色拉寺，永乐十七年由宗喀巴弟子降青曲结(原名“释迦益西”)兴建。

② 在西藏日喀则。正统十二年(1447年)由宗喀巴弟子根敦朱巴(达赖喇嘛一世)兴建。

［译文］

(361)以及所有著名寺院，

连续不断进献布施，

请来前世达赖喇嘛之亲信商卓特巴[①]等，

以及察罕库里业[②]与瑚瓦喇克僧众。

［注释］

① 亦译“仓储巴”、“强佐”。意译“庶务长”、“会计官”。管理扎仓行政与财政事务，实权较大。据《蒙古喇嘛教史》第 250 页载：“大会计巴勒丹嘉措(dpal-ldan-rgya mtsho)，闻最胜转世者出生于蒙古国，即从卫出发。许多部将以及色拉、哲蚌、甘丹三寺等著名寺院的高贵招请者，和他一起到达归化城”。由此可知，此商卓特巴即指“大会计巴勒丹嘉措”。

② 给四世达赖喇嘛的宫帐。

［译文］

(362)庄严喜乐地[①]僧众之尊都勒巴绰尔吉[②]

雅尔隆汗之使者与三寺之使臣，

以及图伯特大小官员之使者等，

皆立即前来将等识一切达赖喇嘛迎请。

［注释］

① 指甘丹寺。

② 意为善解律藏的高僧。

[译文]

(363)都勒巴绰尔吉、商卓特巴为首图伯特诸贤喇嘛
来而怀疑是否为胜呼毕勒罕达赖喇嘛之化身时,
达赖喇嘛察其隐情明示诸多瑞兆,
尤以威严镇服一切时(彼等)始信服敬奉。

(364)其后识一切达赖喇嘛,
亲自降旨于蒙古地方之诸施主曰:
“我应于彼西土孟克地方召释迦牟尼之前,
由坐全胜宗喀巴之床的绰尔吉[①]授戒为脱因”。

[注释]

① 指宗喀巴在甘丹寺的法座继承人。亦称“甘丹墀巴”、“甘丹法王”。位仅次于达赖喇嘛和班禅。

[译文]

(365)如此降旨晓谕之时,
无数大小诸延聚商,
可汗、哈敦所有众人,
向济世达赖喇嘛如此复命:
(366)“既然汝无别怜悯一切众生,
以恩慈之心念及此方,
大发善心生于我皇族之中,

请识一切者于此召释迦牟尼[①]前剃度为脱因”。

[注释]

① 指呼和浩特大召释迦牟尼像。

[译文]

(367)有德达赖喇嘛闻奏后不从其请曰:
“除如先辈由坐床绰尔吉剃度外此方无为我师之人,
为众生利益我前往剃度为僧请勿谏诤,
若助我此等善行其功德则大而无穷。”

(368)将行时右翼三万户与左翼三万户多控马于桩[①],
两大国之政局又将动摇,
于是胜师达赖喇嘛亲自召集六万户
于欢乐召释迦牟尼之前。

[注释]

① 控马于桩,原文 söi heče。soi,疑即 soihu(控马、晾马、吊膘)之略;heče,即马桩拉绳。故译如文。《夷俗记》“牧养”条载:“凡马至秋高则甚肥,此而急驰骤之,不三舍而马毙矣,以其膘未实也。于是择其优良者,加以控马之方。每日步马二三十里,俟其微汗,则絷其前足,不令之跳蹈踯躅也。促其衔辔,不令之饮水龁草也。每日午后控之至晚,或晚控之至黎明,始散之牧场中,至次日又复如是。控之至三五日或八九日,则马之脂膏皆凝聚于脊,其腹小而坚,其臀大而实,向之青草虚膘,至此皆坚实凝聚,即尽力奔走而

气不喘。即经阵七八日，不足水草而力不竭。我中国不知控马之方，往往乘肥马以涉远道，则马之死者十而九矣。”“教战”条亦载：“其马每至秋高则肥，肥则不堪道远。彼有控马之方，故马不虚肥，其膘皆实，即日行数百里，经阵七八日，马犹如故也。”此控马于桩，指备战。

[译文]

(369)以等慈悲之心降不坏金刚般之旨，
以巧妙之法使彼等六万户归于和好亲善，
整治先祖所建政教之制，
立即致大国之政于平安。

(370)永识一切达赖喇嘛降旨后，
与全体施主互相商定
于黑虎年[①]八月吉日前往西土孟克地方时，
那木岱彻辰汗、钟根哈敦二人，

[注释]

① 即壬寅年，万历三十年(1602年)。

[译文]

(371)对离别化生为皇族子孙的识一切达赖喇嘛依恋不合，
但亦无奈(为之)准备各种美丽衣饰、帐房和车辆，
以及配有乘挽之具的驼、马、骡等乘骑，
将堆积如山的珍贵财物，

(372)于金器和银器中
盛得满满的黄金，
及用于无比瞻部洲[①]的用品献上。
为送赫赫庄严的瓦齐喇达喇达赖喇嘛，

［注释］

① 原文 čambudiib(梵文 jambudvipa 的音译)。四大部洲之一。谓此洲盛产瞻部树，其花金黄，香气逐风远熏，因以名洲。谓位于须弥山南，又名南瞻部洲。

［译文］

(373)派巴雅兀特之垂尔扎木苏绰尔吉台吉[①]、巴噶库里延[②]之温布台吉[③]，
及可汗之孙博硕克图鸿台吉、敖巴彦楚格库尔台吉[④]等，
统领诸巴格什、塔布囊与官员为首的五部侦察兵，
护送喜悦识一切达赖喇嘛前往。

［注释］

① 即巴雅兀特巴图尔台吉第五子，汉籍称作“剌麻台吉”者。见(219)段注①。

② 亦称巴噶召，即小召。在今呼和浩特旧城。已毁。

③ 在蒙文《阿拉坦汗传》的拙注中，误作僧格都古楞汗之孙，噶勒图诺延之子俄木布楚格库尔。据森川哲雄在《论十七世纪初内蒙古的三位佛教宣扬者》一文中论证，温布台吉即鄂木博鸿台吉，阿勒坦汗之孙，博达锡里鸿台吉之子。《三云筹俎考》卷二“封贡考”中称作“素囊黄台吉”。《夷俗记·

世系表》称作"公赤儿哑不害台吉"。塞瑞斯在《〈达延汗后裔世系表〉笺注》(注50)中,称他是"名为巴噶召(小召)的归化城庙宇的创建人"。

④ 那木岱彻辰汗之侄,五路把都儿台吉之长子。《夷俗记·世系表》作"敖卜言台吉"。

[译文]

(374)于是识一切达赖喇嘛至孟克地方,
于水兔年[①]十月初之吉日,
叩拜尊召释迦牟尼由坐床绰尔吉削发为僧,
是时空现五色彩虹龙声作响大地震动。

[注释]

① 即癸卯年,万历三十一年(1603年)。

[译文]

(375)此等奇异瑞兆为众人所见时,
使陪同护送的乌格台巴图尔塔布囊[①]为首众使臣,
所有图伯特人众大起崇信之心(将其)供奉。
识一切达赖喇嘛又垂怜于可汗、哈敦二人,

[注释]

① 据《蒙古源流》(那顺巴勒珠尔校勘本)第521—522页载:乌格台巴图尔塔布囊,杭林(杭锦)部人,万历四十七年(1619年)与多伦土默特之巴噶脱因

行兵图伯特，与藏巴汗十万之军战于扎克博里山。据若松宽在《明末内蒙古土默特人在青海地区的扩张》一文中的考证，此役发生在天启元年（1621年），巴噶脱因即小拉尊，阿尔苏博罗特之孙火落赤台吉之子。

［译文］

（376）派如自身般的慈悲迈达里[①]扶助宗教，
给予自己的头发使之前往，
派乌巴万达尔罕[②]、楚格库尔台吉[③]、乌格台[④]、托密善保喇塔布囊等，
奉大圣慈悲迈达里之驾起程而行。

［注释］

① 莲花生师之高徒大慈津巴扎木苏的化身。名根敦巴藏扎木苏实哩巴达。万历三十一年（1603 年）十二岁时，奉四世达赖喇嘛之命前来蒙古。次年到达呼和浩特，袭坐三世达赖喇嘛之床，称“大慈迈达里呼图克图”。四十二年（1614 年），应鄂尔多斯博硕克图济农之请，为所修释迦牟尼佛十二岁之身像散花开光，被尊为“大慈诺们汗”（大慈法王）。

② 那木岱彻辰汗次子。明代汉籍作“五十万打力台吉”、“五十万把儿汉台吉”。“五十万”中之“十”为“卜”之误；“打力”、“把儿汉”，皆“打儿汉”之误。

③ 敖巴彦楚格库尔之略。

④ 乌格台巴图尔塔布囊之略。

［译文］

（377）先派使者往告到来之情时，

(可汗等)闻后即遣人奉迎慈悲迈达里至呼和浩特城，
可汗、哈敦、温布鸿台吉等于召释迦牟尼之前，
尊之为法主一心向往信仰敬奉。

(378)请升坐于识一切达赖喇嘛之金床，
可汗、哈敦为首所有四十万蒙古极为尊崇，
为一切生灵之利益广献布施，
迈达里呼图克图恩赐慈悲以圣洁之音宣法说经。

(379)其后那木岱彻辰汗、钟根哈敦、鸿台吉三人，
按经教之制奉行尊圣可汗①之政，
使以蒙古语翻译佛师所说百八②甘珠尔经。
于是锡勒图固什绰尔吉、阿优希阿难答满珠锡里固什等，

［注释］

① 指阿勒坦汗。
② 即一百零八卷。

［译文］

(380)与杰出三万户的译者贤能，
自黑虎年①至红羊年②间，
将一切经文全部译出，
美妙得体地纳入卷册之中。

[注释]

① 即壬寅年,明万历三十年(1602年)。

② 即丁未年,明万历三十五年(1607年)。

[译文]

(381)转轮阿勒坦汗之孙,
信仰无边的温布鸿台吉。
仿照察罕塔喇菩萨[①]所请的召阿格速毕[②],
使以无数各种珍宝(将其)造成;

[注释]

① 即白衣多罗菩萨。指尼泊尔国王盎输伐摩之女,白衣观音菩萨之化身尺尊公主。

② 原文Agsobi(梵文Aksobhya的音译)。亦译"阿閦",意译"不动"。四方四佛之一。尼泊尔尺尊公主出嫁藏王松赞干布时,将此佛像带到拉萨,置于大昭寺。后移置于小昭寺。

[译文]

(382)于额尔德尼召释迦牟尼[①]东侧,
梵天转轮阿勒坦汗之子、父博达锡里鸿台吉
所建尊三世善逝[②]身像之庙内,
使各种能工巧匠树起召阿格素毕身像。

[注释]

① 指呼和浩特大召。

② 即三世佛:过去佛为迦叶佛,现在佛为释迦牟尼佛,未来佛为弥勒佛。

[译文]

(383)在召庙前建立第二座(与之)无别的寺院[①],
以全备一切的各种供品(将其)供养,
自正月初八至二十日之间,
使圣者诸僧聚会唪诵祝福波罗蜜多(经为之)祝福赞叹。

[注释]

① 即呼和浩特市小召。

[译文]

(384)格根汗曾娶几位哈敦,
生儿育女多少人,
何时经常建立政权与法度,
变大国分离之政为一统,
仅凭所闻集录彼等诸事,
介绍转轮阿勒坦汗生平的名为宝鉴之略传[①](到此而)终。

[注释]

① 贺希格陶克陶和森川哲雄,对本书原名《Erdeni tunumal neretü sudur orosiba》提出异议。后者根据本段前五行的记载,认为"介绍转轮阿勒坦汗生平的名为宝鉴之略传"才是本书的原名(《〈阿勒坦汗传〉研究》)。前者则根据本段前三行的内容不见于本书,认为它不是本书的跋语,而是本书作者所利用的达云恰书的跋语。因此,"介绍转轮阿勒坦汗生平的名为宝鉴之略传"也不是本书的原名,而是达云恰书的名称。本书的原名,应该是书末的"转轮阿勒坦汗传"(《关于〈转轮王阿勒坦汗传〉》)。

[译文]

(385)向完全遍涉菩提之坛[①],
尤以慈悲之千轮阳光普照(众生),
将胜佛之教宏传于十方者,
众所皈依的圣者太阳般之诸喇嘛合掌祈祷。

[注释]

① 坛,原文 mandal。见(162)段注①。

[译文]

(386)向播上乘种子于清静二聚之大地,
滋润以清净无垢慈悲之水,
使安乐三乘之白莲花盛开者,

无比义成[1]劫贝树[2]释迦牟尼顶礼膜拜。

[注释]

① 义成,释迦牟尼本名“悉达多”的意译。亦称“一切义成”。

② 原文 Kalbaravaras(梵文 kalpavrksa 的音译)。译曰劫贝树,亦译“劫波树”,简译“劫树”。其花如柳絮,可以为棉,亦可系为布、毯,以供“种种衣服严身资具”。故又名“如意树”。

[译文]

(387)向具有不可言喻的智慧之本性,
经常产生无碍虚空般之智慧,
因人制宜教化(众生)者,
汝三世般若波罗蜜多菩萨顶礼叩拜。

(388)向尊圣菩萨之父曼殊室利[1],
等慈悲之主洛瓦乞舒瓦里[2],
威服悖逆罪业之敌的瓦齐喇巴味[3],
众所信仰的彼三菩萨赞叹叩拜。

[注释]

① 原文 Mamjüsiri(梵文 Manjusri 的音译)。亦译“文殊师利”。意译“妙德”、“妙吉祥”等。释迦牟尼佛的左胁侍,专司智慧,常与司理的右胁侍普贤并称。

② 原文 lovaki šovari(梵文 Avolokitesvara 的简译)。意译“观世音”、“观自

在”。阿弥陀佛的左胁侍,与阿弥陀佛及其右胁侍势至,合称“阿弥陀三尊”,或称“西方三圣”。

③ 原文 včir-a bavi(梵文 vajrapavi 的音译)。与“včirabani”同。意译“金刚手菩萨”。释迦牟尼佛的右胁侍普贤的别名。

[译文]

(389)由于从前世世代代
积修福聚和慧聚,
完全通悟般若之威力,
生为蒙古国之君主者,

(390)收服十方之敌于治下,
如同名圣薛禅汗一般,
创立无比政教之制者,
乃净土天子阿勒坦汗。

(391)向诸尊根本喇嘛祈祷合掌,
大圣阿勒坦汗之声名我略有所闻,
为广泛传扬其光荣故事,
我仿照奥仁唐噶里克达云恰之书写成此传。

(392)若将天圣阿勒坦汗之善行传记,
圆满完全写出实属困难,
为诸弟诸子黄金家族阅而勉之,
我仅凭所闻写完使成册卷。

转轮阿勒坦汗传

*　　　*　　　*

[译文]

(393)索多成吉思汗，
其第四子拖雷[①]，
其子忽必烈汗，
其子真金台吉[②]，
其子答剌麻八剌台吉[③]
其子普颜笃汗[④]，
其子札牙笃汗[⑤]，
其子妥欢帖睦尔汗[⑥]，
其子乌斯哈勒汗[⑦]，
其子哈尔古察克都古楞黄台吉，
其子阿寨台吉，
其子哈尔古察克台吉[⑧]，
其子博勒呼济农，
其子达延汗，
其子图鲁博罗特，
其子博迪阿拉克汗，
其子翁衮都喇尔诺延[⑨]，
其子多尔济车臣济农亲王[⑩]，
其子阿齐图额尔德尼黄台吉，
其子车臣亲王察罕巴拜[⑪]，
其子车臣亲王索达尼[⑫]。

[注释]

① 1211年随父出征。命攻德兴府(今河北涿鹿),克之,从父攻占雄、霸、莫、河间等河北州郡,进克山东诸州郡。1221年西征中,领军进入呼罗珊,破马鲁(在今土库曼斯坦)、你沙不儿(在伊朗东北部),降也里。1227年成吉思汗死,充监国。1229年兄窝阔台即大汗位。1231年攻金,克凤翔,渡渭水过宝鸡,沿汉水入河南。复改道攻汉中,进袭四川,回趋均州(今湖北均县西)。次年,趋钧州(今河南禹县),大败金兵。北还途中病死,年四十余。子蒙哥、忽必烈相继称汗,追庙号睿宗。

② 忽必烈次子。1242年—1286年在世。中统三年(1262年),封燕王,守中书令。四年,兼判枢密院事。至元十年(1273年)立为皇太子。十六年,参决朝政。未即帝位先逝。子铁穆耳(成宗)时上庙号裕宗。

③ 真金次子。1274年—1292年在世。至元二十八年(1291年)出镇怀州(今河南沁阳),未至,以疾召还。子海山(武宗)时上庙号顺宗。

④ 答剌麻八剌次子。1285年—1320年在世。名爱育黎拔力八达。大德九年(1305年),奉诏出居怀州。至大四年(1311年)兄海山(武宗)死,继位为帝。在位九年。蒙古语尊号普颜笃汗。庙号仁宗。

⑤ 普颜笃汗之侄,海山次子。1304年—1332年在世。名图帖睦尔。泰定二年(1325年),出居建康(今江苏南京),后徙居江陵(今属湖北)。致和元年(1328年)七月泰定帝死,八月被迎至大都即位。天历二年(1329年)正月,兄和世㻋(明宗)在和林之北即位称帝,遂逊位。与燕帖木儿往迎,途中毒死明宗,复即帝位。在位五年。蒙古语尊号札牙笃汗。庙号文宗。

⑥ 札牙笃汗之侄,明宗和世㻋长子。见(9)段注②。

⑦ 名脱古思帖木儿。洪武十二年(1379年)三十八岁时即汗位,号乌斯哈勒汗,改元"天元"。二十一年,与蓝玉所率十五万明军战于捕鱼儿海(今称贝尔湖),兵败西走,行至土剌河,为其下也速迭儿袭杀。一说是妥欢帖睦

尔之孙，必力克图汗爱猷识理达腊之子，又名“买的里八剌”。

⑧ 阿寨台吉之孙，阿噶巴尔济之子。

⑨ 博迪阿拉克汗之第三子，主乌珠穆沁部。

⑩ 崇德二年（1637 年）率众归清。六年，授扎萨克和硕车臣亲王，主乌珠穆沁右翼。顺治三年（1646 年）卒。

⑪ 顺治三年（1646 年），袭扎萨克和硕车臣亲王，十四年卒。

⑫ 顺治十五年（1658 年），袭扎萨克和硕车臣亲王。康熙二十九年（1690 年）卒。

附录一

译名索引

（按汉语拼音音序排列，数字为正文段落序号）

一 人名·佛名

A

AO

BA

BO

BU

CHA

CHE

CHENG

CHU

CHUI

CI

DA

DUO

E

EN

ER

FAN

FO

FU

GA

GE

GEN

GONG

GU

GUAN

GUN

HA

HAI

HAO

HU

HUO

JI

JIN

KU

KUN

LA

LI

LIAN

LUO

LONG

NA

NANG

NE

NUO

PU

QI

REN

RU

SA

WANG

WEI

WEN

WENG

WO

WU

二　地名·部名·族名·国名·寺名·佛地

DING

DU

DUO

E

GAN

GUN

GUO

HA

KE

KU

LANG

LE

LIAN

LIANG

LIU

MAO

MENG

YONG

YOU

ZHA

ZHAN

ZHAO

ZHONG

ZHUANG

ZHUO

附录二

主要参考文献目录

·蒙文·

那顺巴勒珠尔校勘《Erdeni tobči》(《蒙古源流》),内蒙古人民出版社。

留金锁校注《Qad-un ündüsün horiyanggui Altan tobči》(《黄金史纲》),内蒙古人民出版社,1980年。

《Bolor toli》(《水晶鉴》),民族出版社,1984年。

留金锁编著《13－17dugar jagun-u Monggol-un teühe bičilge》(《十三世纪—十七世纪蒙古历史编纂学》),内蒙古人民出版社,1979年。

乔吉校注《Altan tobči》(《黄金史》),内蒙古人民出版社,1983年。

《Gang-a in urushal》(《恒河之流》),内蒙古人民出版社,1981年。

《Altan hürdün minggan hegesütü》(《金轮千辐》),内蒙古人民出版社,1987年。

乌力吉图校注《Erten-u Monggol-un qad-un ündüsün-u yehe sir-a tuguji orosiba》(《大黄册》),民族出版社,1983年。

珠荣嘎校注《Erdeni tunumal neretü sudur orosiba》(《阿拉坦汗传》),民族出版社,1984年。

巴·巴根校注《Asaragči neretü in teühe》(《阿萨拉克齐史》),民族出版社,1984年。

胡和温都尔校注《Bolor erihe》(《水晶珠》),内蒙古人民出版社,1985年。

阿莎拉图译《Monggol-un jang surtahun-u temdeglel》(《北虏风俗》),内蒙古人民出版社,1979 年。

金峰整理注释《höhe hota in Söm-e heid》(《呼和浩特召庙》),内蒙古人民出版社,1982 年。

仁钦戈瓦编《Monggol helen-u durashaltu bičig-ud-un toličilagsan tegübüri tanilčagulg-a》(《蒙古古典文献选介》),内蒙古人民出版社,1981 年。

赛音吉日嘎拉、沙日勒岱搜集整理《Altan ordon-u tailg-a》(《成吉思汗祭典》),民族出版社,1983 年。《论成吉思汗的八白宫》,发表于 1986 年内蒙古史学会年会。

鲍·包力高编著《Monggol üsüg bičig-un tobči teühe》(《蒙古文字简史》),内蒙古人民出版社,1983 年。

内蒙古大学蒙古语文研究室编《Monggol hitad toli》(《蒙汉辞典》),内蒙古人民出版社,1977 年。

内蒙古蒙古语言文学历史研究所整理《Horin nigetü taiburi toli》(《二十一卷本辞典》),内蒙古人民出版社,1979 年。

乔吉:《Siregetü güüsi čorji-in tuhai nöhöbörilen ügülehü hedün jüil》(《锡勒图固什绰尔吉生平补叙》),中国蒙古史学会编《蒙古史研究》第一辑,1985 年。

齐格齐:《Asin lam-a-in udum üile-i tobči tanilča-gulhu ni》(《阿兴喇嘛生平业绩简介》),《内蒙古社会科学》(蒙文版)1983 年第 3 期。

贺希格陶克陶:《〈čakravarti Altan hagan-u tuguji〉in tuhai》(《关于〈转轮王阿勒坦汗传〉》),《内蒙古师范大学学报》(蒙文版)1983 年第 4 期、1984 年第 1 期。

《〈čakravarti Altan hagan-u tuguji〉tuhai basa nige hedün asagudal》(《关于〈转轮王阿勒坦汗传〉再谈几个问题》),《内蒙古社会科学》(蒙文版)1987 年第 1 期。

内蒙古自治区测绘局:《öbör monggol-un öbertegen jasahu oron-u gajar-un jirug-un tegübüri》(《内蒙古自治区地图集》),1974 年。

·汉文·

额尔登泰、乌云达赉校勘《蒙古秘史》,内蒙古人民出版社,1980 年。

道润梯步新译简注《蒙古秘史》,内蒙古人民出版社,1979 年。

宋濂等撰《元史》,中华书局点校本,1976 年。

《明武宗实录》,中央研究院历史语言研究所校印本。

《明世宗实录》,中央研究院历史语言研究所校印本。

《明穆宗实录》,中央研究院历史语言研究所校印本。

《明神宗实录》,中央研究院历史语言研究所校印本。

张廷玉等撰《明史》,中华书局点校本,1974 年。

道润梯步新译校注《蒙古源流》,内蒙古人民出版社,1981 年。

沈曾植笺证、张尔田校补《蒙古源流笺证》,中华书局影印本,1962 年。

朱风、贾敬颜译《蒙古黄金史纲》,内蒙古人民出版社,1985 年。

《皇明经世文编》,中华书局影印本,1962 年。

瞿九思撰《万历武功录》,中华书局影印本,1962 年。

王士琦辑《三云筹俎考》,台北·广文书局影印本,1972 年。

谷应泰撰《明史纪事本末》,中华书局点校本,1977 年。

郭造卿《卢龙塞略》,台北·广文书局影印本,1974 年。

萧大亨撰《夷俗记》,明万历二十二年自刻本。

赛瑞斯著《〈达延汗后裔世系表〉笺注》,内蒙古大学蒙古史研究室编《蒙古史研究参考资料》新编第十六、十七辑,1981 年。

陈高华编《明代哈密·吐鲁番资料汇编》,新疆人民出版社,1984 年。

赵尔巽等撰《清史稿》,中华书局,1977 年。

王庆、乌云必力格简译浅注《阿勒坦汗传》,察素齐,1982 年。

王森著《关于西藏佛教史的十篇资料》(初稿),中国科学院民族研究所少数民族社会历史研究室编印,1965 年。

善慧法日著、刘立千译《宗教流派镜史》(《善说一切宗教源流及教义晶镜史》),西北民族学院研究室,1980年。

《西藏研究》编辑部编《番僧源流考·西藏宗教源流考》,西藏人民出版社,1982年。

牙含章著《达赖喇嘛传》,民族出版社,1984年。

王辅仁编著《西藏佛教史略》,青海人民出版社,1982年。

王辅仁、索文清编著《藏族史要》,四川民族出版社,1982年。

黄奋生编著《藏族史略》,民族出版社,1985年。

《卫藏通志》,渐西村舍本。

额尔登泰:《关于〈蒙古源流〉中的若干名词》,手抄稿。

海西希:《论土默特部〈阿拉坦汗传〉》,《蒙古学资料与情报》1986年第三期。

《〈阿拉坦汗传〉的一个资料来源》,《蒙古学资料与情报》1987年第二期。

若松宽:《察汉诺们汗在清代青海蒙古史上的作用》,《中国蒙古史学会论文选集》(1981)。

森川哲雄:《土默特十二鄂托克考》,内蒙古社会科学院情报资料室编《资料与情报》1982年第4期。

奥登:《十六世纪蒙古土默特万户十二部考》,《内蒙古社会科学》1984年第4期。

晓克:《明代后期蒙古土默特万户的各部落及其驻地》,《土默特志》编纂委员会编《土默特史料》第十七、八集。

薄音湖:《呼和浩特城(归化)建城年代重考》,《内蒙古大学学报》(哲学社会科学版)1985年第2期。

乌兰:《满都海哈屯与达延汗》(《蒙古源流》节译并注释),内蒙古大学纪念校庆二十五周年《学术论文集》,1982年。

阿拉腾松布尔:《达延汗生卒年考》,内蒙古社会科学院历史研究所编《蒙古史文稿》第4期,1984年。

珠荣嘎:《从〈俺答汗传〉看三娘子的名字和母家》,《中国蒙古史学会论文选集》(1980 年)。

《从蒙文〈阿勒坦汗传〉看 17 世纪初土默特部的历法》,《土默特志》编委会编《土默特史料》第二十集,1986 年。

额尔登泰、乌云达赉、阿萨拉图著《〈蒙古秘史〉词汇选释》,内蒙古人民出版社,1980 年。

巴·巴根汇编《北夷译语》,《内蒙古师范学院学报》(社会科学·蒙文版)1980 年第 3 期。

《中国历史大辞典》(辽、夏、金、元史卷),上海辞书出版社,1986 年。

《中国历代名人辞典》,江西人民出版社,1984 年。

谢启晃、胡起望、莫俊卿编著《中国少数民族历史人物志》第一辑(1983 年)、第二辑(1985 年),民族出版社。

《实用佛学辞典》,上海佛学书局,1947 年。

丁福保编纂《佛学大辞典》,文物出版社,1984 年。

任继愈主编《宗教词典》,上海辞书出版社,1981 年。

《辞海》(历史分册·中国古代史),上海辞书出版社,1984 年。

《辞海》(地理分册·历史地理),上海辞书出版社,1984 年。

《中国历史地图集》第七册(元、明时期)、第八册(清时期),中华地图学社,1975 年。

《中国地图册》,地图出版社,1983 年。

·日文·

和田清著《东亚史研究》(蒙古篇),东洋文库,1959 年。

萩原淳平著《明代蒙古史研究》,同朋舍,1980 年。

若松宽:《济陇活佛小传——清藏关系的一侧面》,《佛教史学研究》21－1,1978 年。

《明末内蒙古土默特人在青海地区的扩张——火落赤诺延的事迹》,《京都府立大学学术报告》(人文)第37号。

《珠荣嘎校注〈阿拉坦汗传〉》,《东洋史研究》44-1,1985年。

森川哲雄:《珠荣嘎校注 Erdeni tunumal neretü sudur orosiba(阿拉坦汗传)》,《东洋学报》第67卷第1·2号,1985年。

《〈阿拉坦汗传〉出版寄语》,《九大学报》No.1227,1985年。

《论十七世纪初内蒙古的三位佛教宣扬者》,中国蒙古史学会编《蒙古史研究》第一辑,1985年。

《〈阿勒坦汗传〉研究》,九州大学教养部,1987年。

江国真美:《青海蒙古史的一项考察》,《东洋学报》第67卷第3·4号,1986年。

桥本光宝译《蒙古喇嘛教史》,生活社,1940年。

增谷文雄著《新撰佛教辞典》,同文馆,1942年。

日本陆军省编《蒙古语大辞典》(上、中),东京·阶行社,1933年。

附录三

大同丰州滩顺义王系派部落

［阿勒坦汗世系］

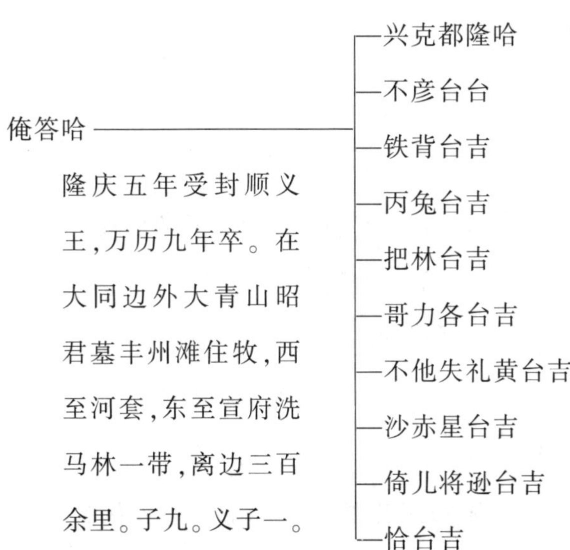

- 兴克都隆哈
  即黄台吉。万历十一年袭封顺义王，十三年卒。先在宣府边外旧兴和所、小白海、马肺山一带住牧，离边三百里。袭封后，仍住俺答旧穴。子十四。
  - 扯力克哈
    万历十五年袭封顺义王。先在山西偏关外胡地委兀儿趁一带住牧，袭封后仍住俺答旧穴。水泉、得胜二处互市。子七。
    - 晁兔台吉
      授龙虎将军。在委兀儿趁一带住牧，离边约七百余里。故子三。
      - 卜石兔黄台吉
        初授龙虎将军。晁兔早故，卜酋远居西海。扯力克故，五路台吉迎归袭封。见在哈套察汗敖剌住牧。子一：卜罗户台吉。
      - 把都慢黄台吉
      - 他儿泥台吉
        俱授指挥佥事，随卜石兔住牧。
    - 五十万把儿汉台吉
      在大同新平边外住牧。子二，次子尚幼。
      - 五班南台吉
        随卜石兔住牧。
    - 毛明暗台吉
      满官正比妓所出。住新开口。卜酋未封，明暗代理其事，诸部多服。子二。
      - 察汗我不良台吉
      - 打儿泥台吉
        俱随毛明安住牧
    - 土麦台吉
      子三，次子尚幼。
      - 土麦大儿台吉
        随卜石兔住牧。

—耳章速台吉
二酋俱在委兀儿趁住牧。
—我儿谷道台吉
—革立猛克台吉
子一，尚幼。授百户。随卜石兔住牧。
以上各酋俱在新平市口互市。

—五路黄台吉——敖卜言台吉

五路黄台吉：即那木儿台吉。故。先授指挥佥事，后升龙虎将军。在大同天城边正北五克儿菊儿克一带住牧。卜酋婚封，本酋颇效劳力。新平市口互市。子四。

—敖卜言台吉
五路故，代领其众，颇知恭顺。在伊父原巢住牧。授副千户。
—聂库台吉
授百户。见在。
—虎喇哈气台吉
授副千户。见在。
—忽同台吉
授百户。见在。
以上三酋与敖卜言一同住牧。

—青把都儿补儿哈兔台吉
  授指挥佥事。住牧、互市，与五路台吉相同。子七。
  —歹成朝库儿台吉
  —宰生台吉
  —王都儿台吉
  —山羔儿台吉
  —大刀儿计台吉
  —小刀儿计台吉
  —公布台吉
  以上诸酋，俱在新平塞外住牧，随五路部落以奉款约。（《夷俗记·北虏世系》所载青把都儿补儿哈兔台吉七子之名，与此多不一致，他们是：兵兔台吉、金兔台吉、他儿拜台吉、班班石台吉、刀儿讲台吉、把汗雕儿计台吉、归登台吉。）

—哈木把都儿台吉
  授指挥佥事。在山西偏关西北边外擦哈把剌哈素住牧，离边一百六七十里。新平市口互市。

- 松木儿台吉
  授指挥佥事。见在。在宣府下西路正北边外擦哈猱儿住牧，离边约二百余里。新平互市。极穷为盗，即开市之虏亦多苦之，名其部曰贼达子。子四。
  - 的力盖儿台吉
    授副千户。见在。
  - 跌力波儿台吉
    授副千户。见在。
  - 葛勘儿台吉
    授百户。见在
  - 虎督度
    即小活佛。万历二十年题升朵儿只唱，年可五六岁，盖西方僧之前身也。
- 段柰台吉
  即波儿哈都台吉。授指挥佥事。在宣府膳房堡迤北马肺山一带住牧，离边二百余里。新平互市。故绝。
- 打赖宰生台吉
  即我摺进台吉。住牧、互市与段柰同。本酋忽慧，卜酋封贡，极为孝顺。子一。
  - 主儿窳大台吉
    随父宰生住牧。

- 台石台吉
  即台失哈不害。授指挥佥事。
- 安兔台吉
  故。子三。以下各台吉俱在宣镇龙门所边外一带地方住牧。
  - 圪他汗台吉
  - 完布台吉
  - 巴赖台吉
- 朝兔台吉
  故。子三。
  - 召儿必太台吉
  - 瓦红大台吉
  - 素那台吉
- 土剌兔台吉
- 土力把兔台吉
- 摆言兔台吉
  故绝。
- 明暗台吉
  授副千户。

- 不彦台吉
  即摆腰台吉。故。在大同阳和边外西北一克菊力革住牧，离边三百余里。阳和守口堡互市。子一。
  - 摆腰把都儿台吉
    授指挥同知。见在。子六。
    - 松木儿台吉
      授百户。摆腰故，代领其众。
    - 明暗台吉
      授副千户。
    - 同门台吉
      即土门台吉。授副千户。
    - 兀上台吉
      即兀上哑不害。授百户。
    - 剌麻台吉
      为僧。
    - 五十拜台吉
      以上各酋，俱同不彦台吉住牧。俱见在。

铁背台吉——把汉那吉——冷克木台吉——猛克台吉

铁背台吉：故。子一。

把汉那吉：即大成台吉。先授指挥使，后升昭勇将军。幼丧父，育于祖母一克哈屯。因与俺答有隙，偕妻把汗比妓投降中国。贡市之端，由此酋起。在山西偏关边外西北哈朗兀住牧，离边三百余里。大同得胜、山西水泉二处互市。万历十四年坠马而死。(《万历武功录·把汉那吉列传》谓："万历十一年四月三十日坠马而死")。子二。

冷克木台吉：早故。授昭勇将军。子一。

不速布台吉：故绝。

二酋俱随把汗比妓住牧，在哈朗兀即大板升迤西是也。

猛克台吉：授指挥佥事。其父早故，随育于祖母把汗比妓即忠义夫人之幕。忠义与子素囊住于归化城地方，分为东西哨。猛克随住于西哨之地。

丙兔台吉 —— 三温台吉 —— 揣旦台吉

授指挥同知。营名威武慎。在陕西河州、西海住牧。甘肃扁渡口互市。故。子三。

- 三温台吉
  即宰生，又名真相。袭伊父指挥同知。子一。
  - 揣旦台吉
    随父三温台吉住牧。
- 土麦台吉
- 傻代台吉

以上三酋，俱系威武儿慎部，山后住牧。山西水泉营互市。

把林台吉

授指挥同知。故。在大同阳和正北山后歹颜那失机住牧，离边五百里。阳和守口互市。子七。

- 纳赖台吉
  即纳儿麦台吉。授百户。
- 补儿哈兔台吉
  即补儿哈都台吉。授副千户。
- 姐姐台吉
  即且且台吉。授副千户。
- 土麦台吉
  授百户。
- 着力兔台吉
  即着力兔把独儿台吉。授指挥同知。
- 廷定台吉
- 挨克台吉

以上七酋，俱随丙兔海上住牧。唯土麦台吉于大同守口随贡开市。

- 哥力各台吉 在大同得胜堡边外垛兰我肯山后住牧，离边三百里。得胜堡互市。故。子一。
  - 打赖阿拜台吉 即那那台吉。授指挥佥事。故。子四。
    - 班慢台吉 即班儿慢台吉。授指挥佥事。见在。子一。
      - 班的思克台吉 见在。
    - 也林金台吉
    - 打赖台吉
    - 山阿儿驾台吉

    俱见在。以上诸酋部夷不满千数，俱随素囊东哨住牧杀胡堡塞外。

- 不他失礼黄台吉 先授指挥同知，后升骠骑将军，又升龙虎将军，又升都督佥事。在大同杀胡边外丰州滩山后一带住牧。山西水泉、大同得胜二处互市。三娘子所生。兵马地土极为富强。子二。
  - 哑不害台吉 早故。
  - 素囊黄台吉 把汉比妓所出。先是，把汉那吉故，遗把汉比妓为不他失礼所收，生素囊。藉其祖母忠顺夫人之势，并有板升之众，极称富强，与卜酋构衅。其母把汉比妓感投顺时不杀之恩，颇效恭顺，故卜酋受封时，题封把汉比妓为忠义夫人，素囊为都督同知，以示优厚。(《夷俗记·北虏世系》称为“公赤儿哑不害台吉”)。子一。
    - 习令台吉 尚幼。随素囊住牧。

沙赤星台吉

三娘子所出。先授副千户，后升明威将军。故绝。

倚儿将逊台吉

三娘子所出。授百户。故绝。

恰台吉——虎儿害恰——哑班兔恰

恰台吉：授指挥佥事。故。系俺答义子。在山西偏关边外二百余里妥妥城住牧。大同得胜、山西水泉二处互市。其所生子孙既非虏王正族，又不称台吉之名，是以不纪。（据《夷俗记·北虏世系》补之。）

虎儿害恰：授百户。子一。

哑班兔恰：授百户。

周安秃赖恰——色冷恰

周安秃赖恰：子一。授百户。

色冷恰：授百户。

哑班恰——土麦恰

哑班恰：即哑班兔恰。授百户。子一。

土麦恰：即秃麦恰。授百户。

打黑赖恰：即答赖恰。授百户。

俱在。

（录自《三云筹俎考·封贡考》、《夷俗记·北虏世系》）

附录四

蒙历、藏历与干支、公元纪年对照表

说明：

从1500年至1619年计120年，分填120个方格。格内载地支、明朝帝王庙号、年号及纪元。表格上方的数字150、151……160、161，表示公元纪年的前三位数。表格左侧天干左上方的数字0、1、……8、9，表示公元纪年的个位数。天干与同一横行每格内的地支合读，即为各该年的干支。每格同一直行上方的三位数，与该格同一横行左侧天干左上方的个位数相接，即为该年的公元纪年。铁公、铁母、水公、水母、木公、木母、火公、火母、土公、土母，依次与十天干对应，其与同一横行格内的地支合读，即为该年的藏历纪年。白公、白母、黑公、黑母、青公、青母、红公、红母、黄公、黄母，依次与十天干对应，其与同一横行格内的地支合读，即为蒙古历纪年。

例一：左起第三直行第三格壬午，为蒙古历的黑公马年，藏历的水公马年，明世宗嘉靖元年，公元1522年。

例二：蒙古历的红母猪年，藏历为火母猪年，即丁亥，明世宗嘉靖六年，公元1527年，或明神宗万历十五年，公元1587年。

例三：明穆宗隆庆元年丁卯，即公元1567年，蒙古历为红母兔年，藏历为火母兔年。

例四：公元1605年，即乙巳，明神宗万历三十三年，蒙古历为青母蛇年，藏历为木母蛇年。

	150	151	152	153	154	155	156	157	158	159	160	161
0 白公——铁公——庚	孝宗弘治 13 申	5 午	15 辰	9 寅	19 子	29 戌	39 申	4 午	8 辰	18 寅	28 子	38 戌
1 白母——铁母——辛	14 酉	6 未	16 巳	10 卯	20 丑	30 亥	40 酉	5 未	9 巳	19 卯	29 丑	39 亥
2 黑公——水公——壬	15 戌	7 申	世宗嘉靖 1 午	11 辰	21 寅	31 子	41 戌	6 申	10 午	20 辰	30 寅	40 子
3 黑母——水母——癸	16 亥	8 酉	2 未	12 巳	22 卯	32 丑	42 亥	神宗万历 1 酉	11 未	21 巳	31 卯	41 丑
4 青公——木公——甲	17 子	9 戌	3 申	13 午	23 辰	33 寅	43 子	2 戌	12 申	22 午	32 辰	42 寅
5 青母——木母——乙	18 丑	10 亥	4 酉	14 未	24 巳	32 卯	44 丑	3 亥	13 酉	23 未	33 巳	43 卯
6 红公——火公——丙	武宗正德 1 寅	11 子	5 戌	15 申	25 午	35 辰	45 寅	4 子	14 戌	24 申	34 午	44 清·太宗 天命辰
7 红母——火母——丁	2 卯	12 丑	6 亥	16 酉	26 未	36 巳	穆宗隆庆 1 卯	5 丑	15 亥	25 酉	35 未	45 巳
8 黄公——土公——戊	3 辰	13 寅	7 子	17 戌	27 申	37 午	2 辰	6 寅	16 子	26 戌	36 申	46 午
9 黄母——土母——己	4 巳	14 卯	8 丑	18 亥	28 酉	38 未	3 巳	7 卯	17 丑	27 亥	37 酉	47 未

蒙文影印件

1b

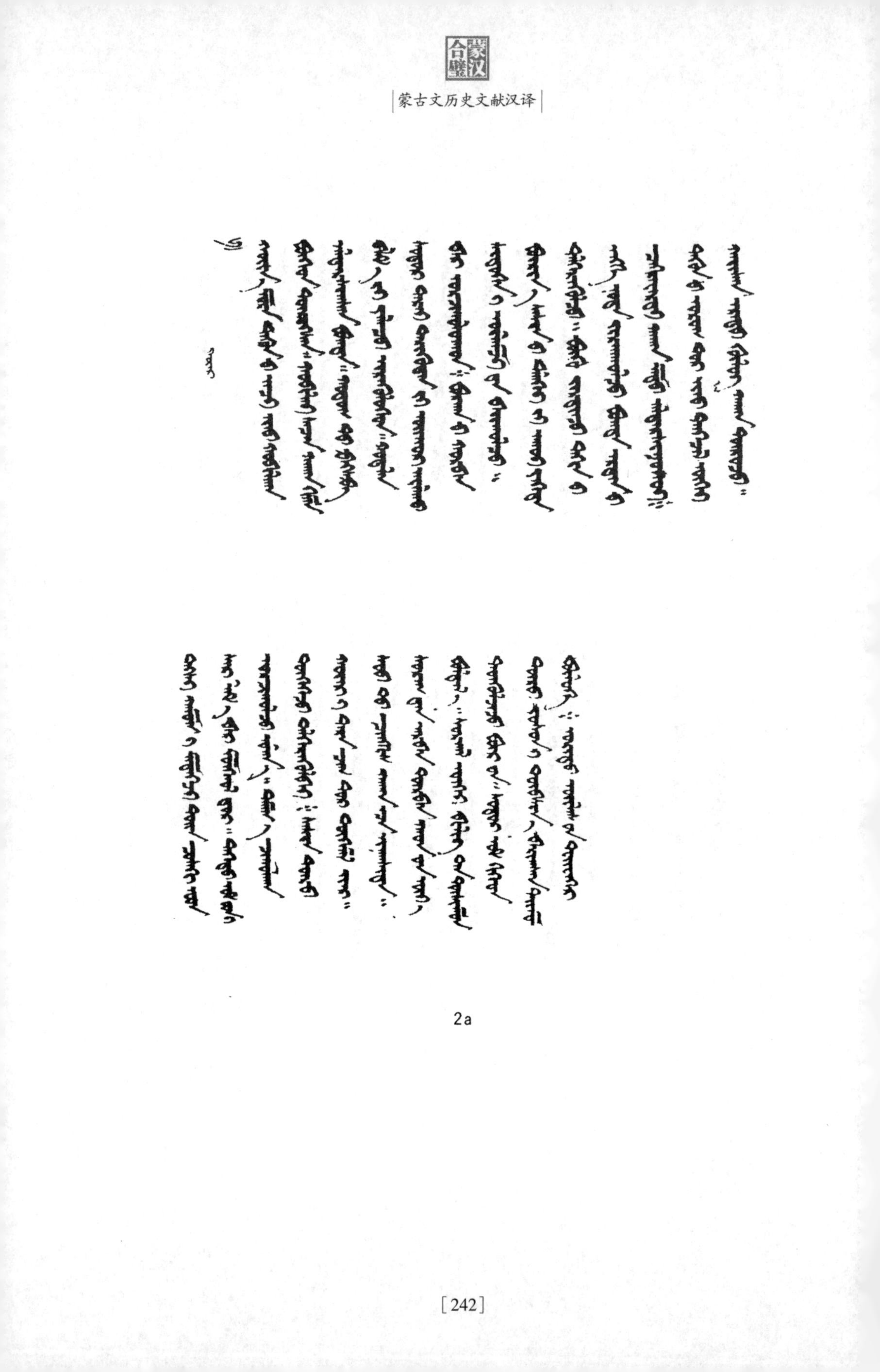

2a

2b

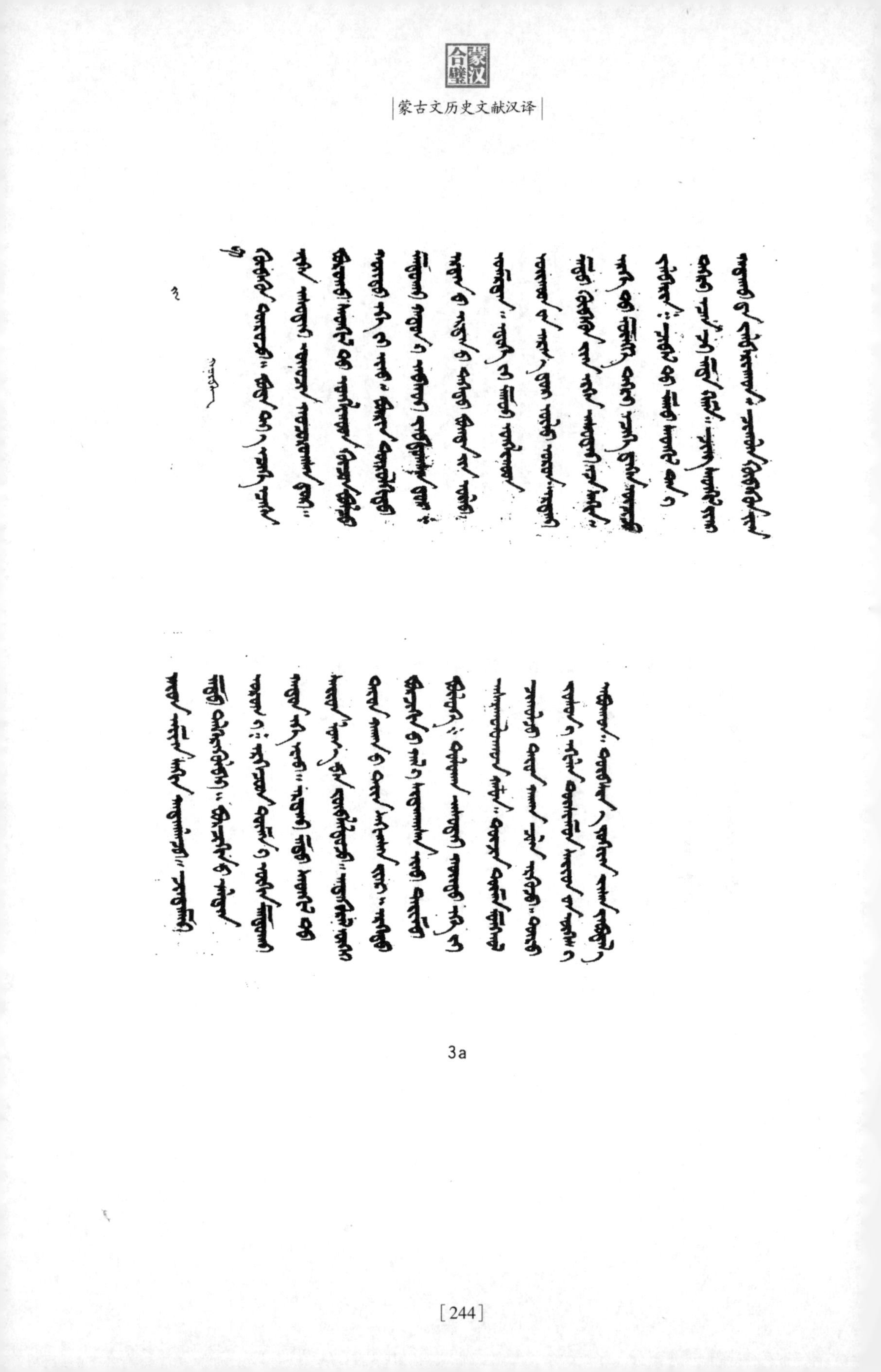

3a

3b

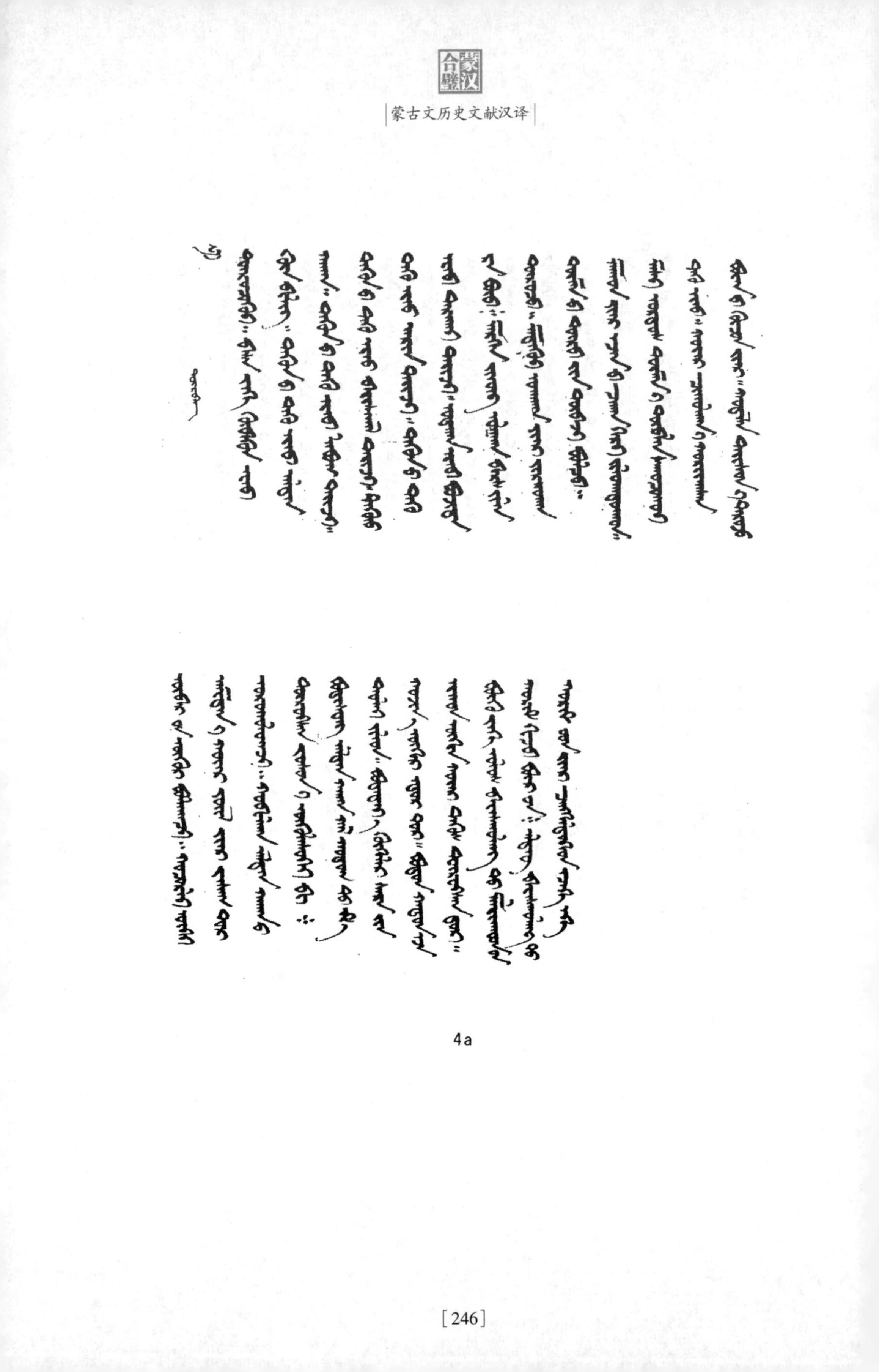

4a

4b

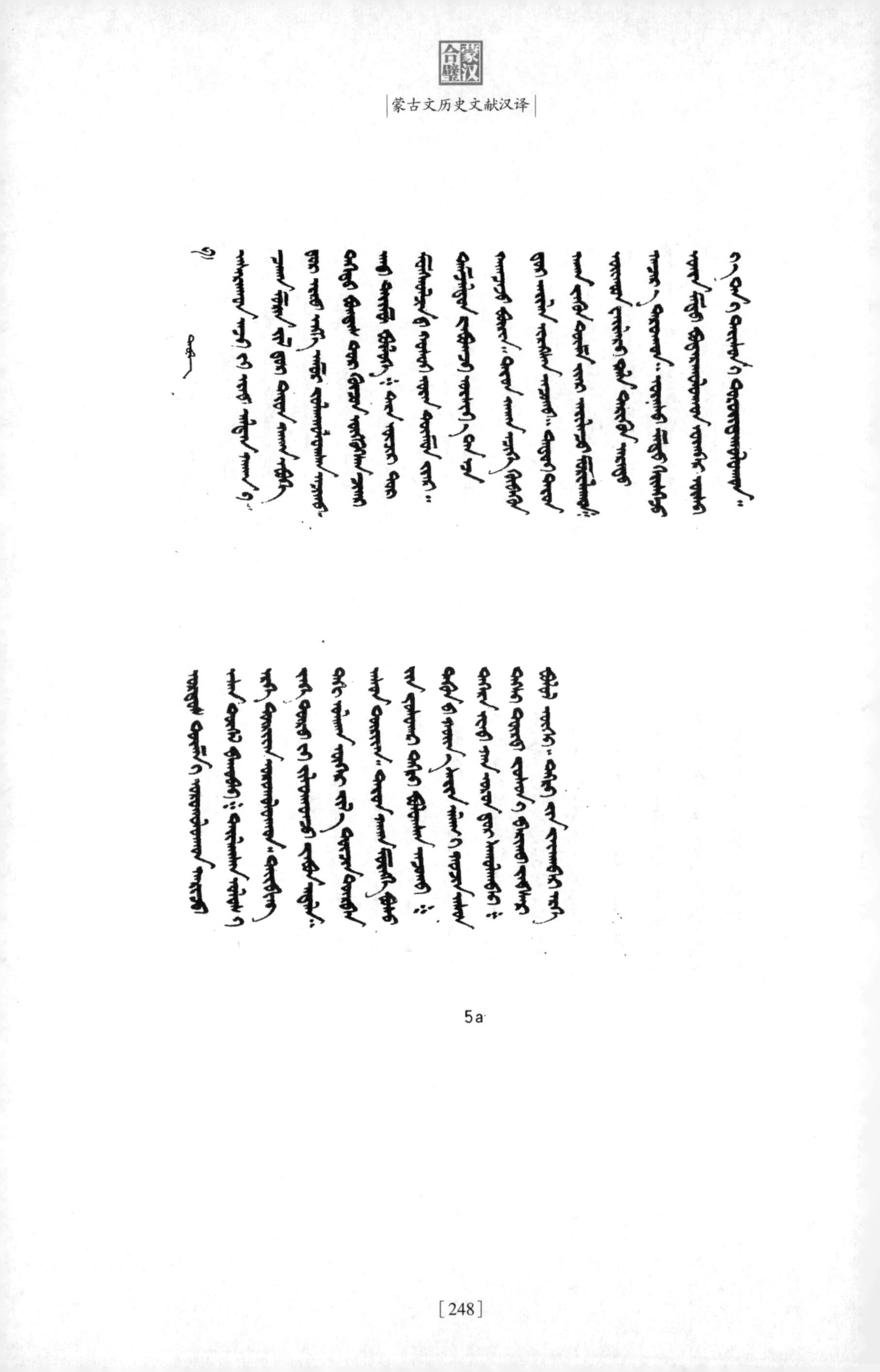

5a

[illegible]

[illegible]

5b

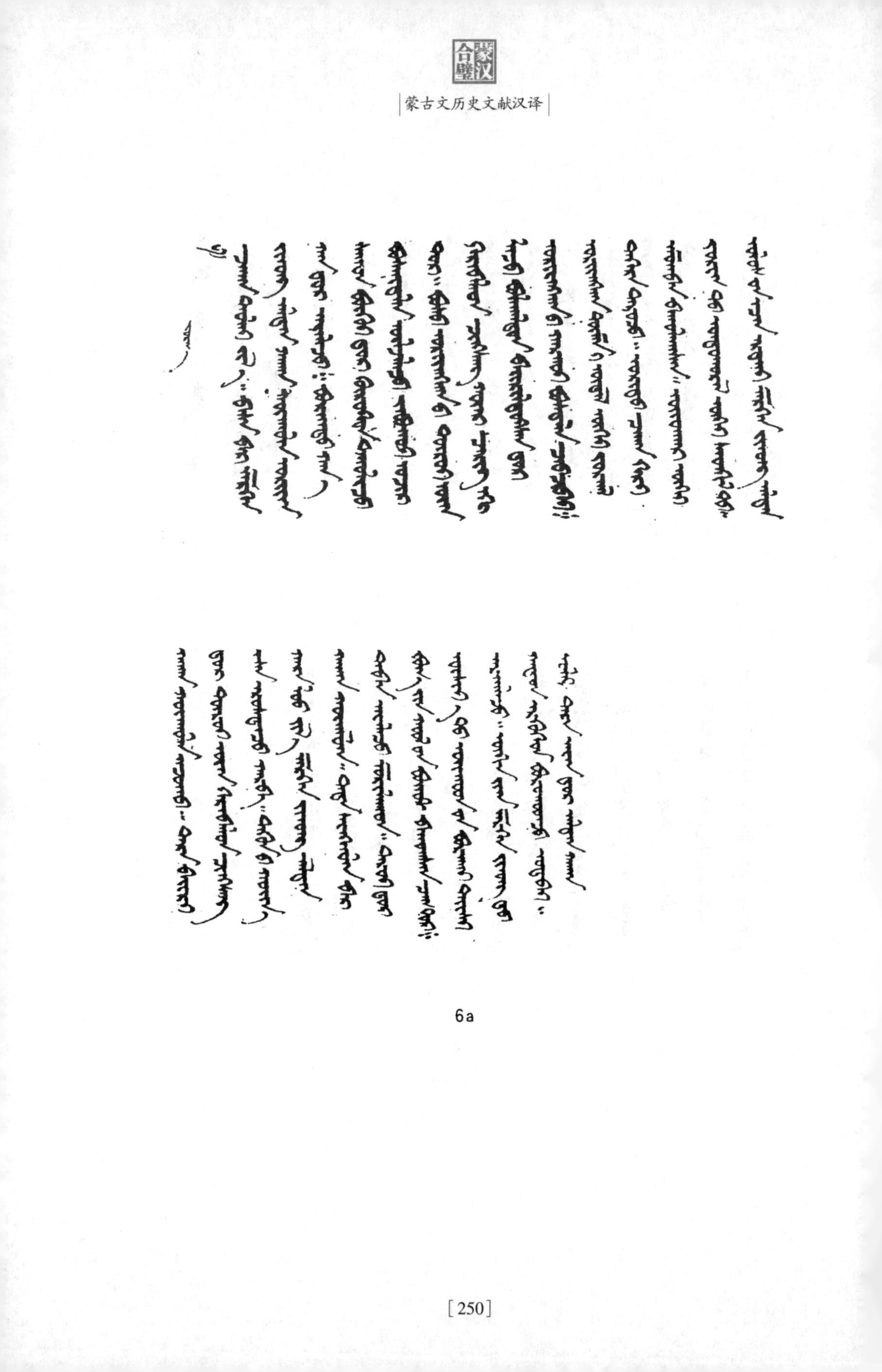

6a

6b

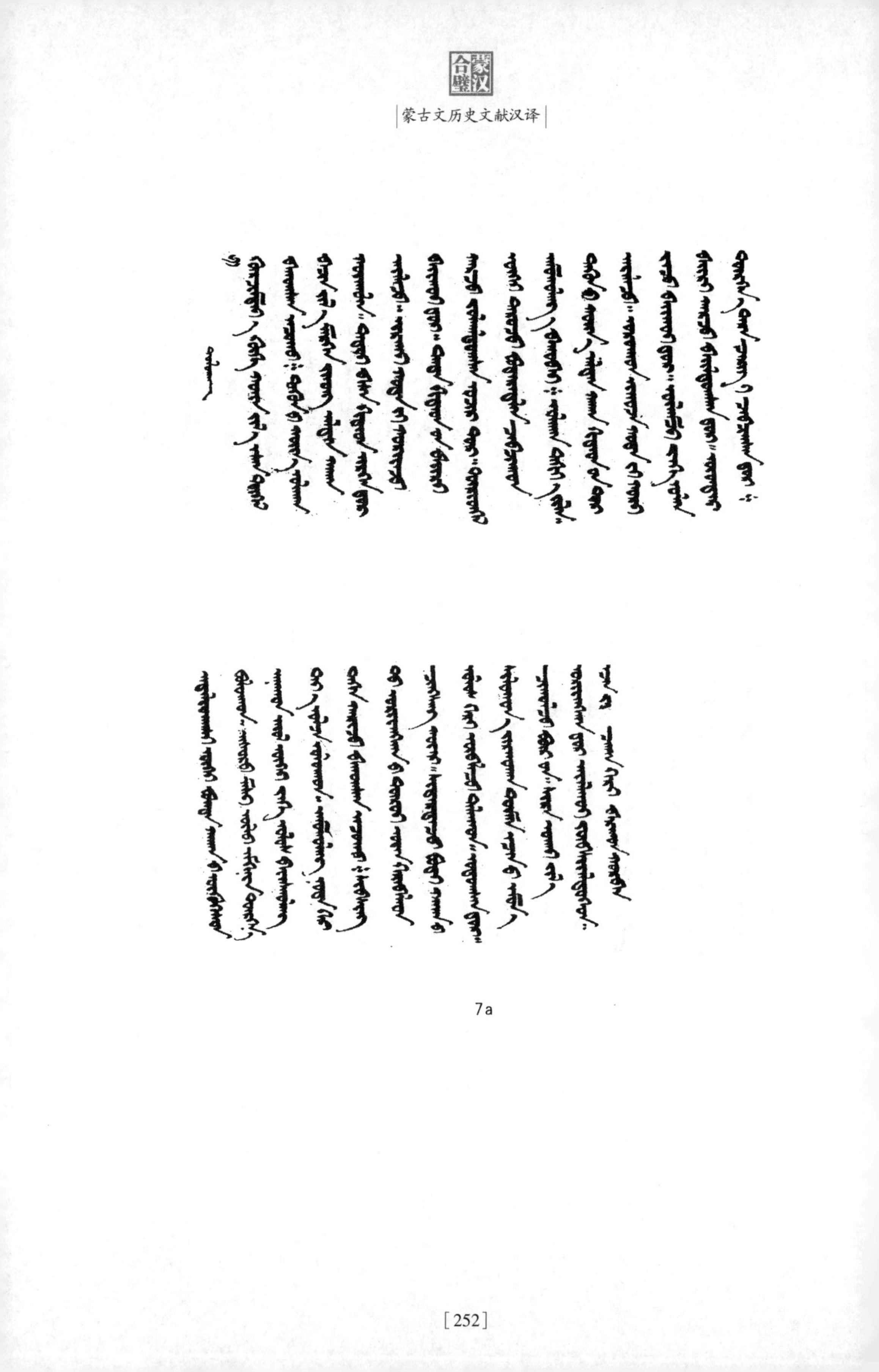

7a

[illegible]

[illegible]

7b

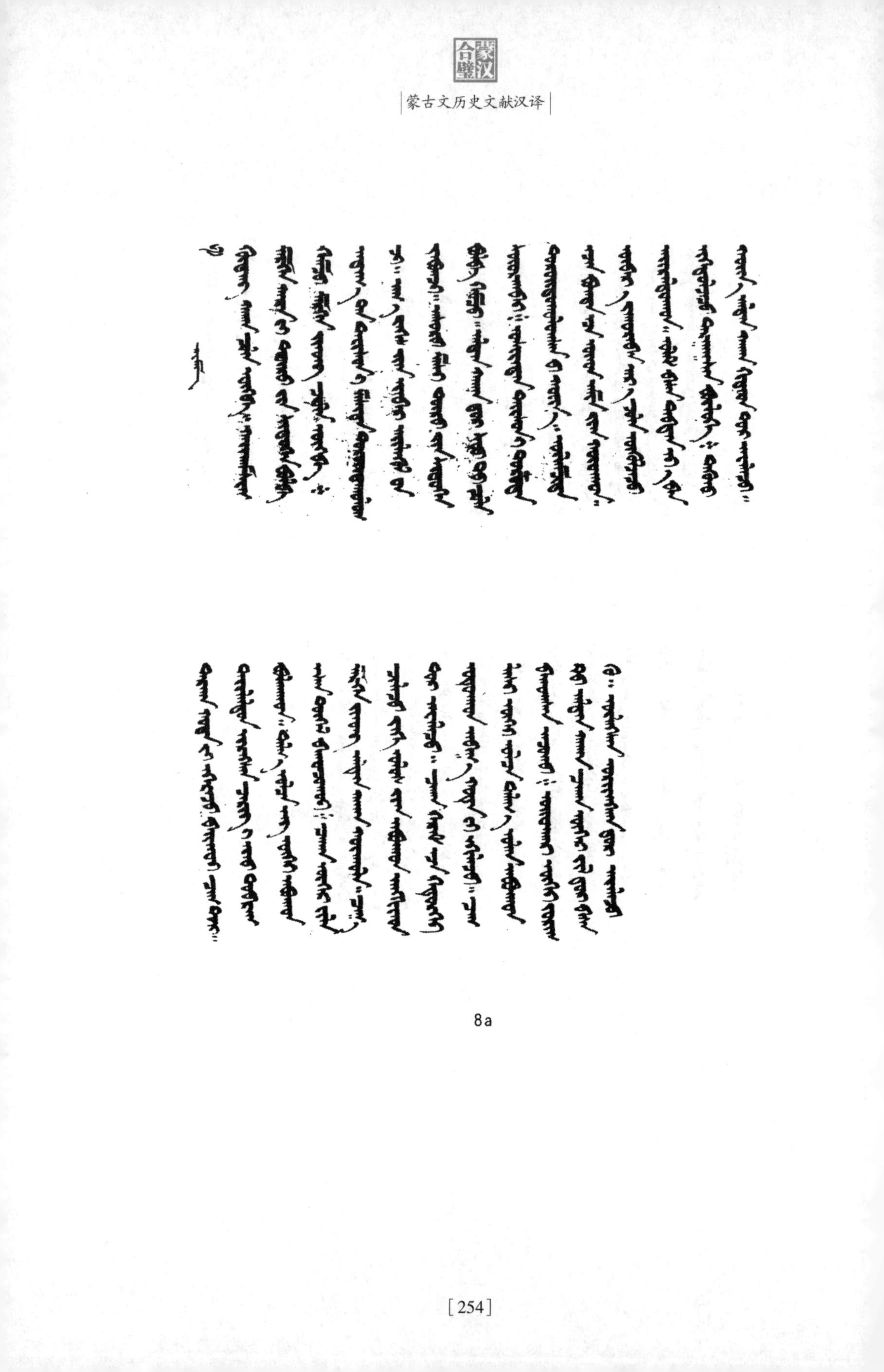

8a

8b

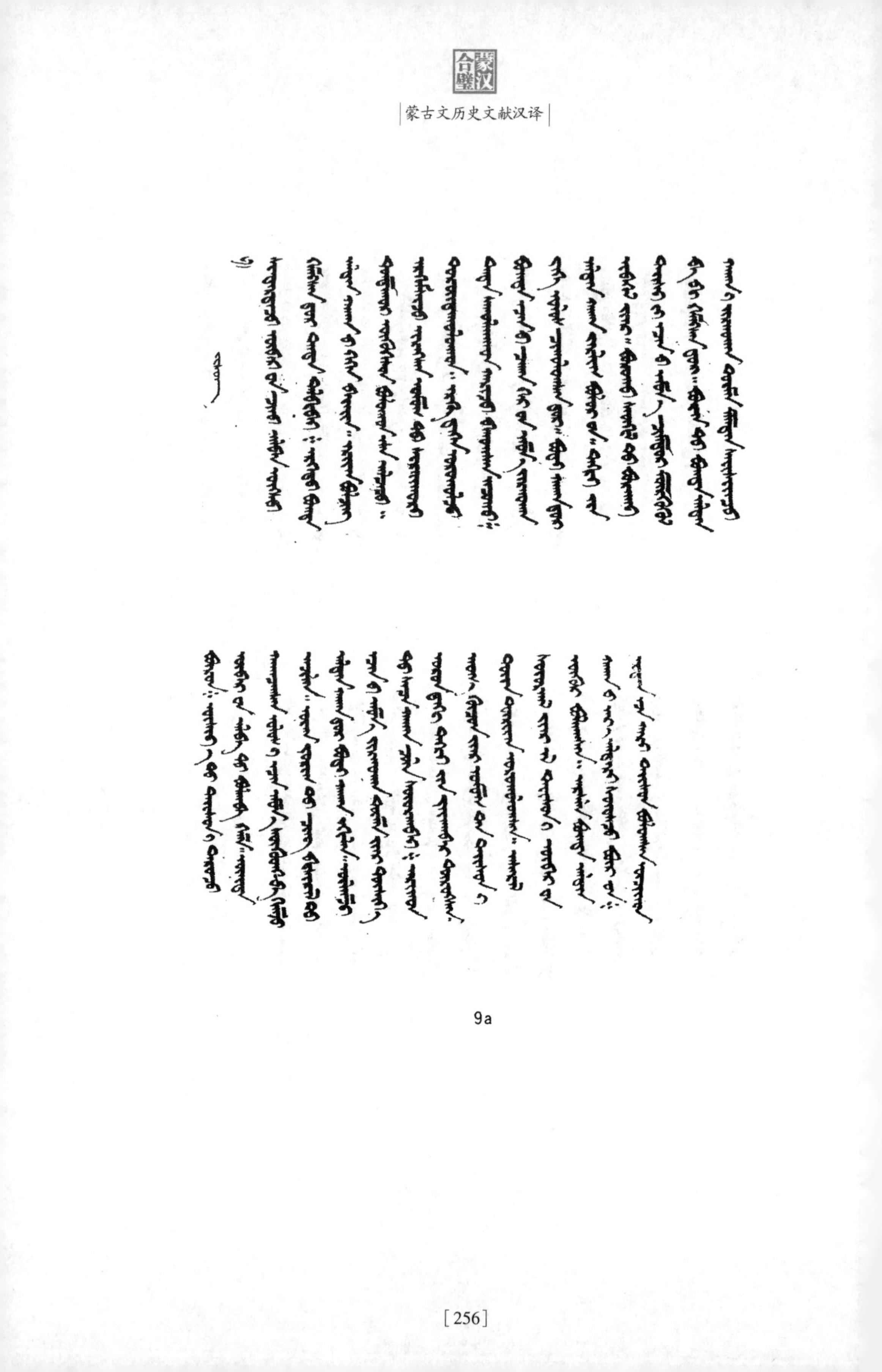

9a

9b

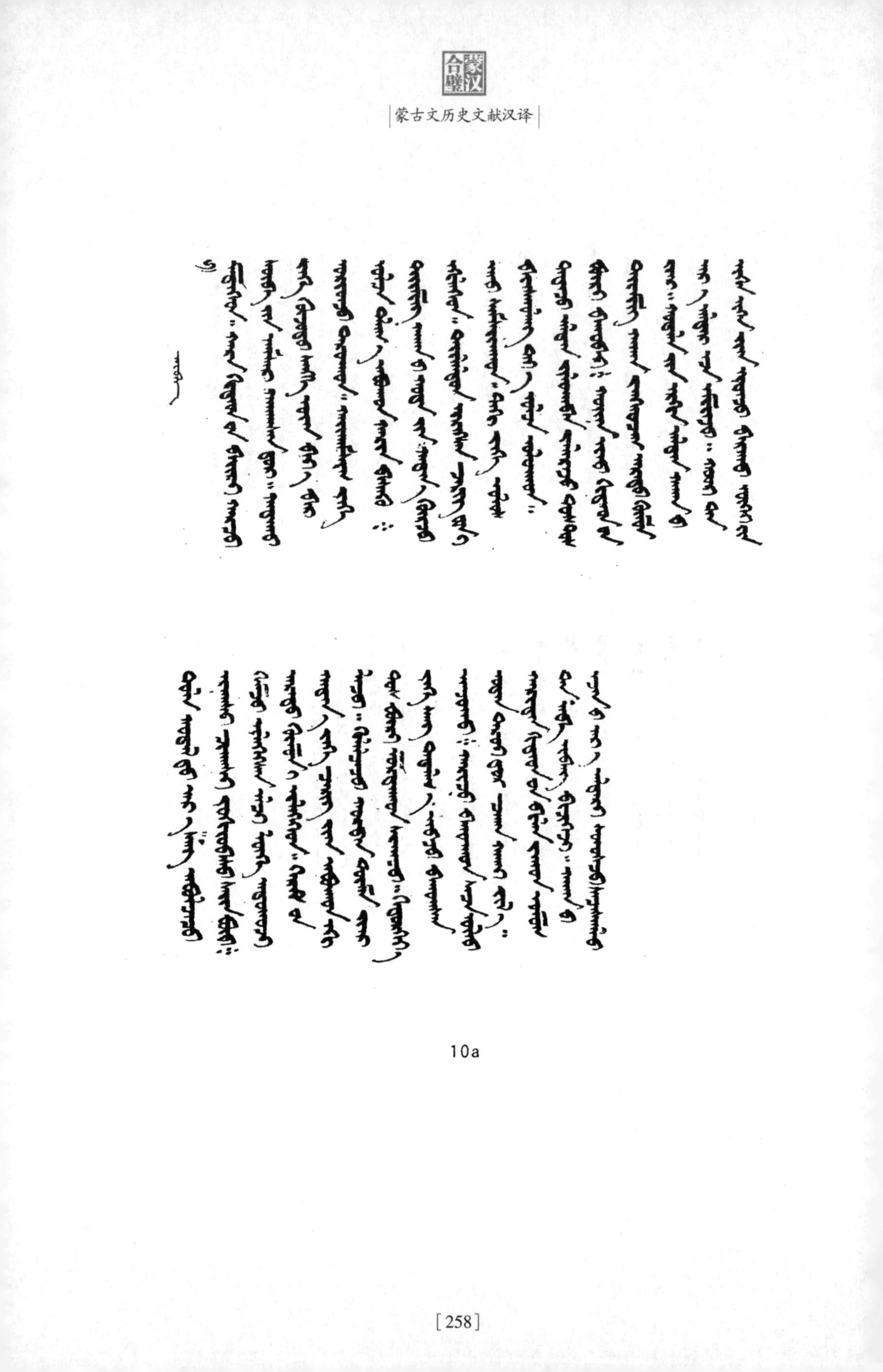

10a

10b

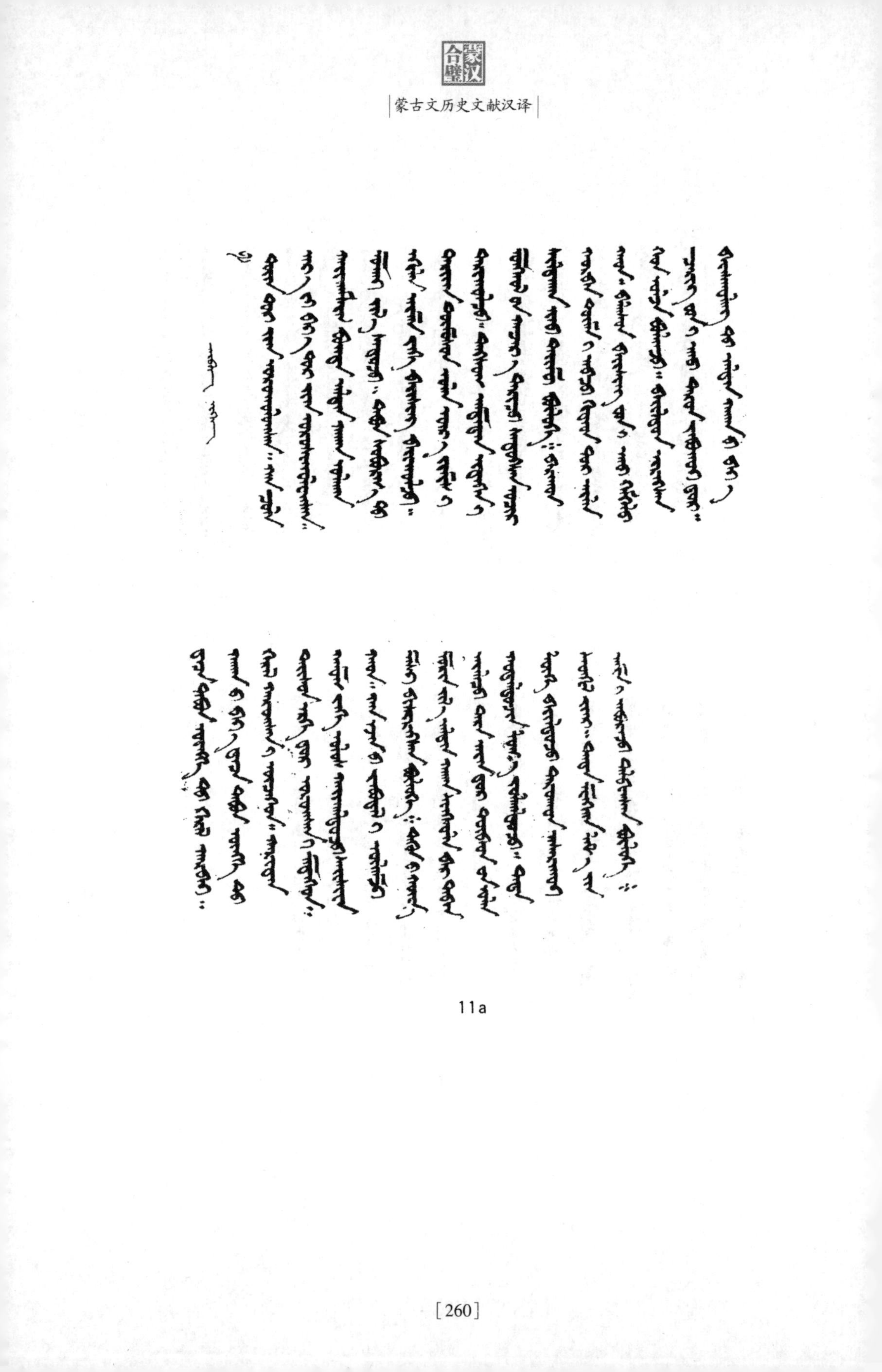

11a

11b

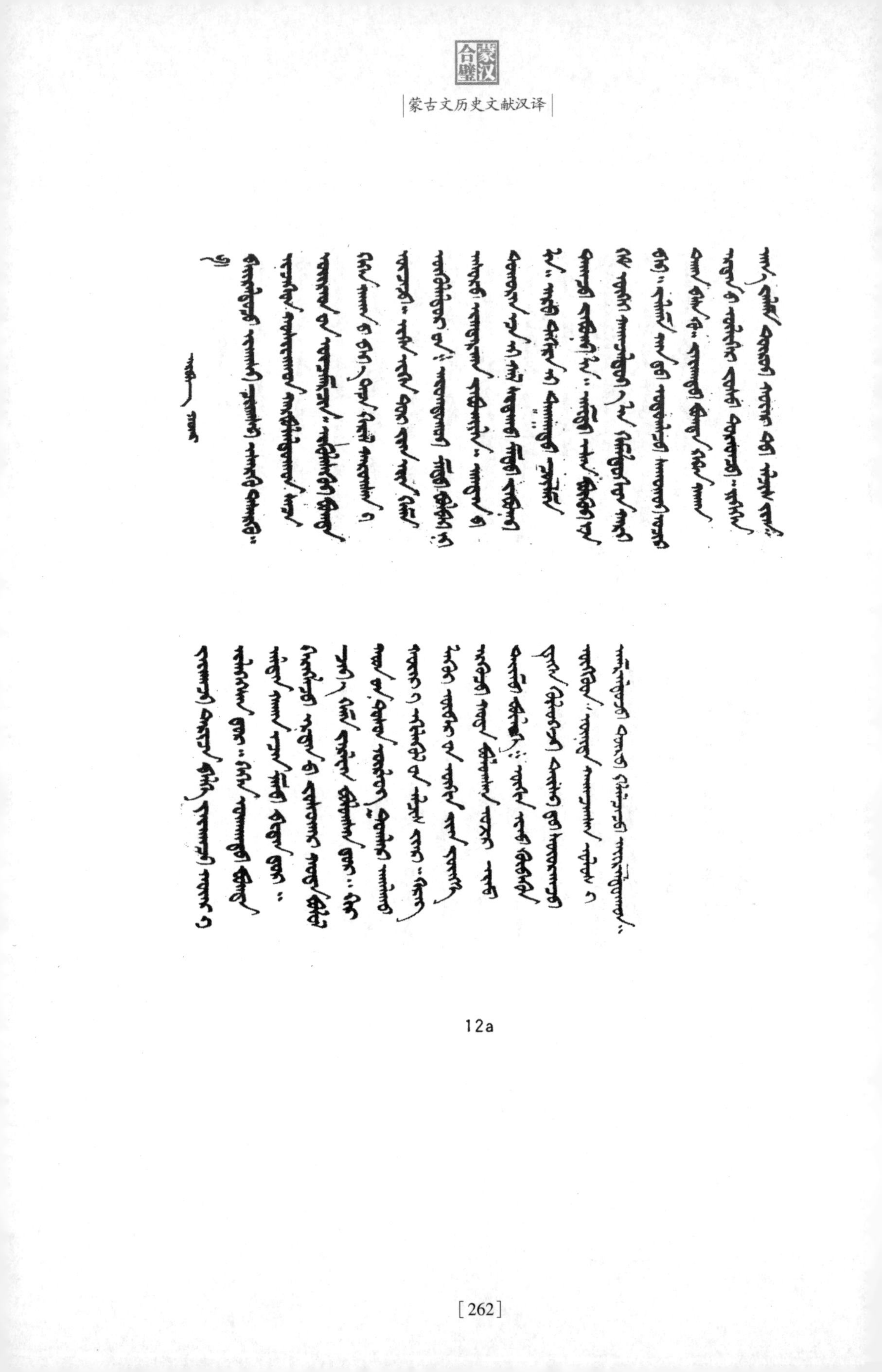

12a

12b

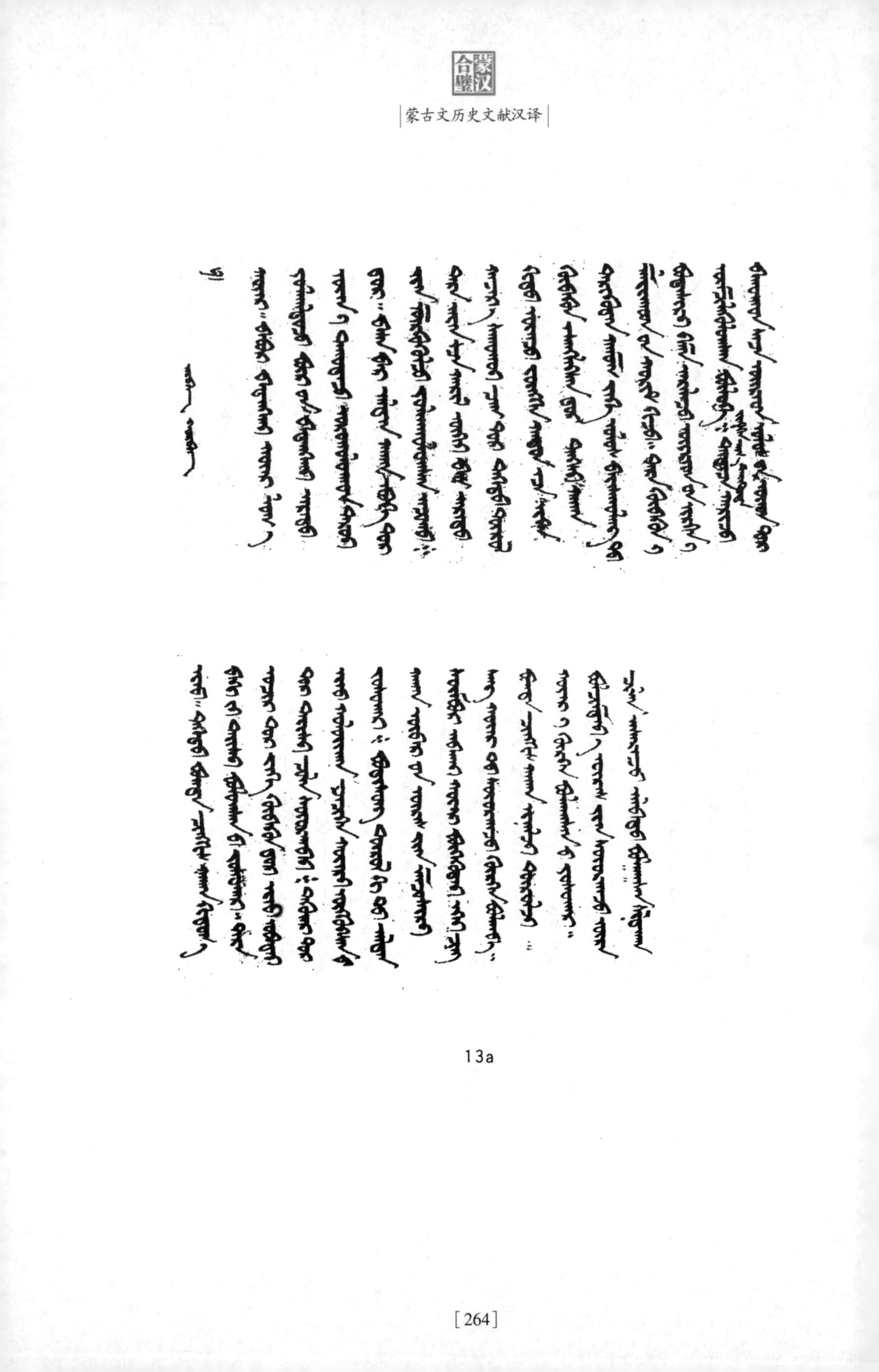

13a

13b

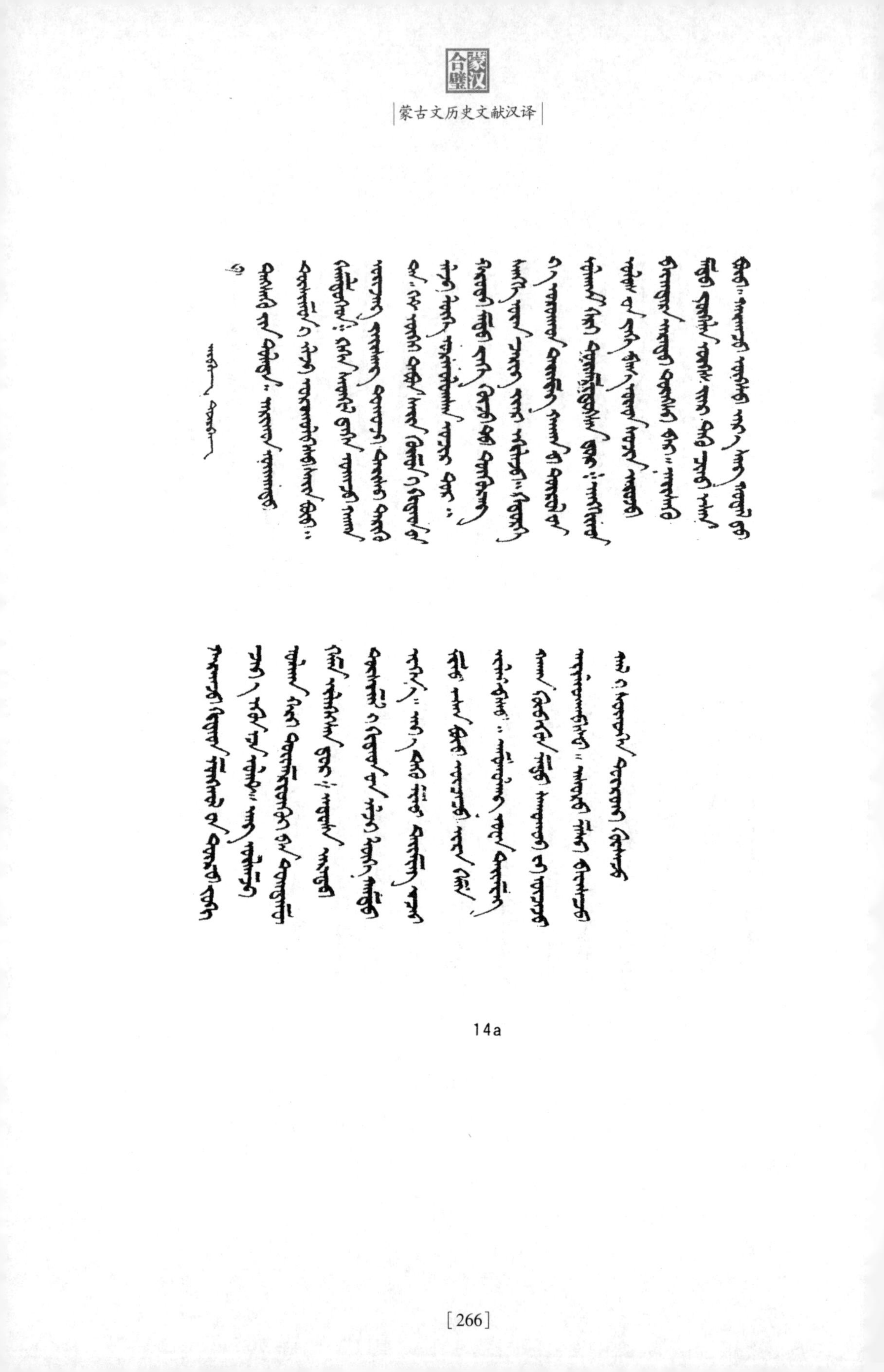

14a

14b

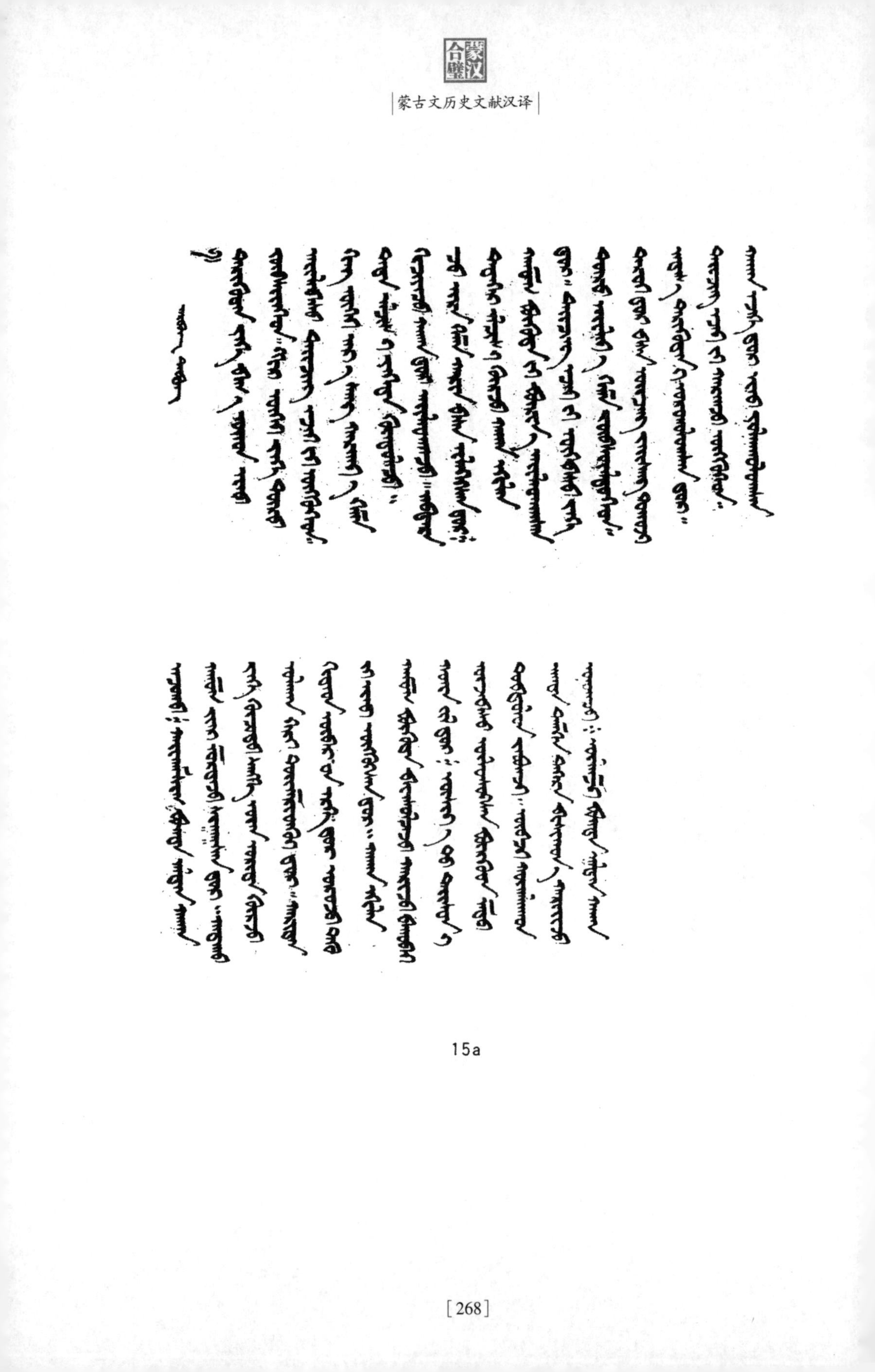

15a

[illegible]

[illegible]

15b

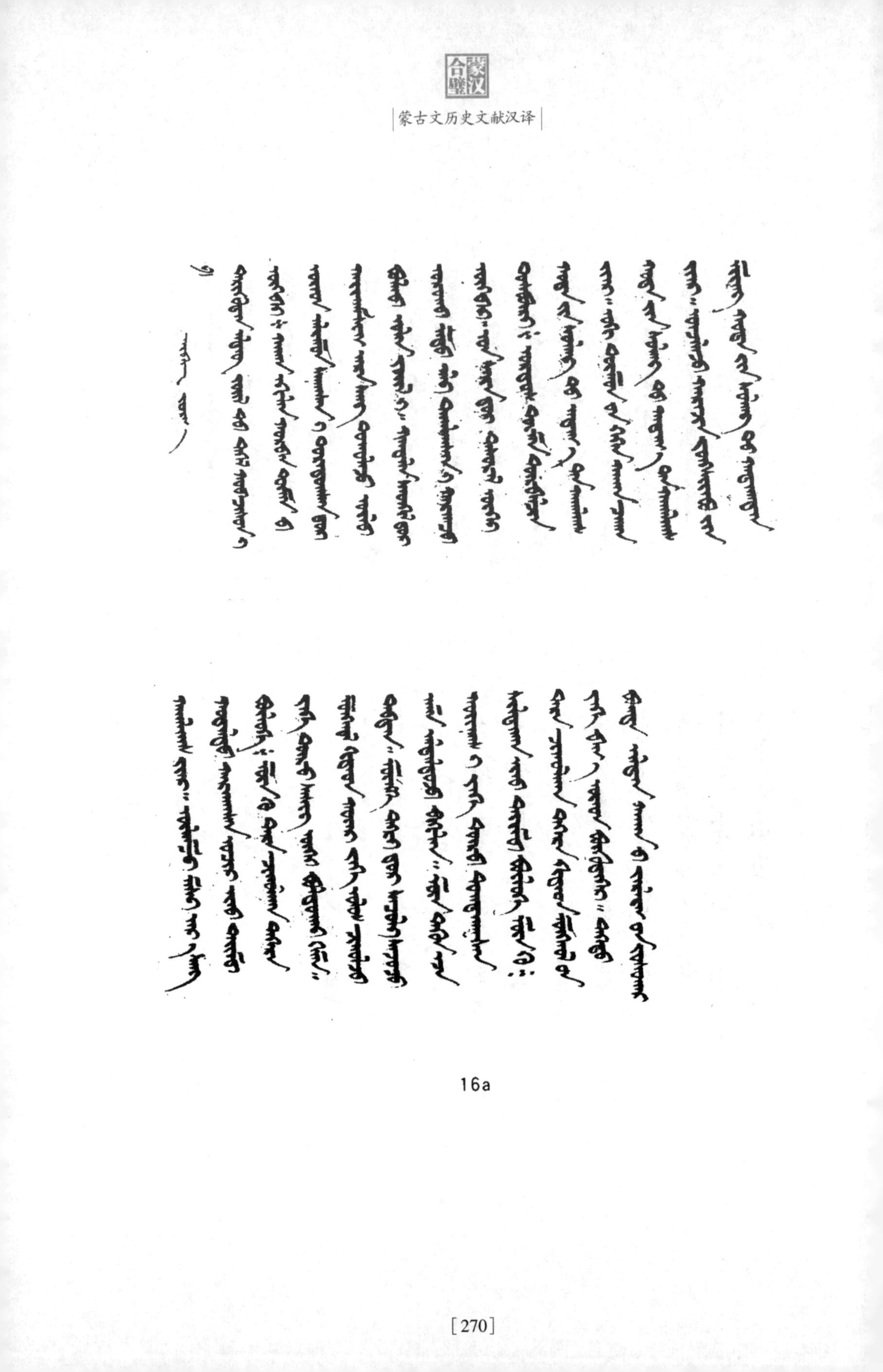

16a

16b

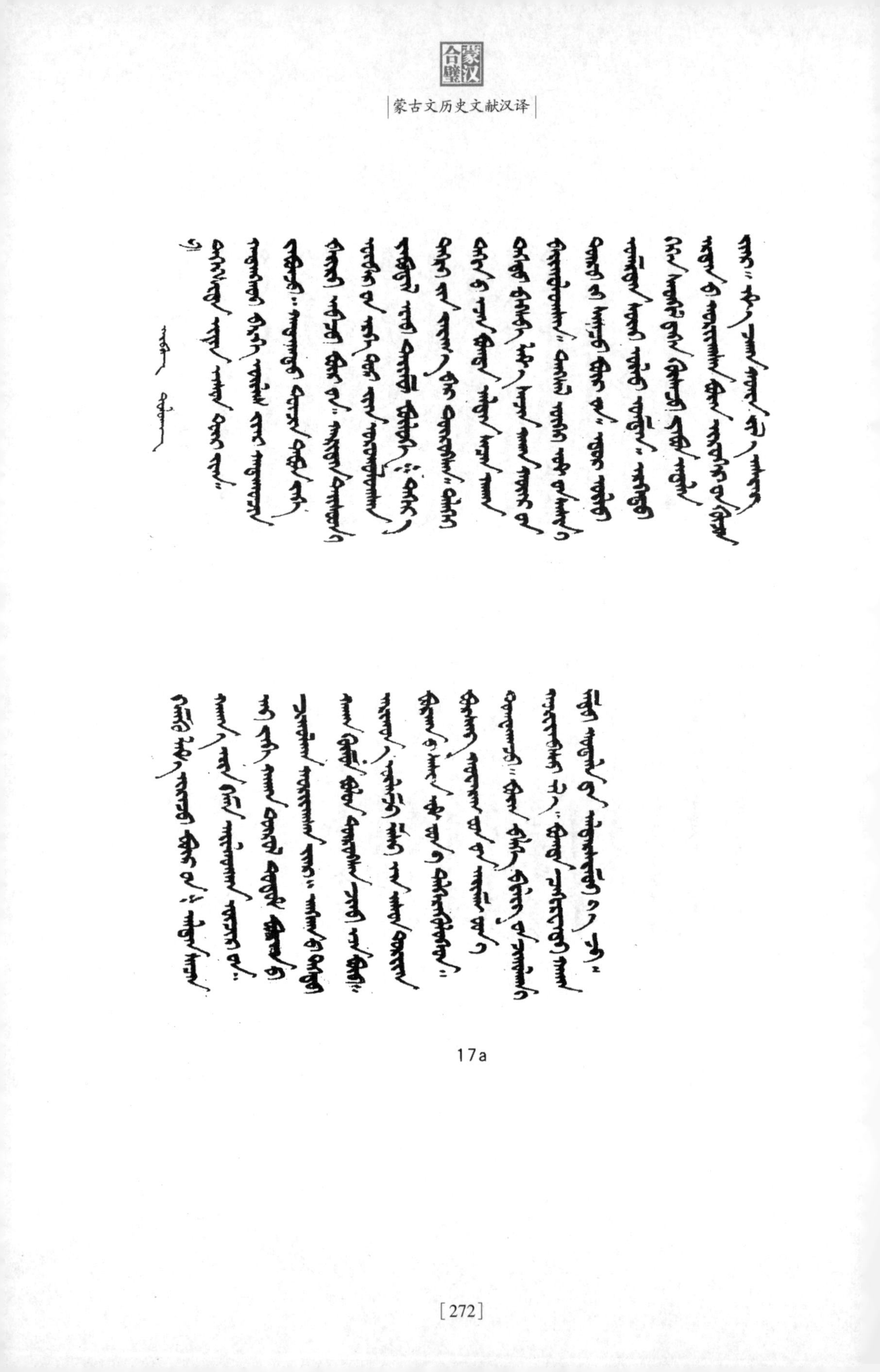

17a

17b

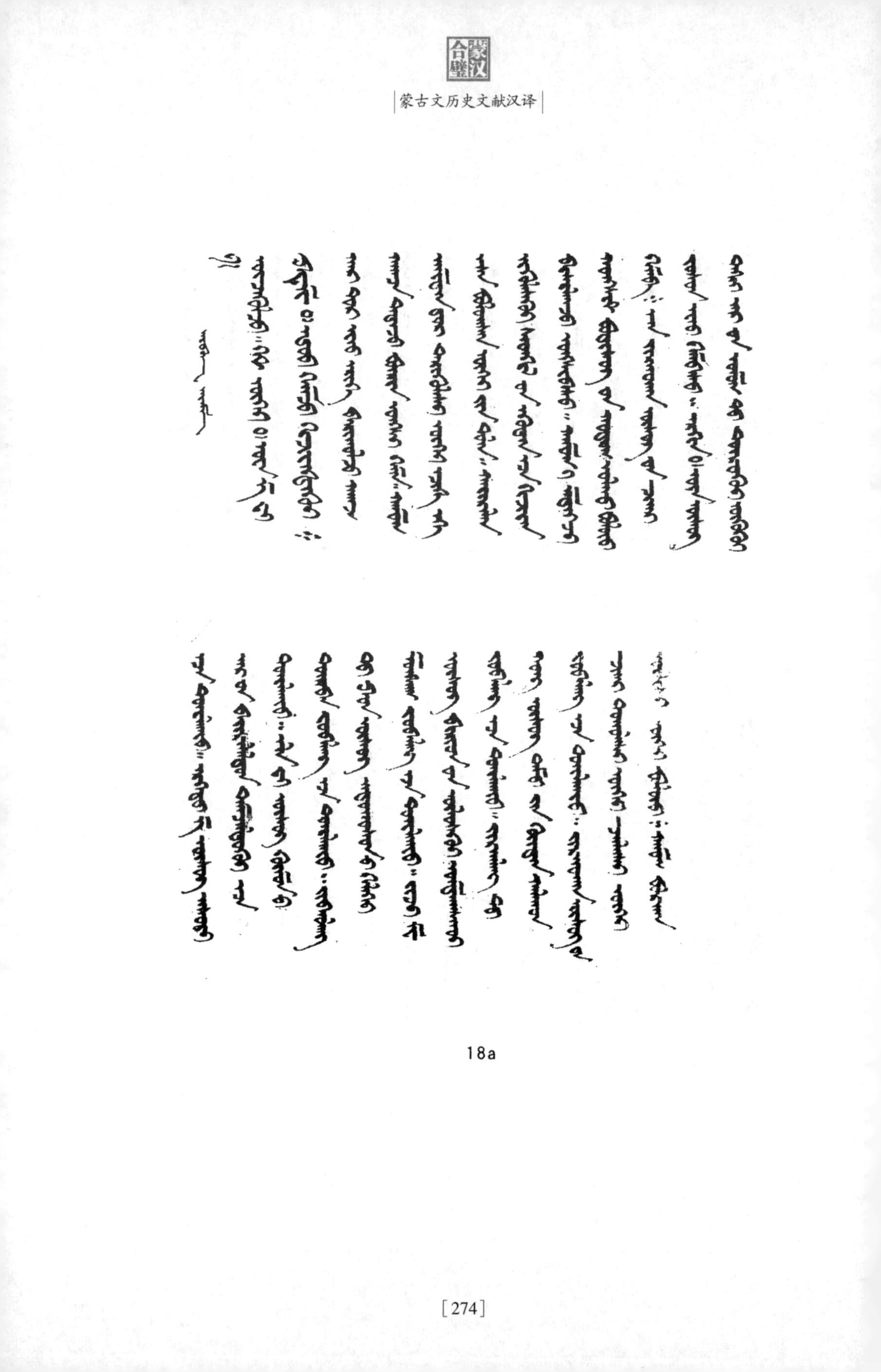

18a

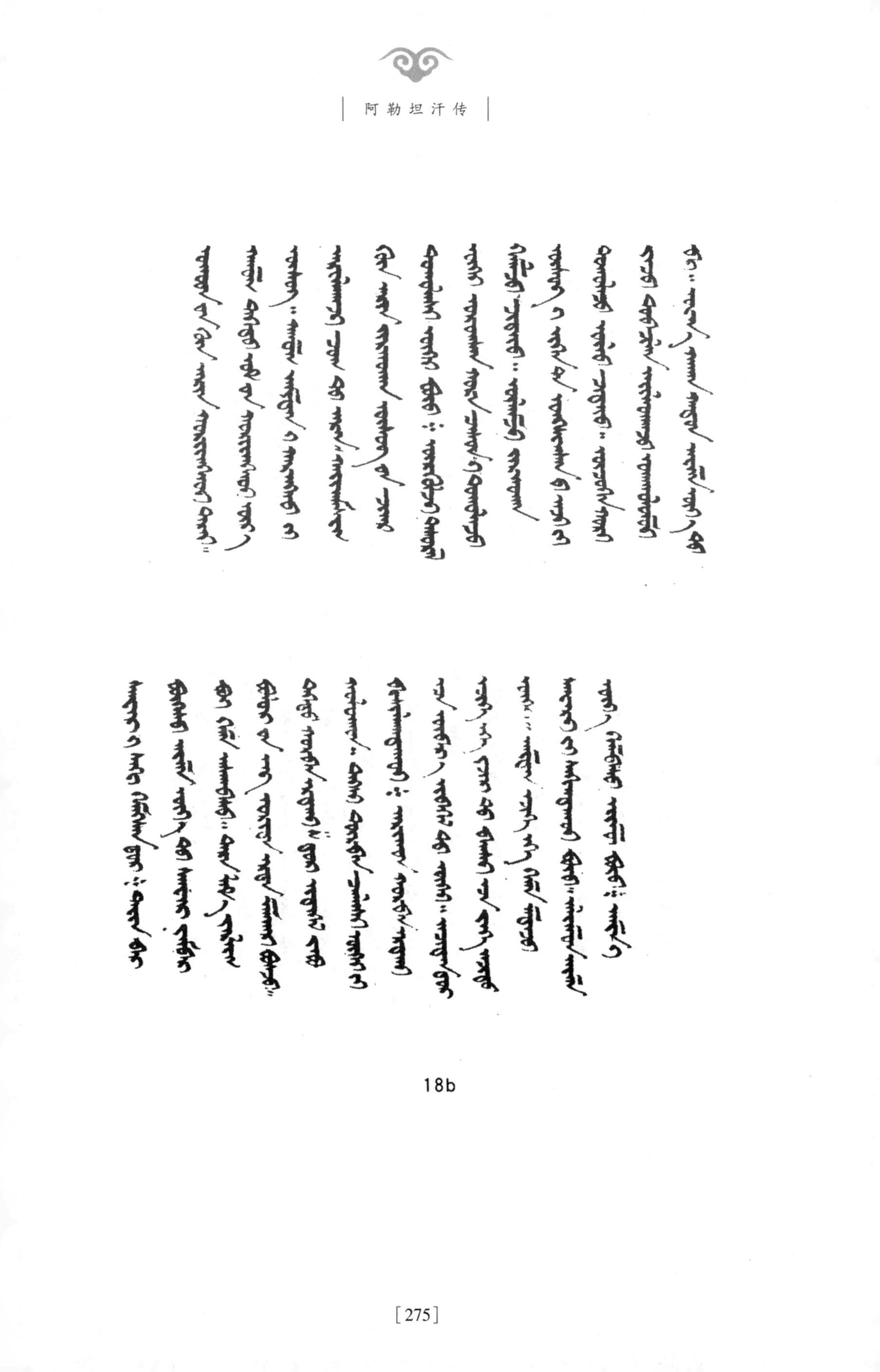

18b

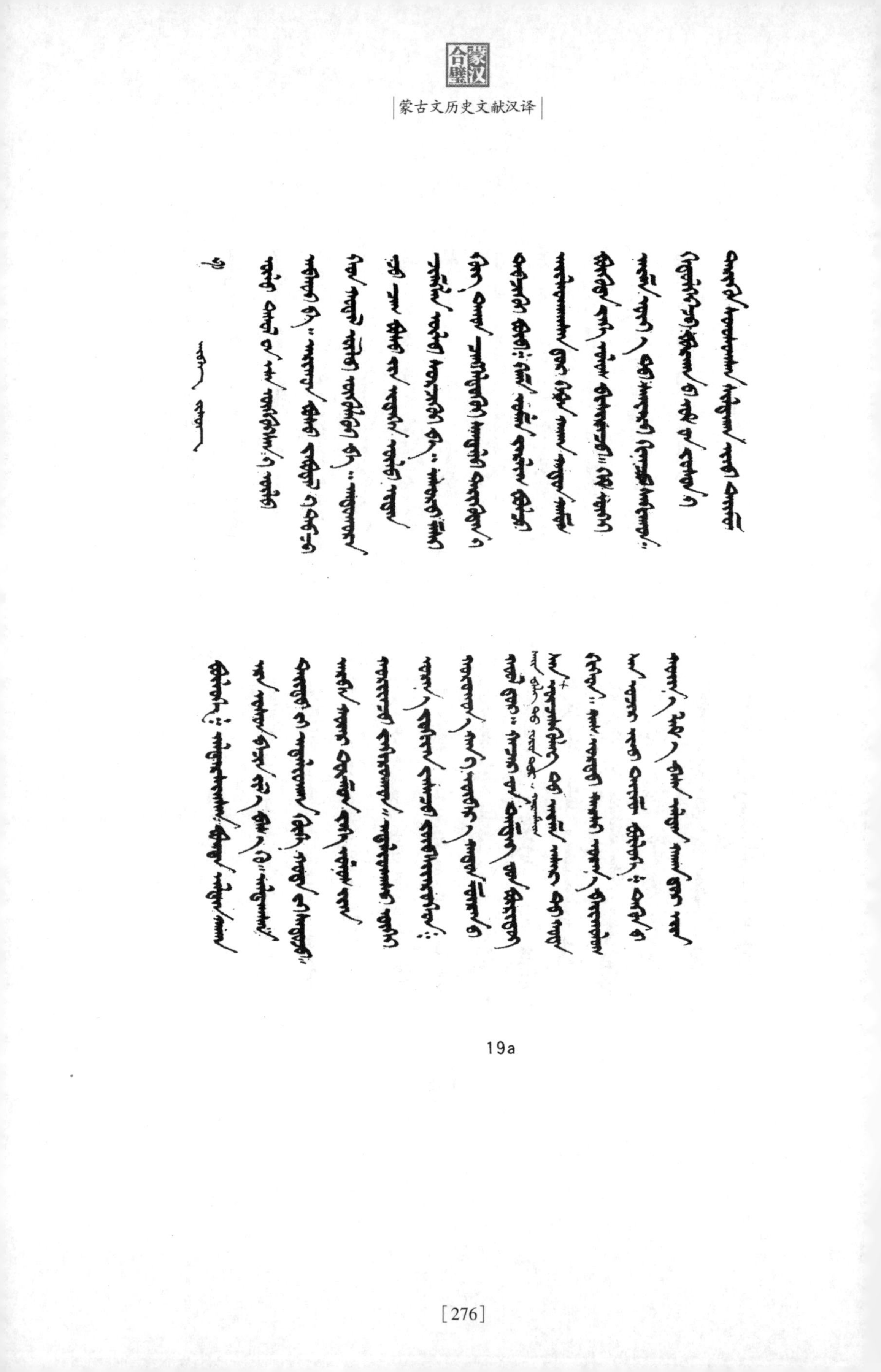

19a

19b

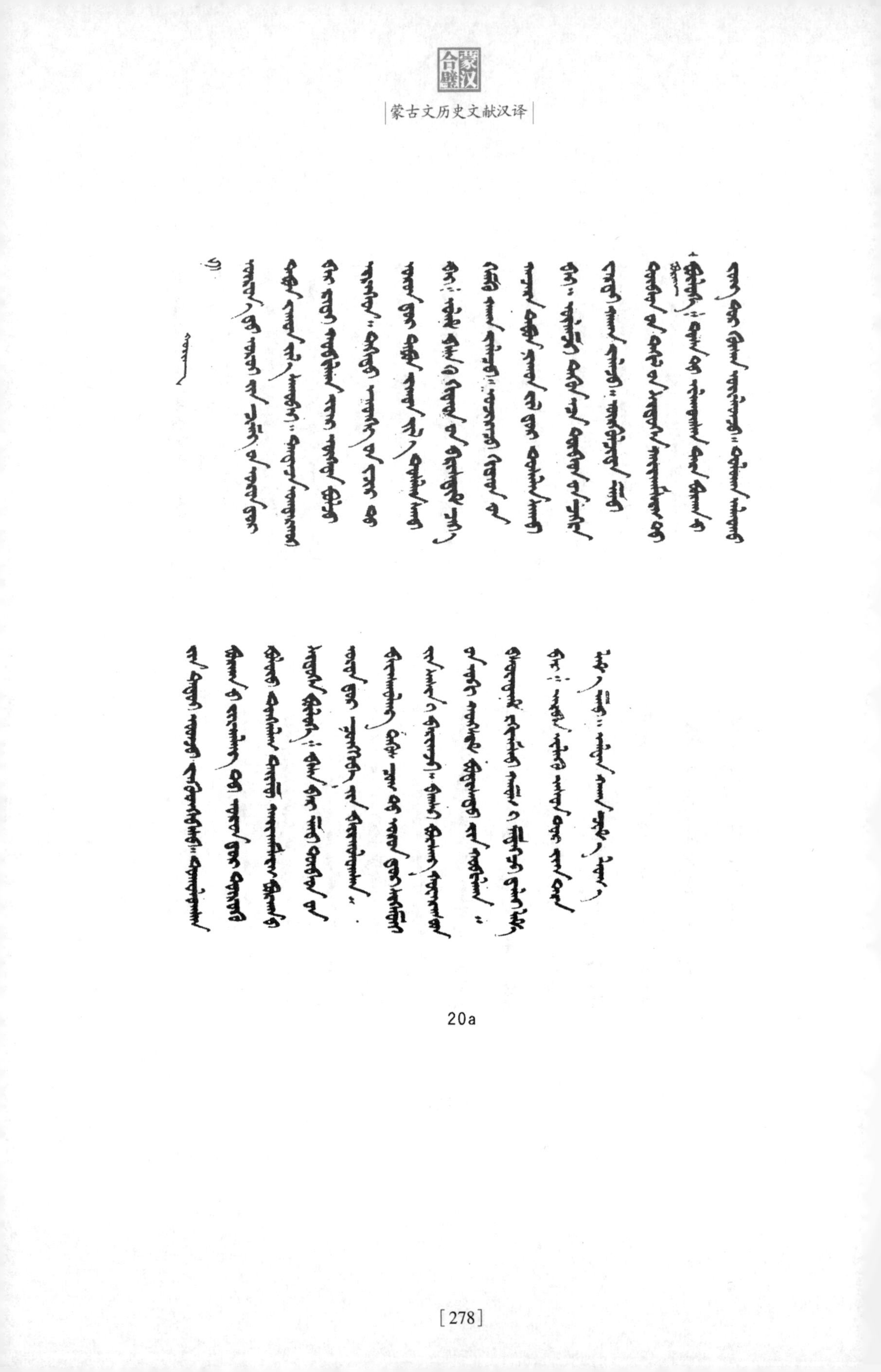

20a

20b

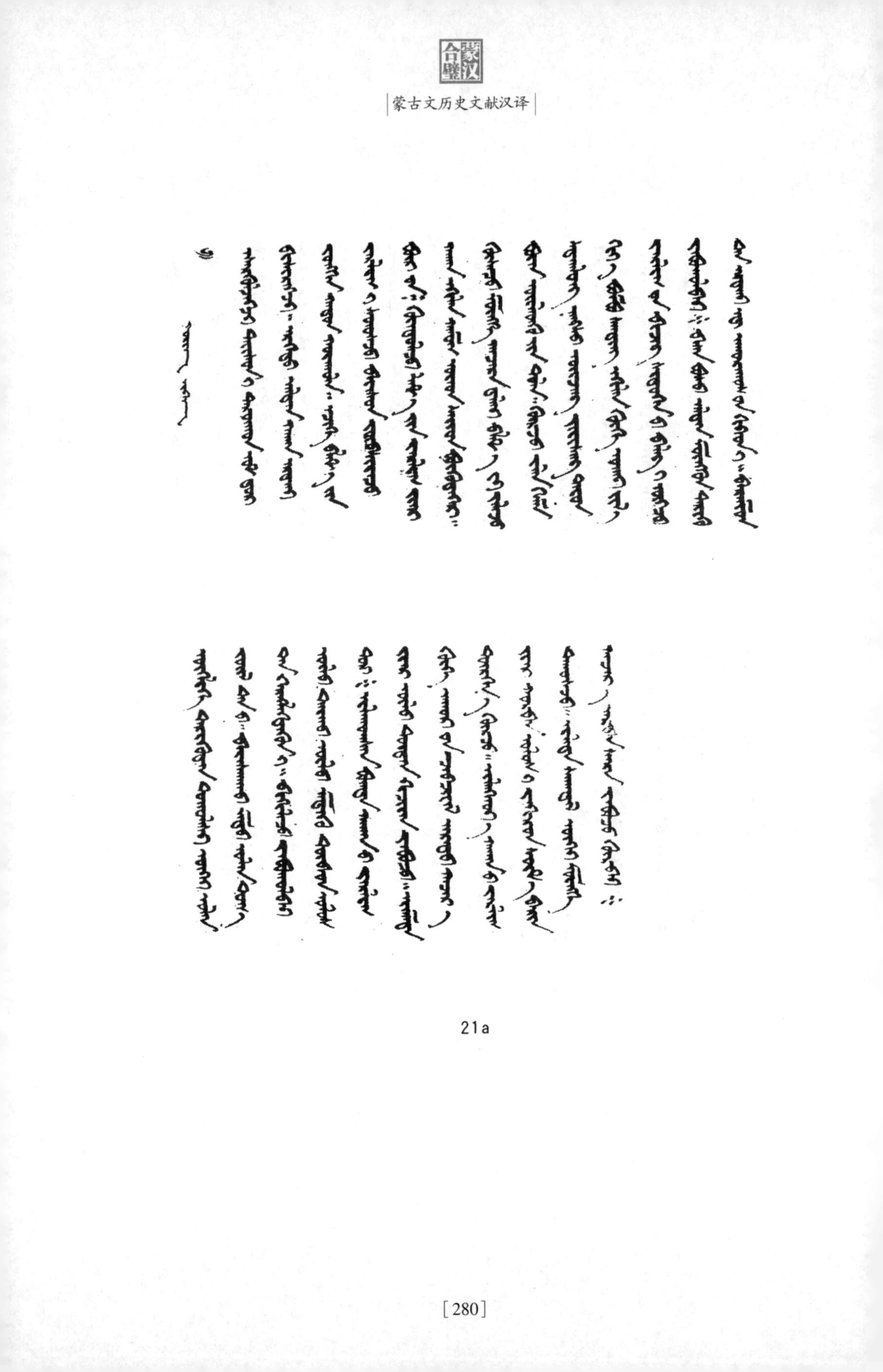

21a

21b

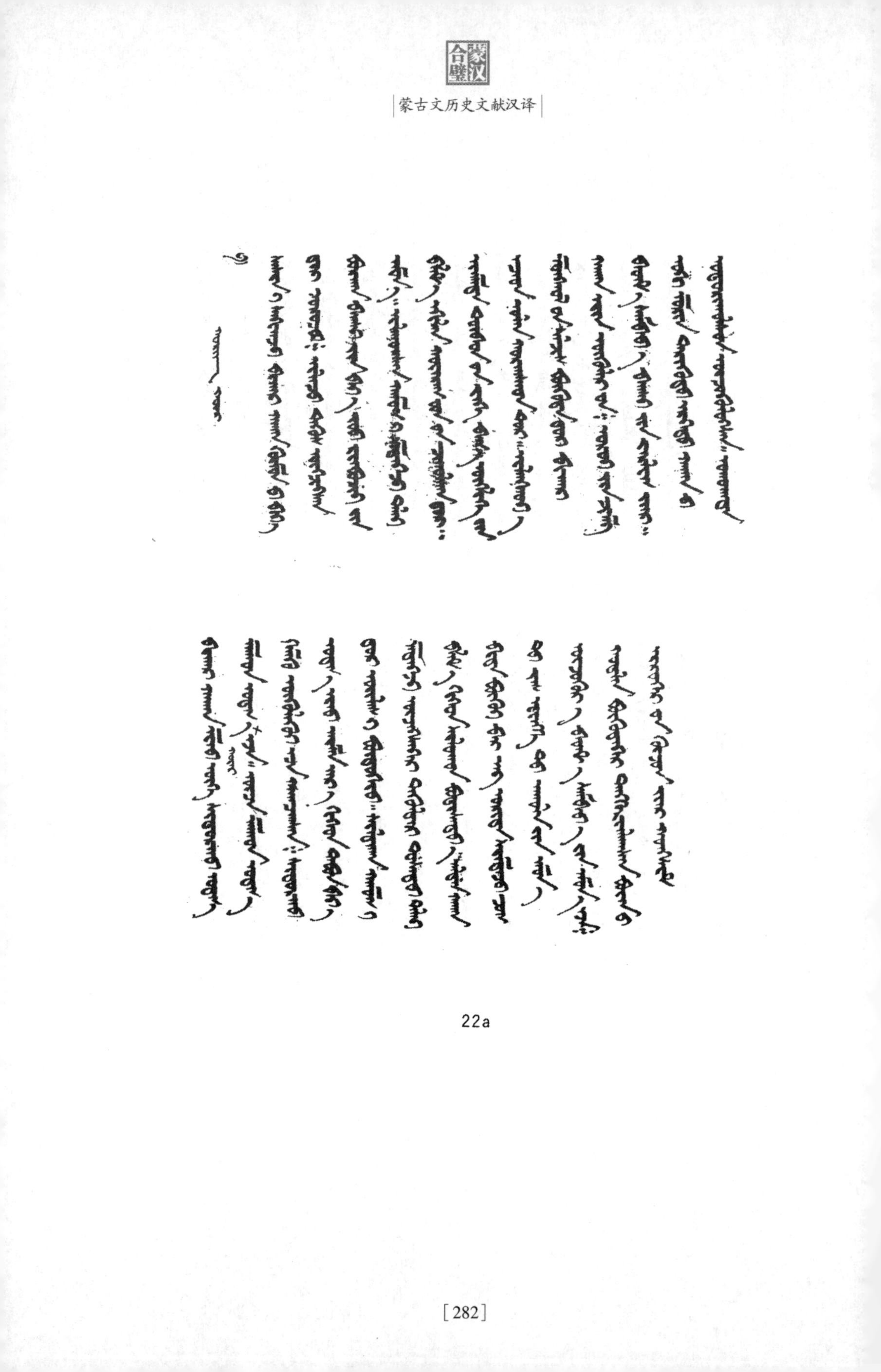

22a

22b

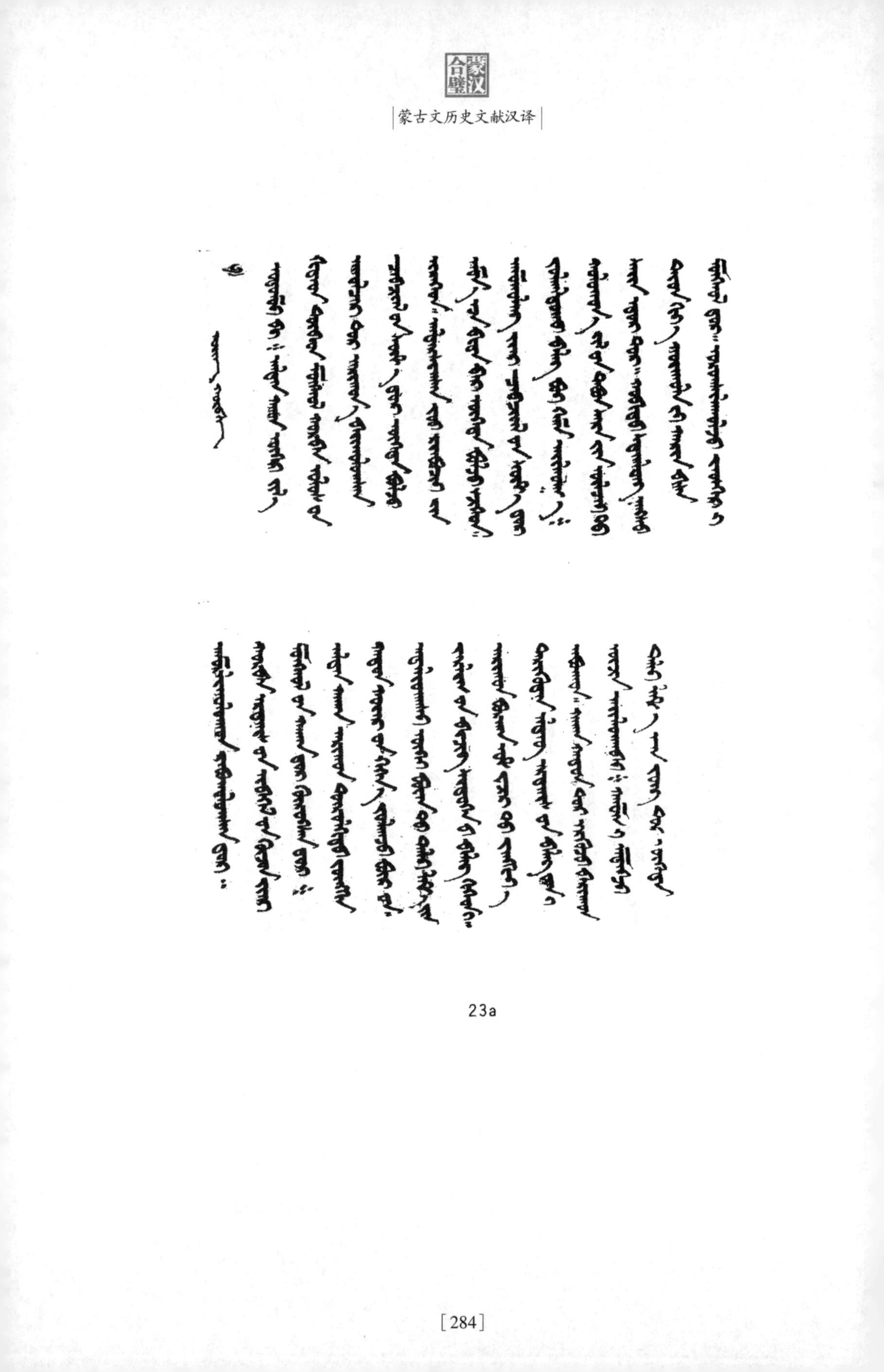

23a

23b

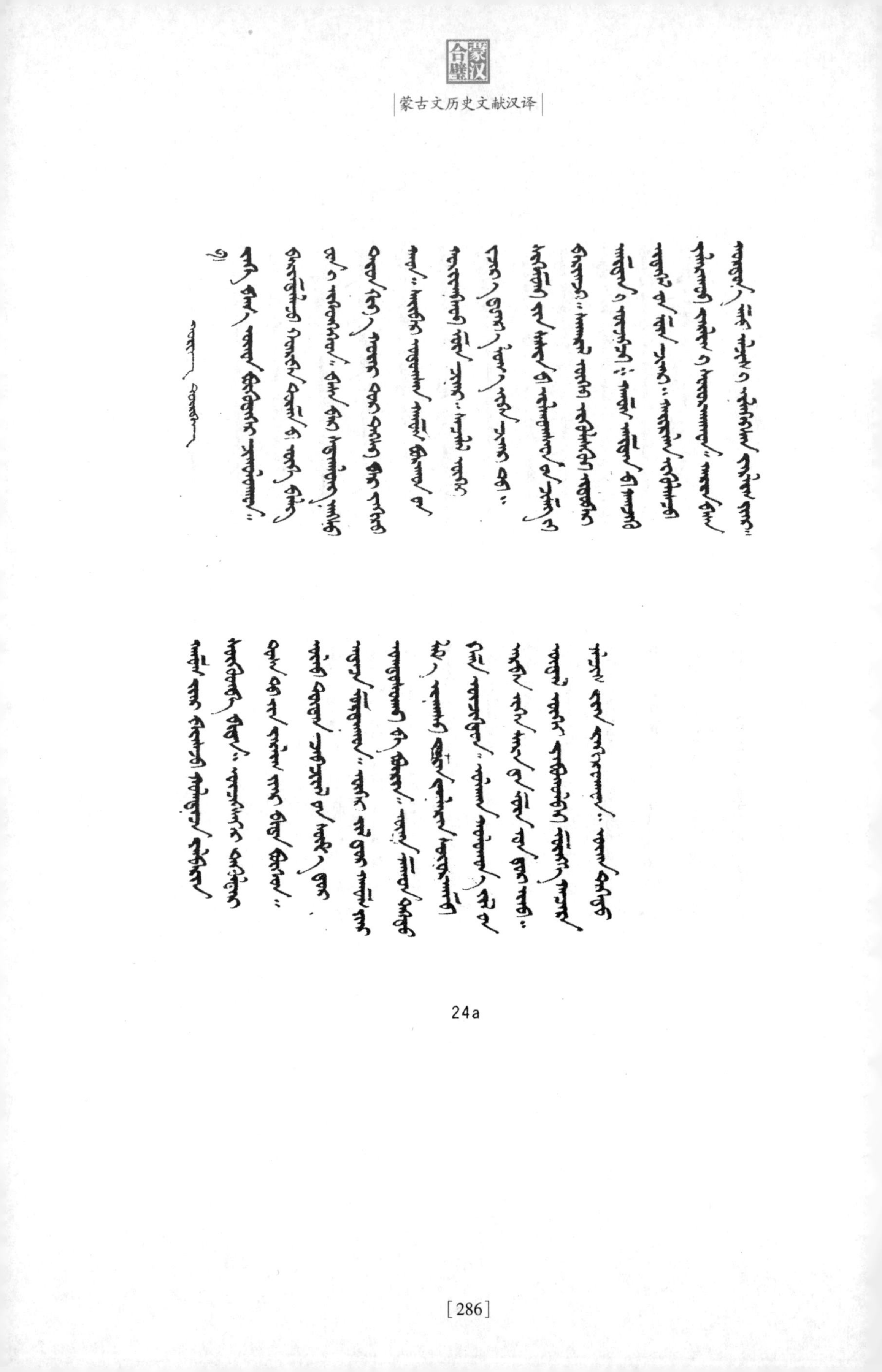

24a

24b

25a

25b

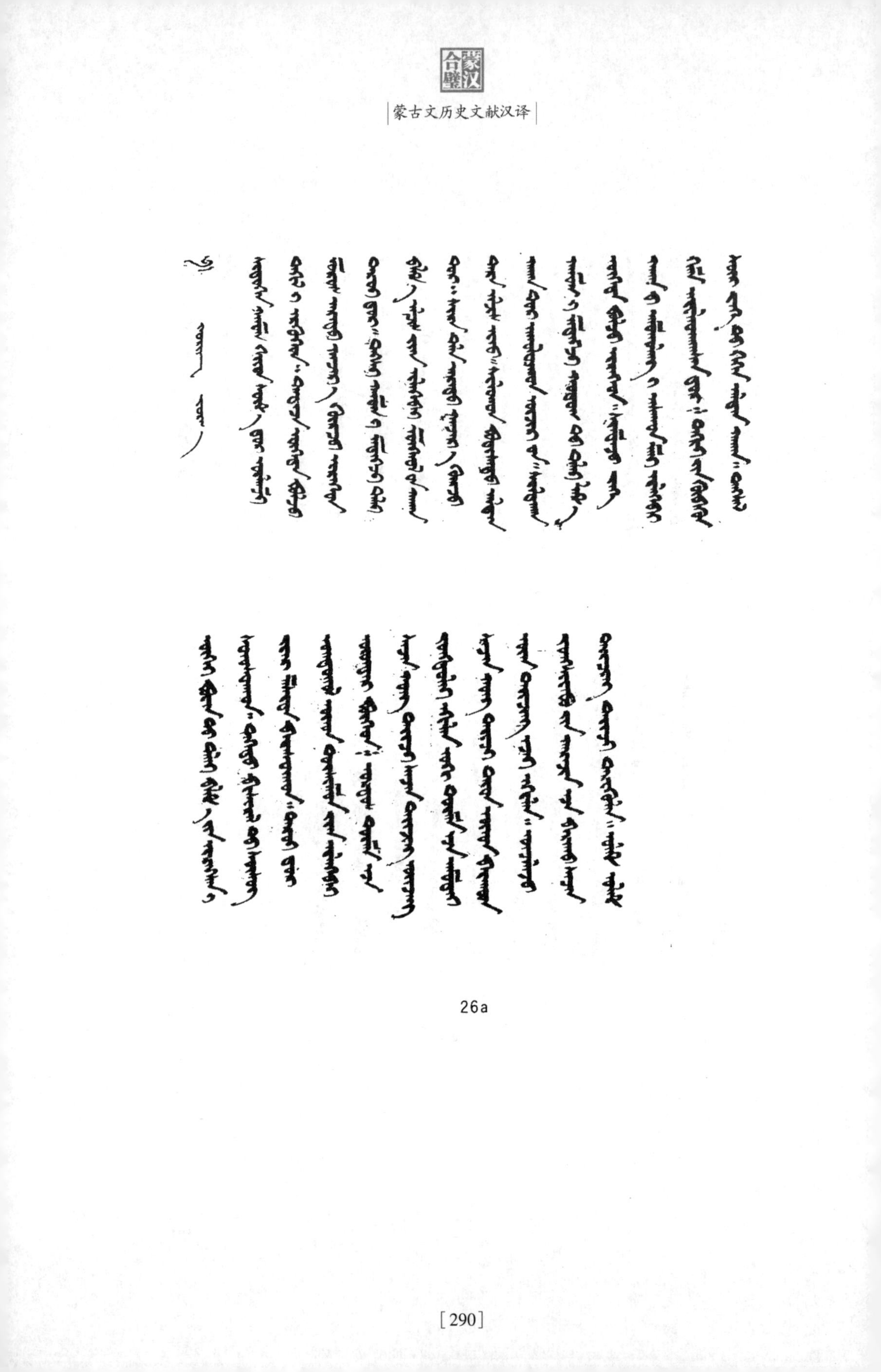

26a

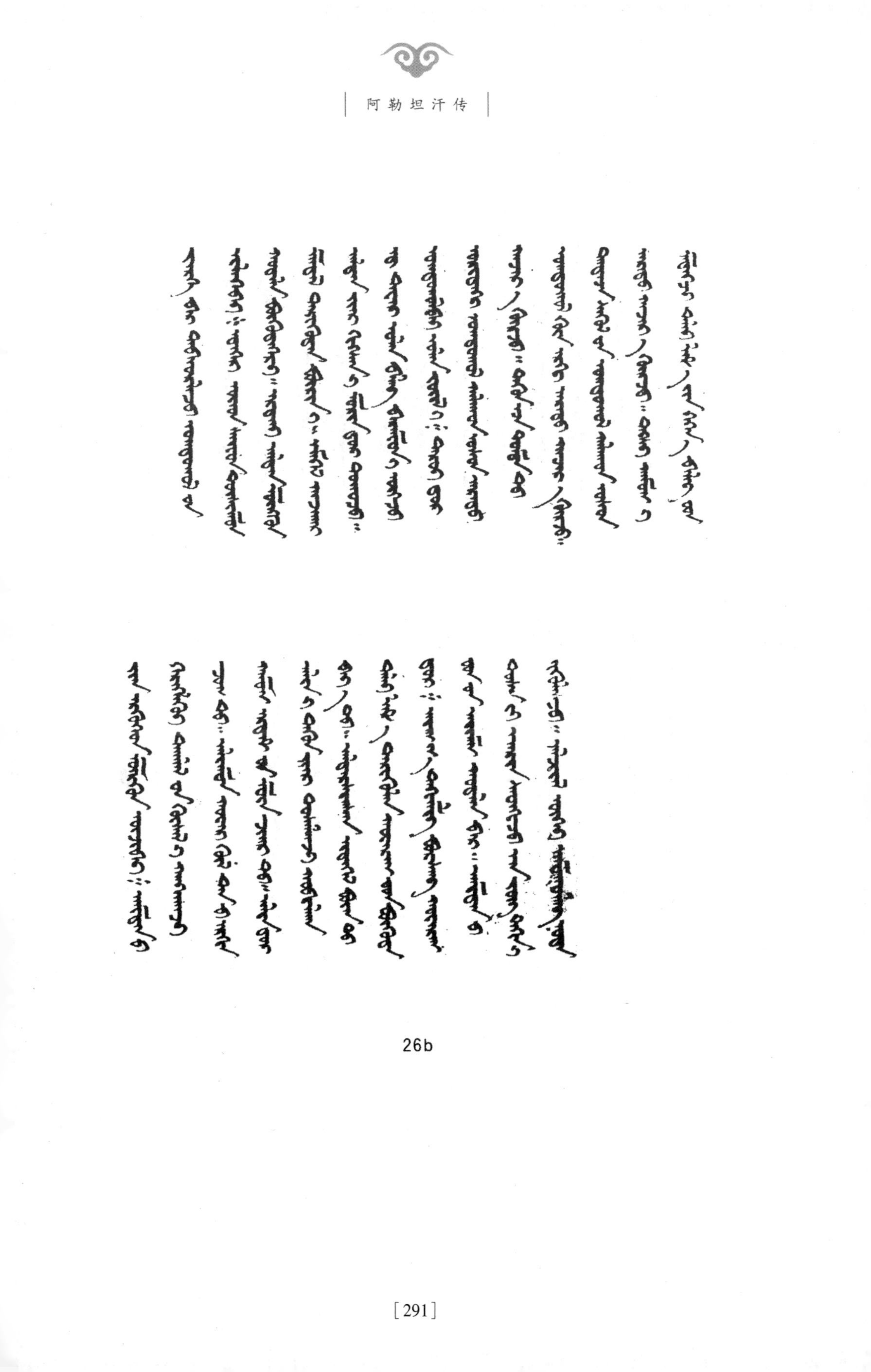

26b

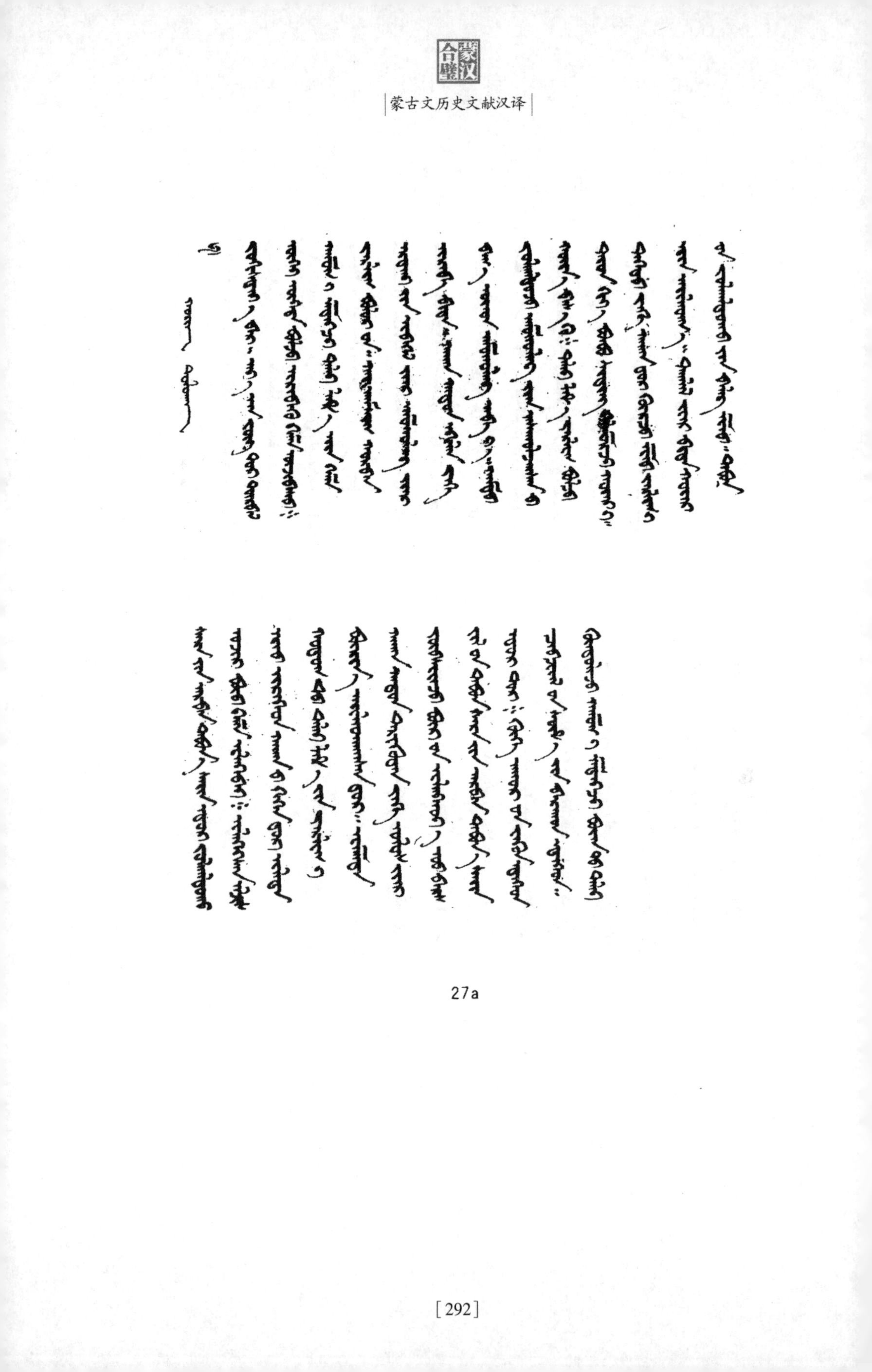

27a

27b

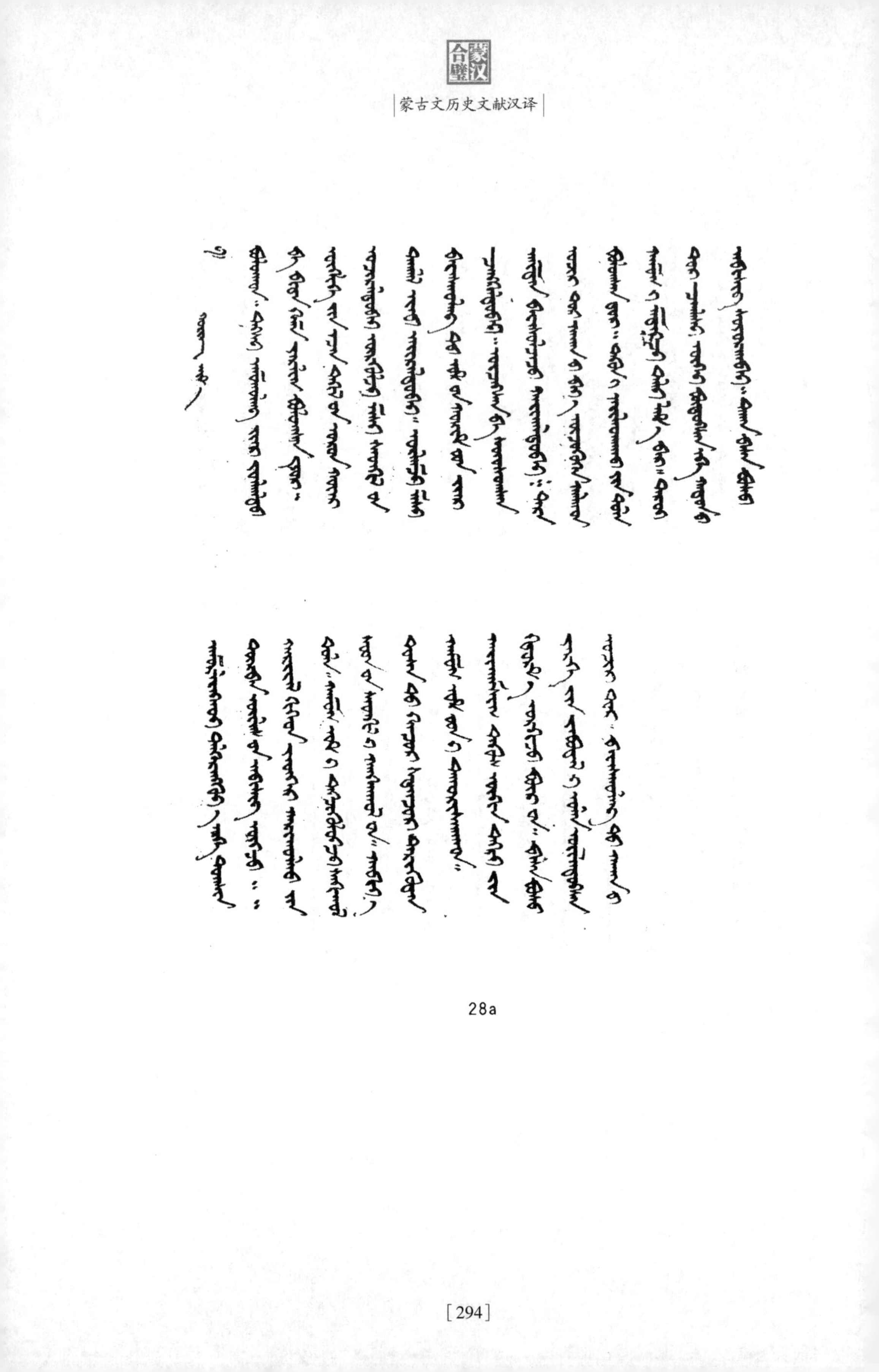

28a

28b

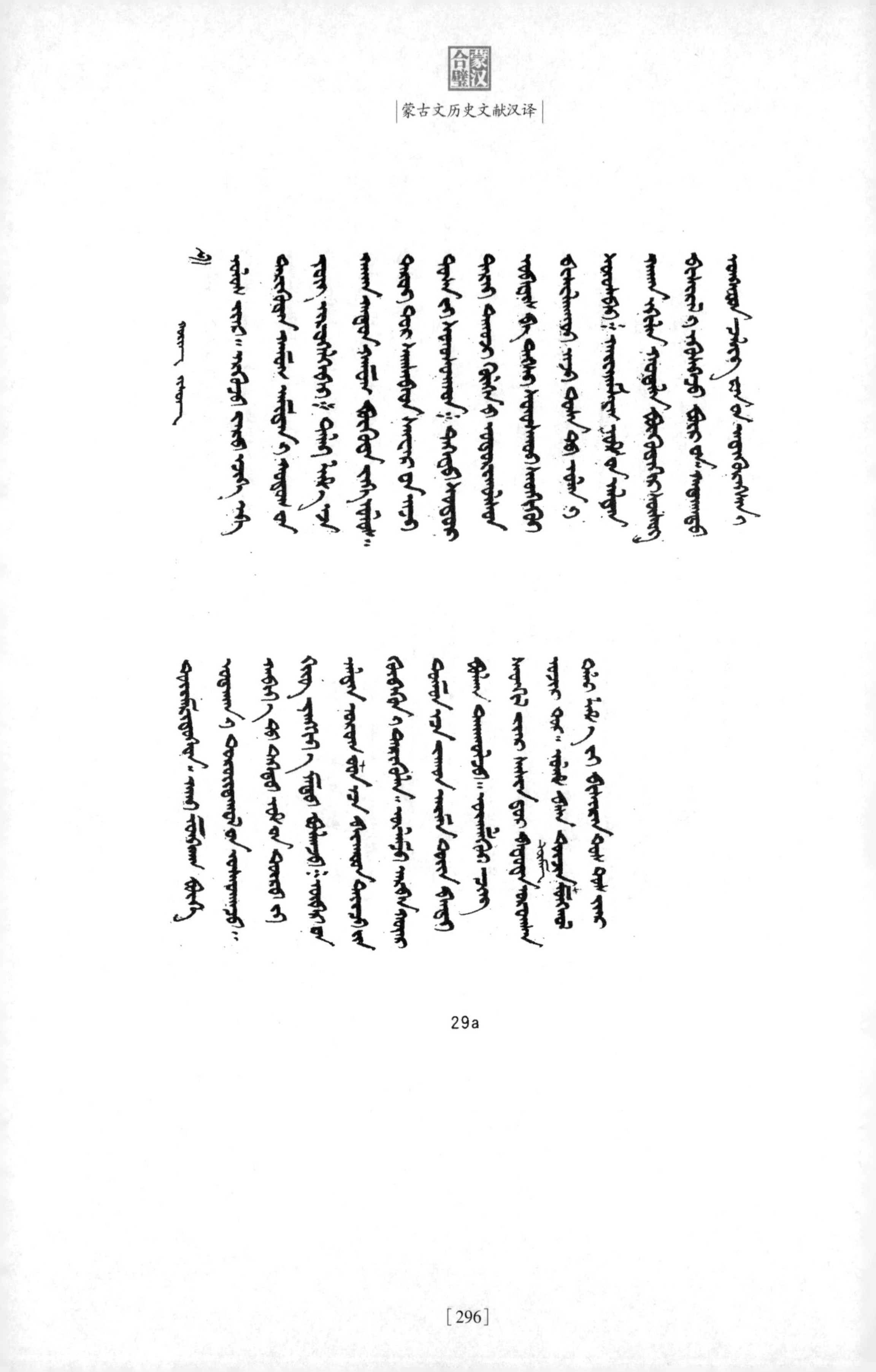

29a

29b

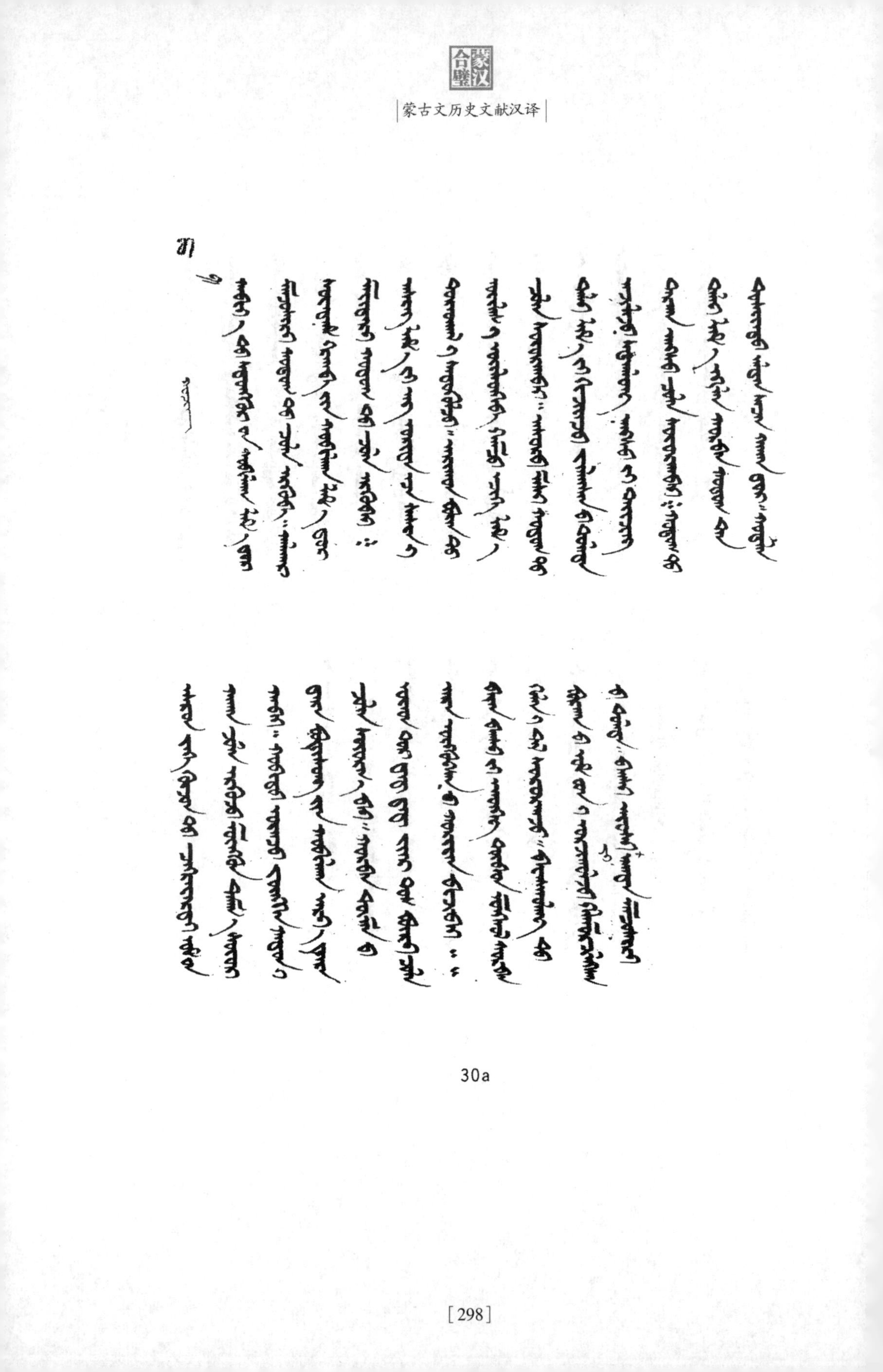

30a

30b

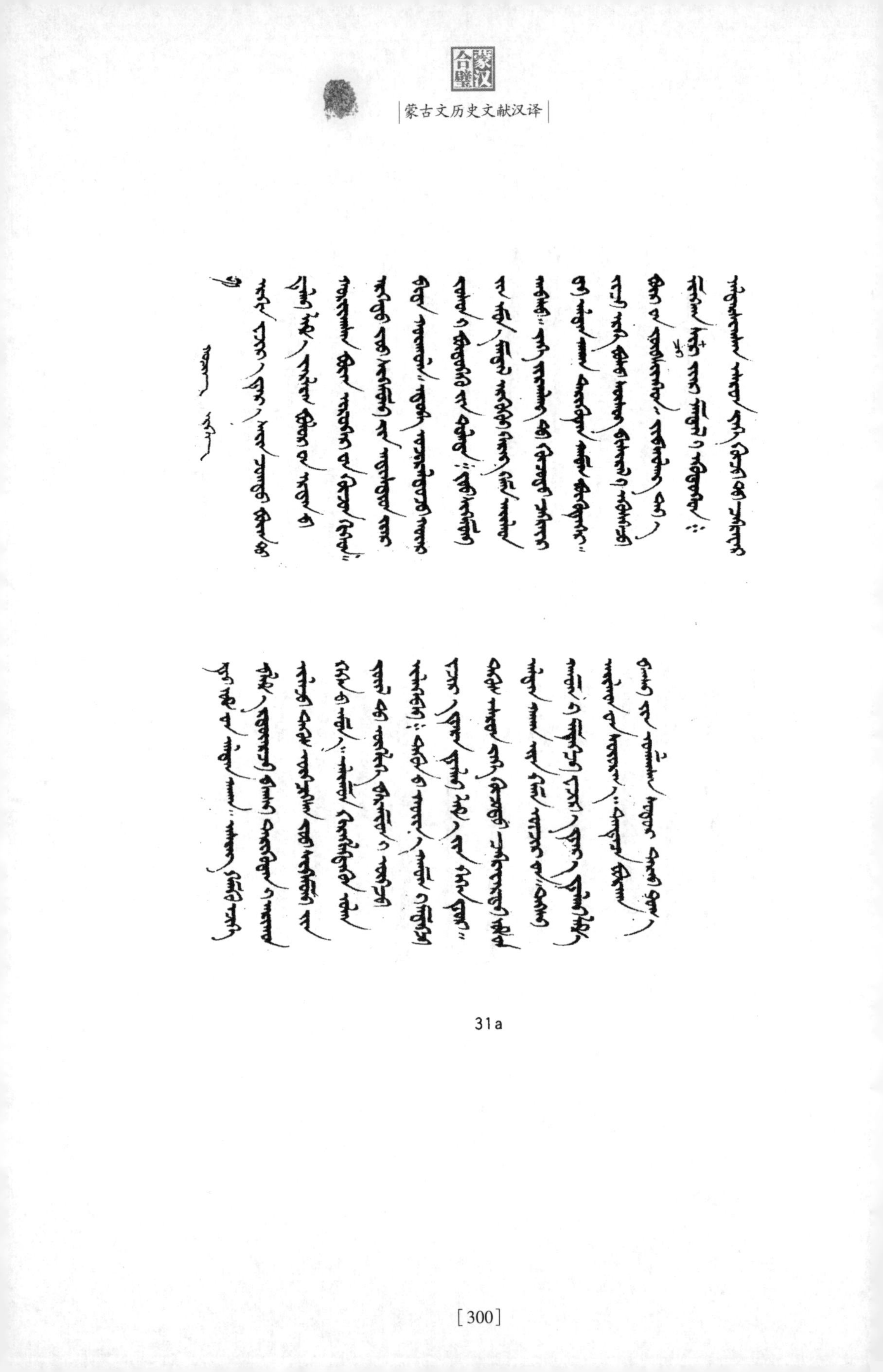

31a

31b

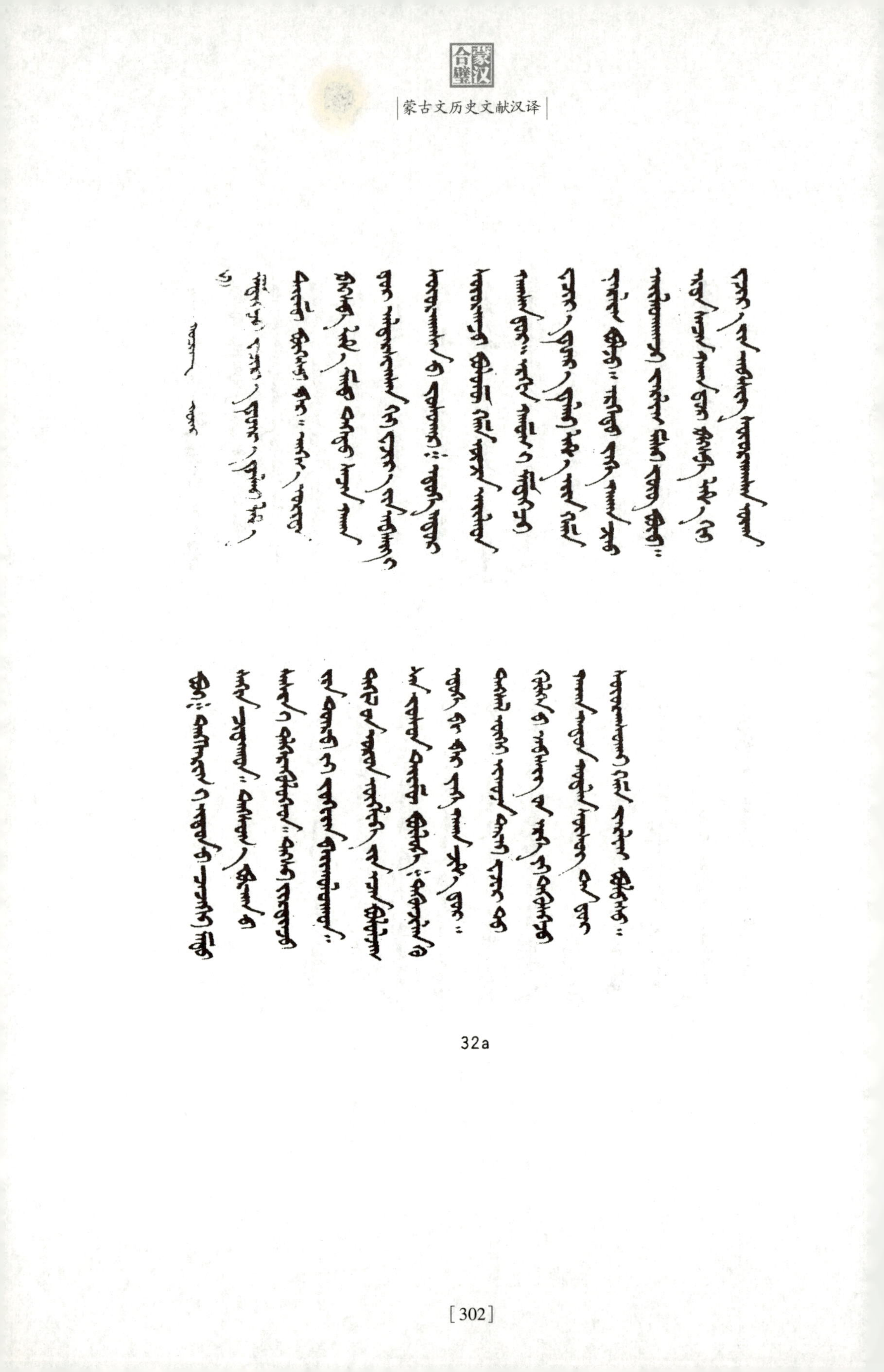

32a

32b

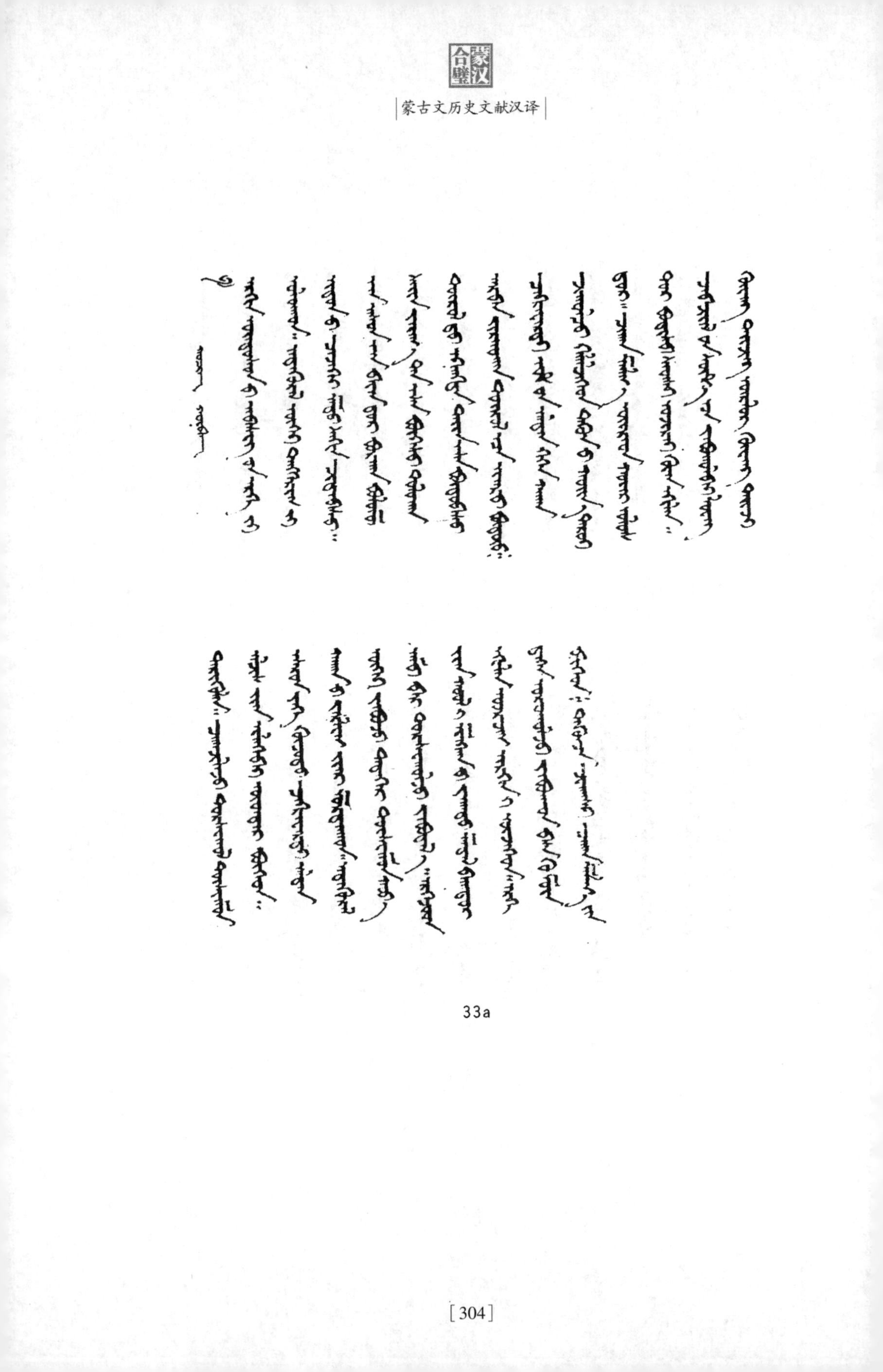

33a

33b

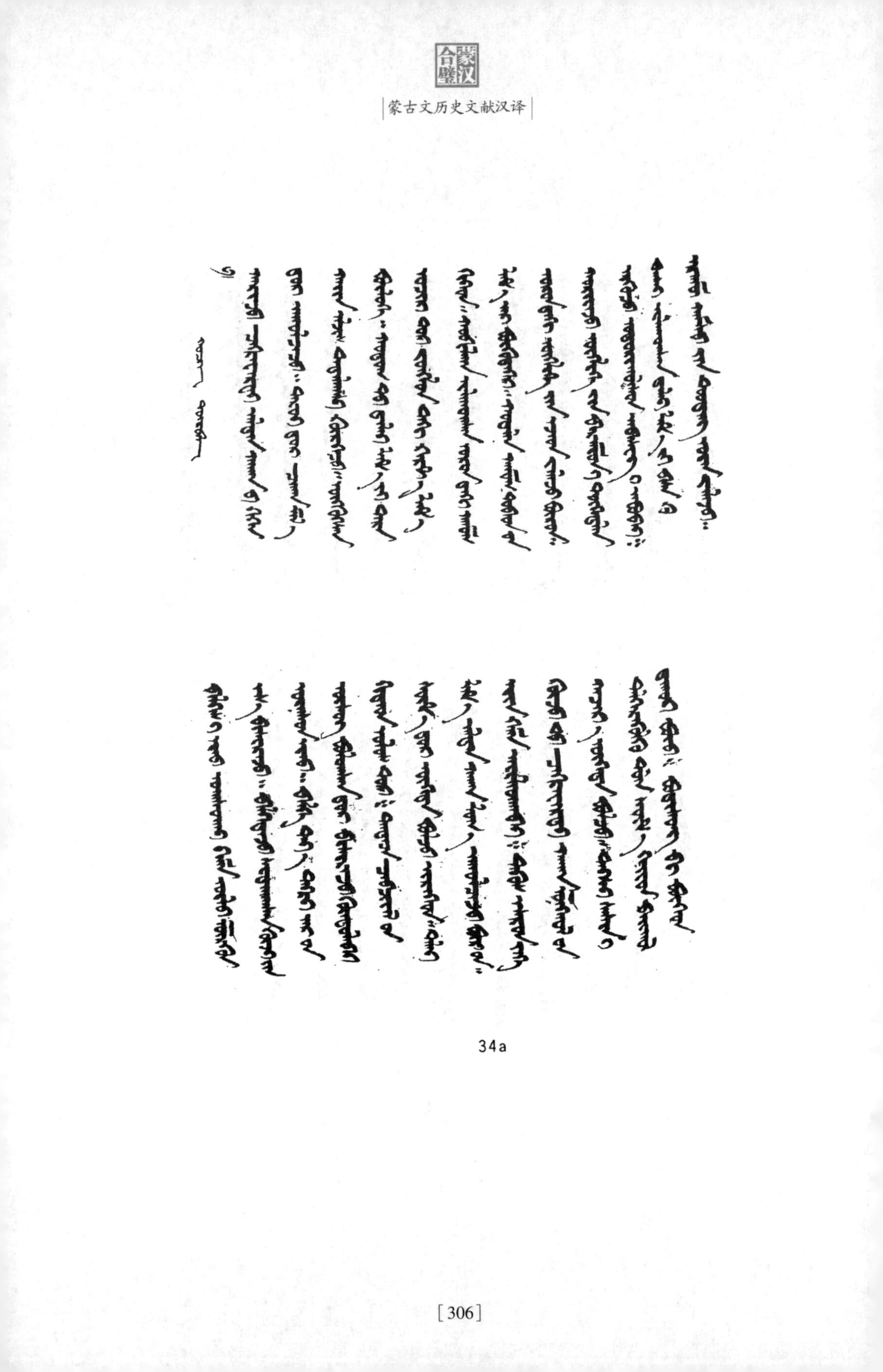

34a

34b

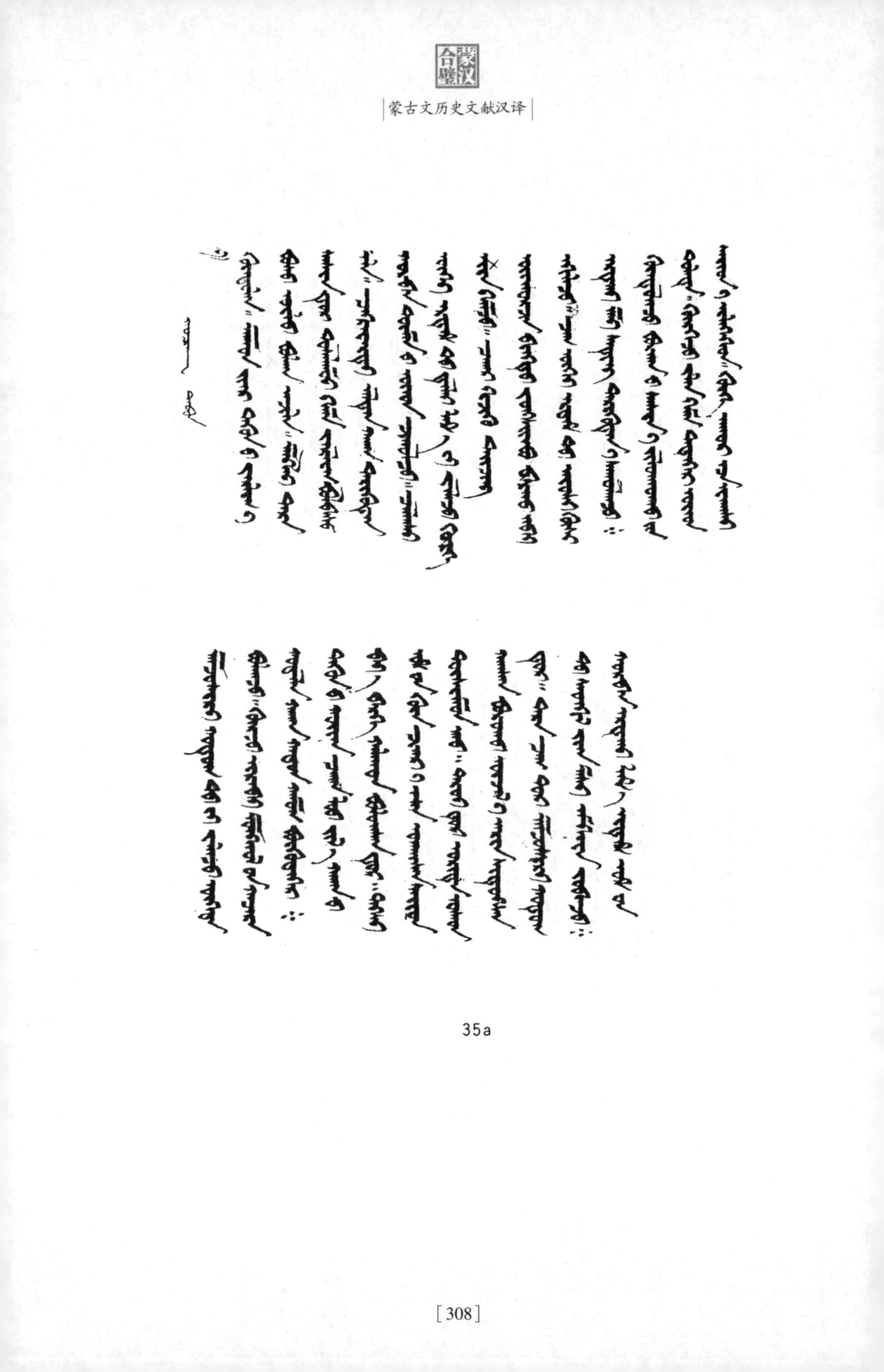

35a

35b

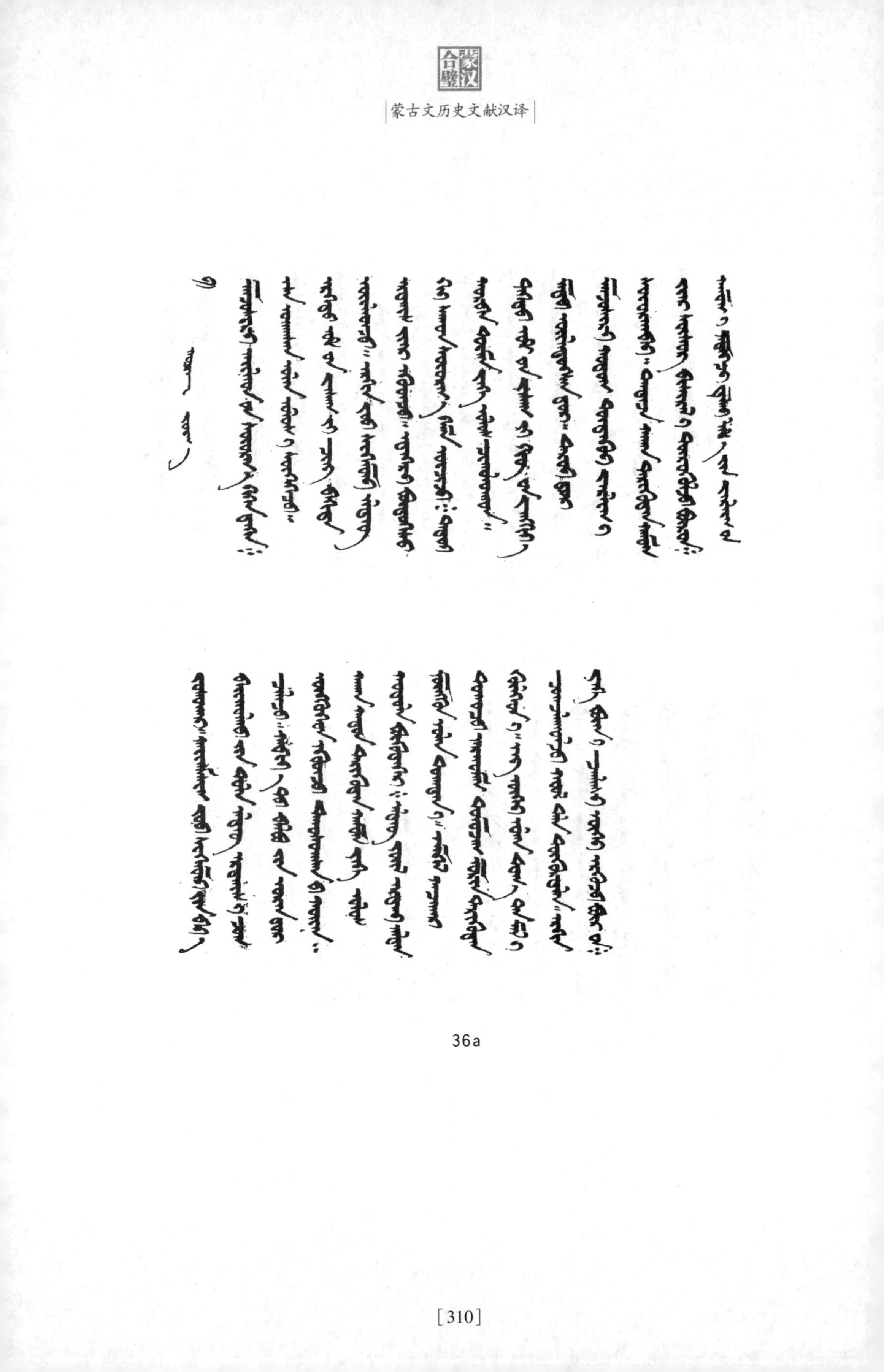

36a

36b

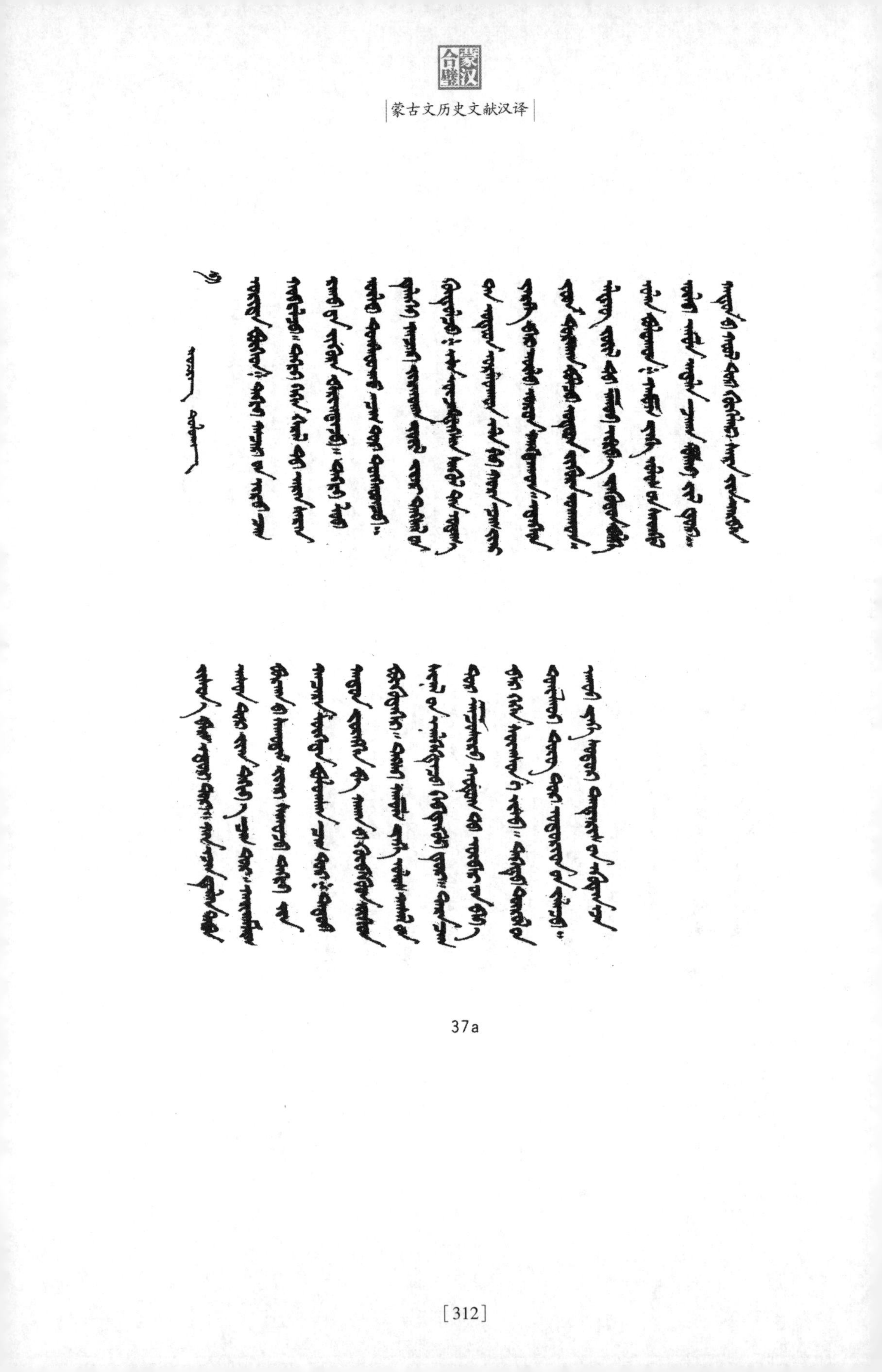

37a

37b

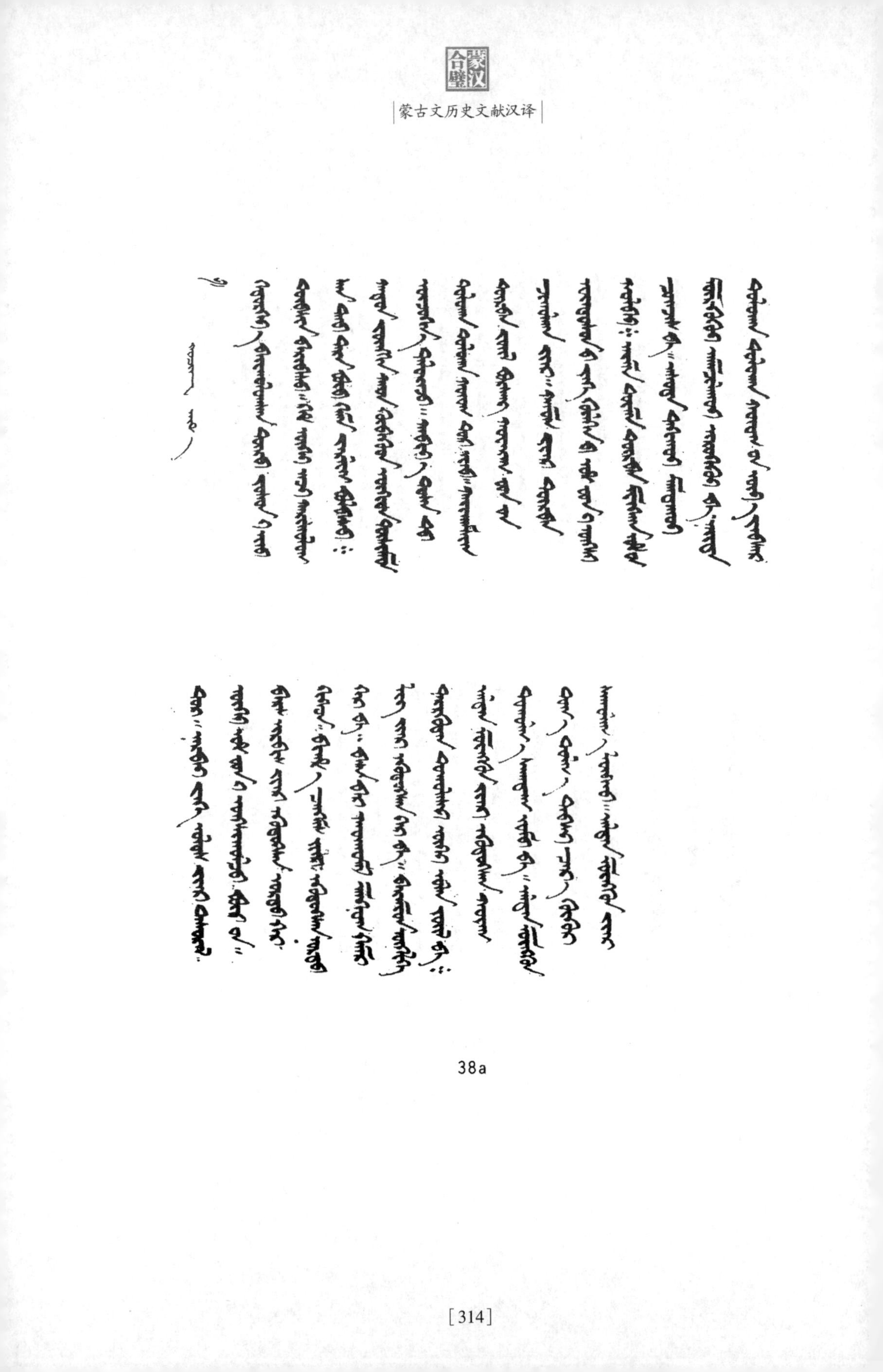

38a

38b

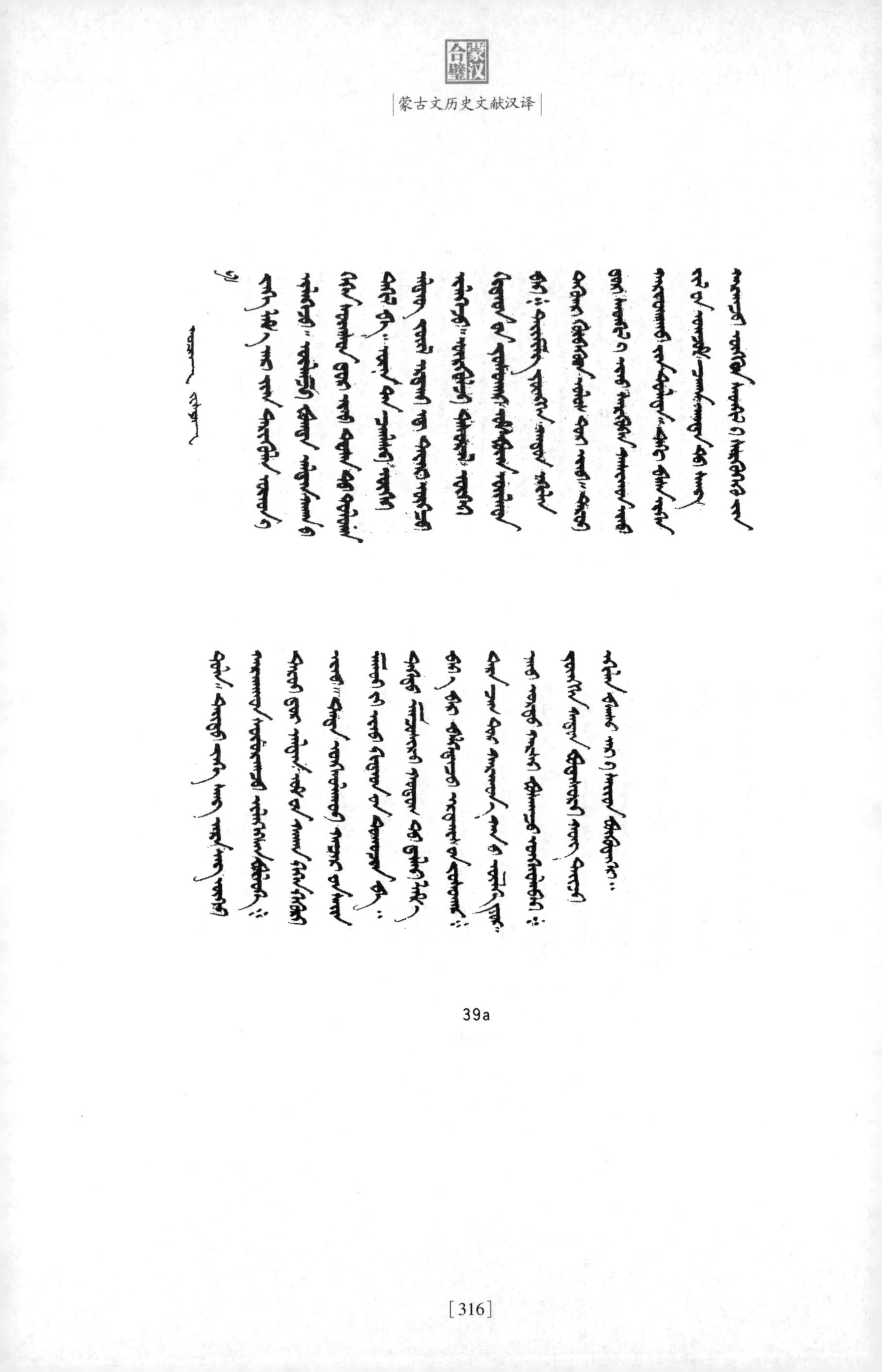

39a

39b

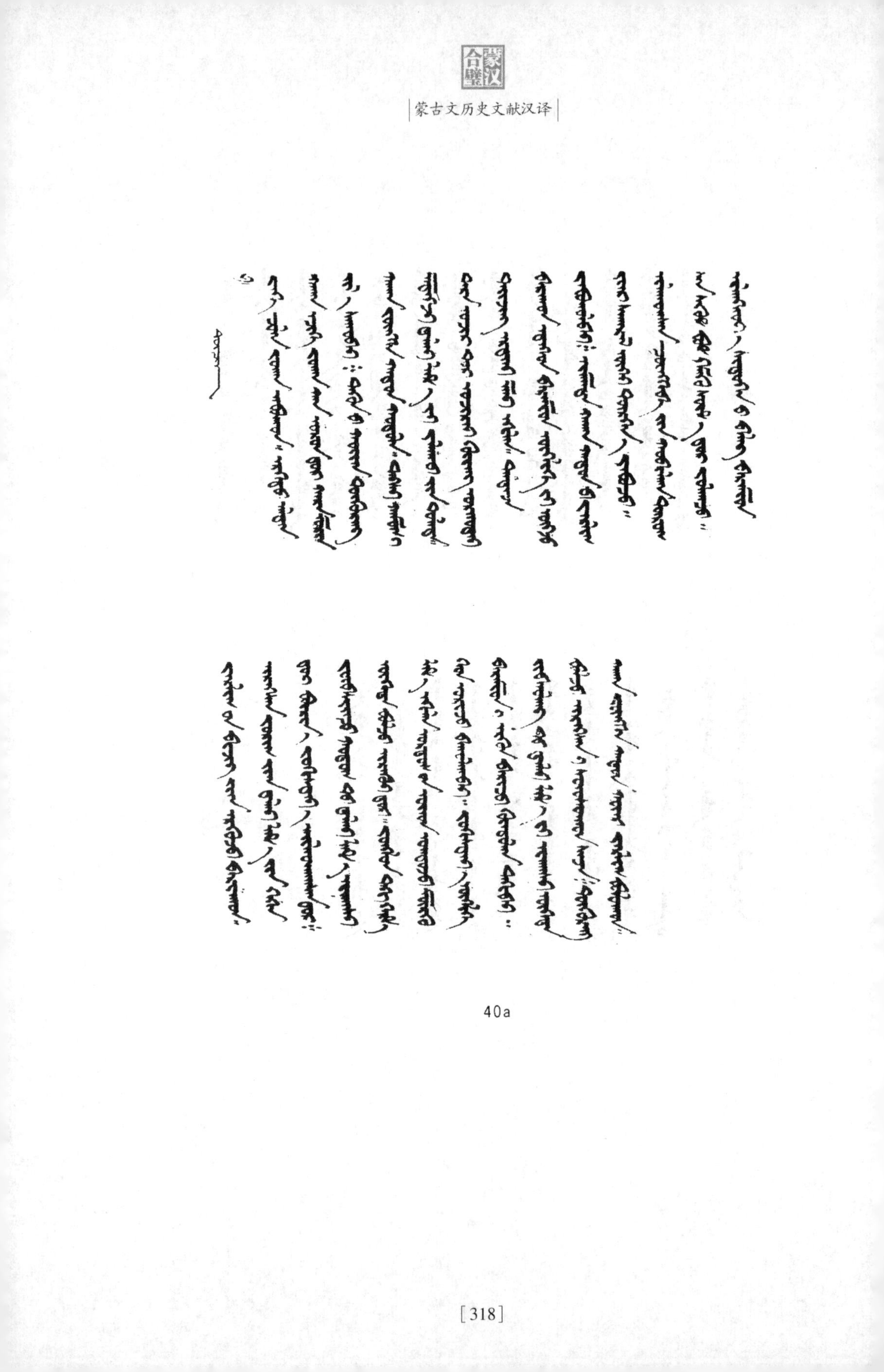

[illegible]

40a

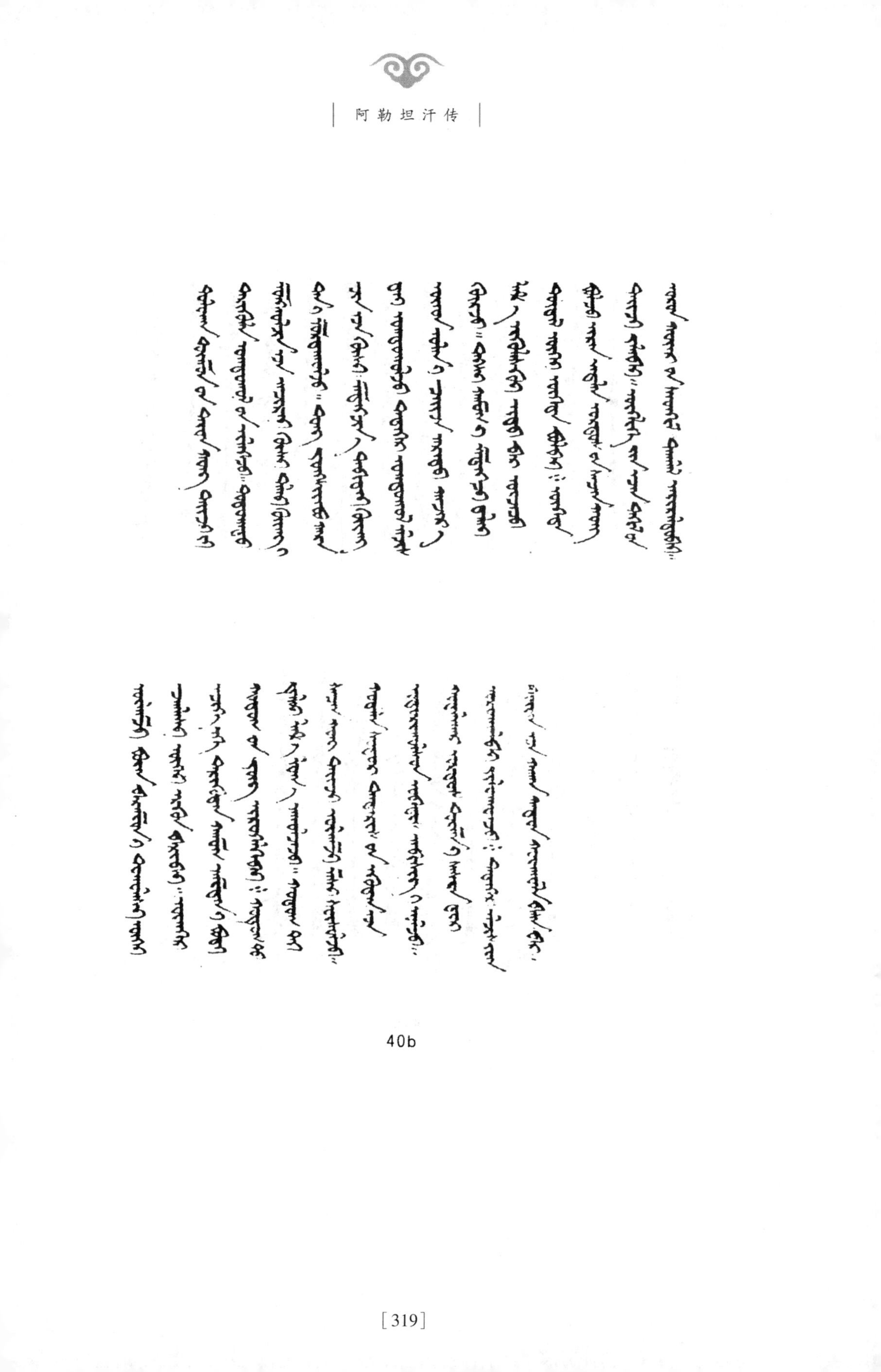

40b

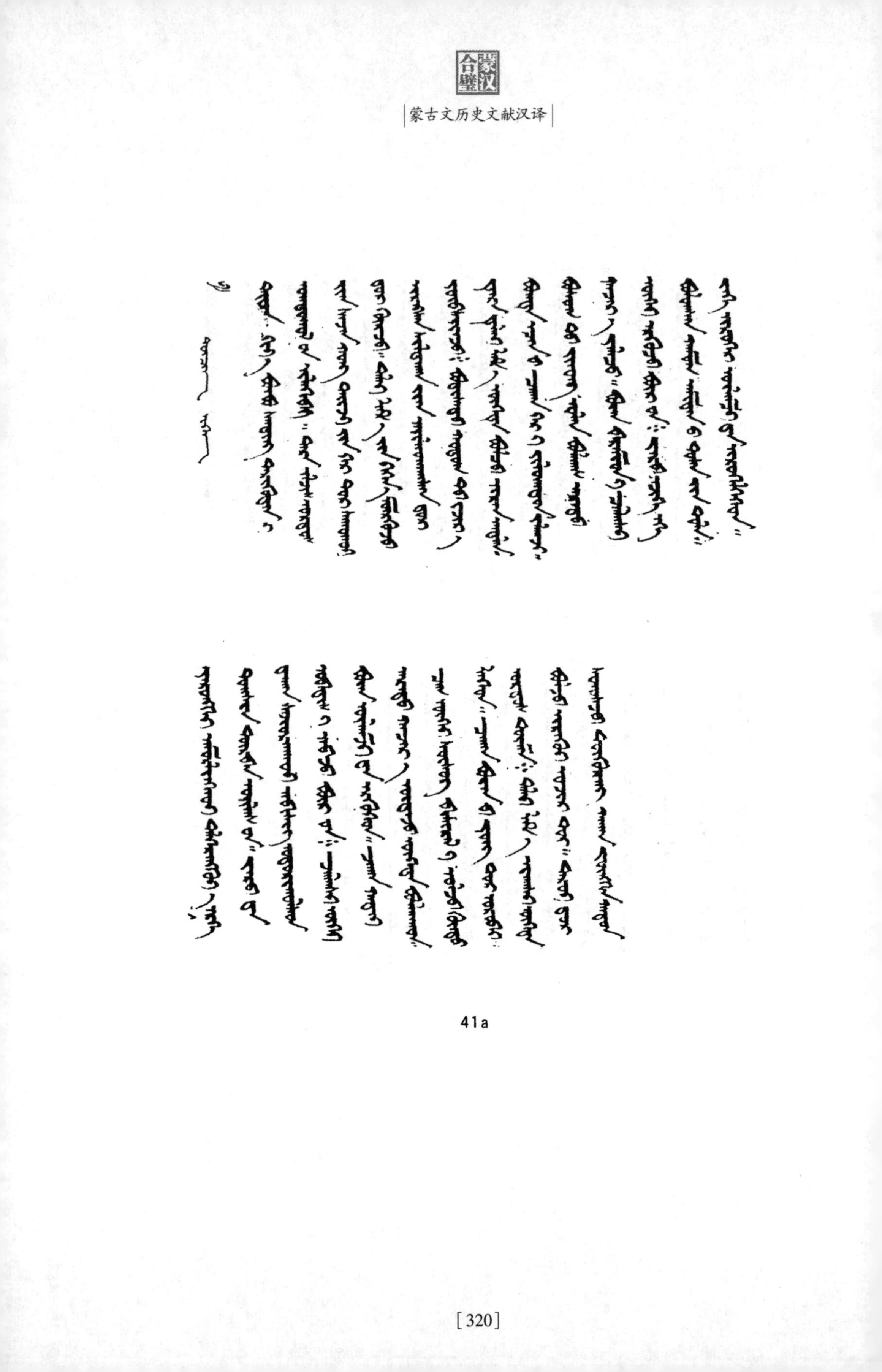

[illegible]

41a

41b

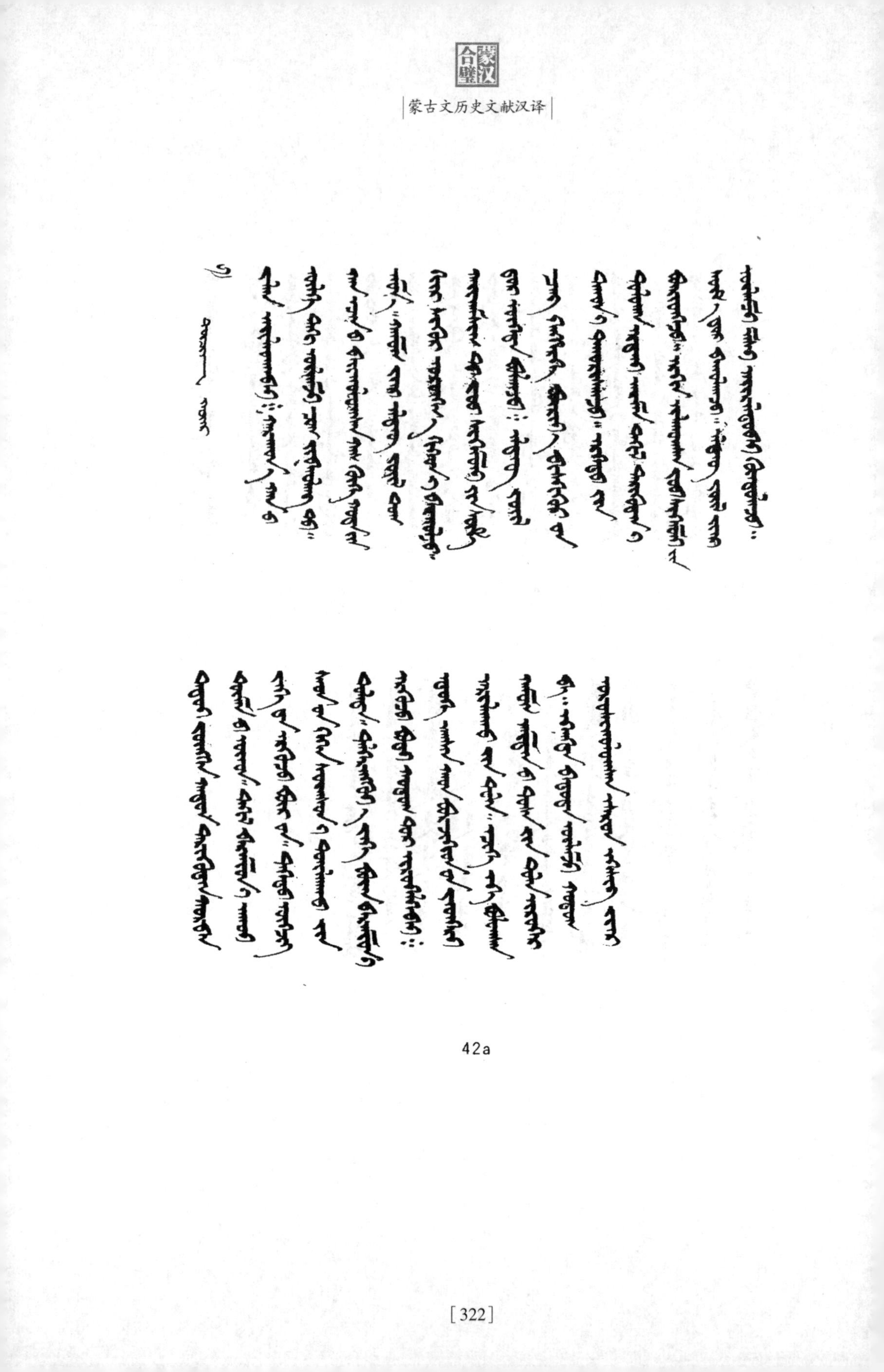

42a

42b

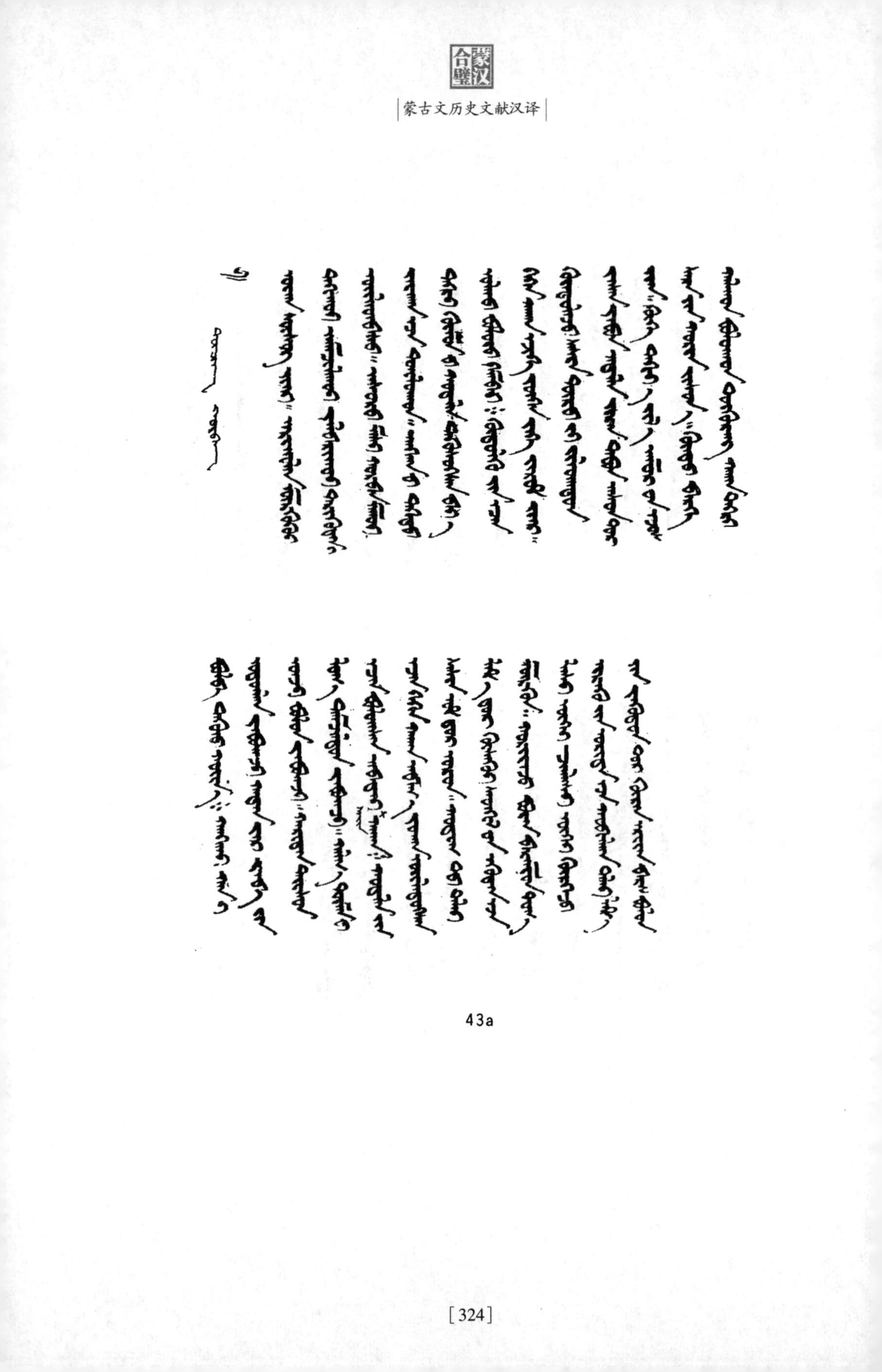

43a

43b

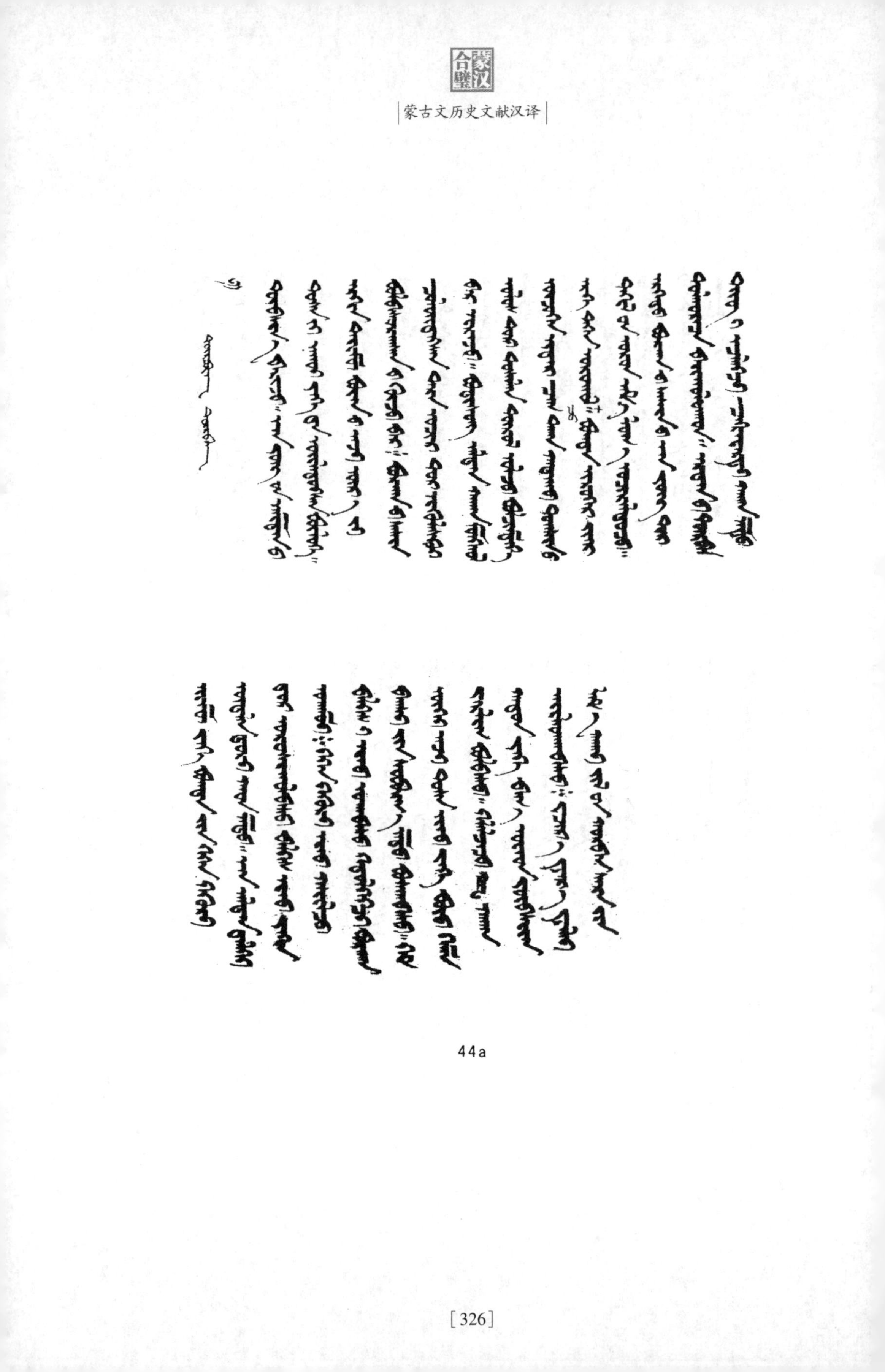

44a

44b

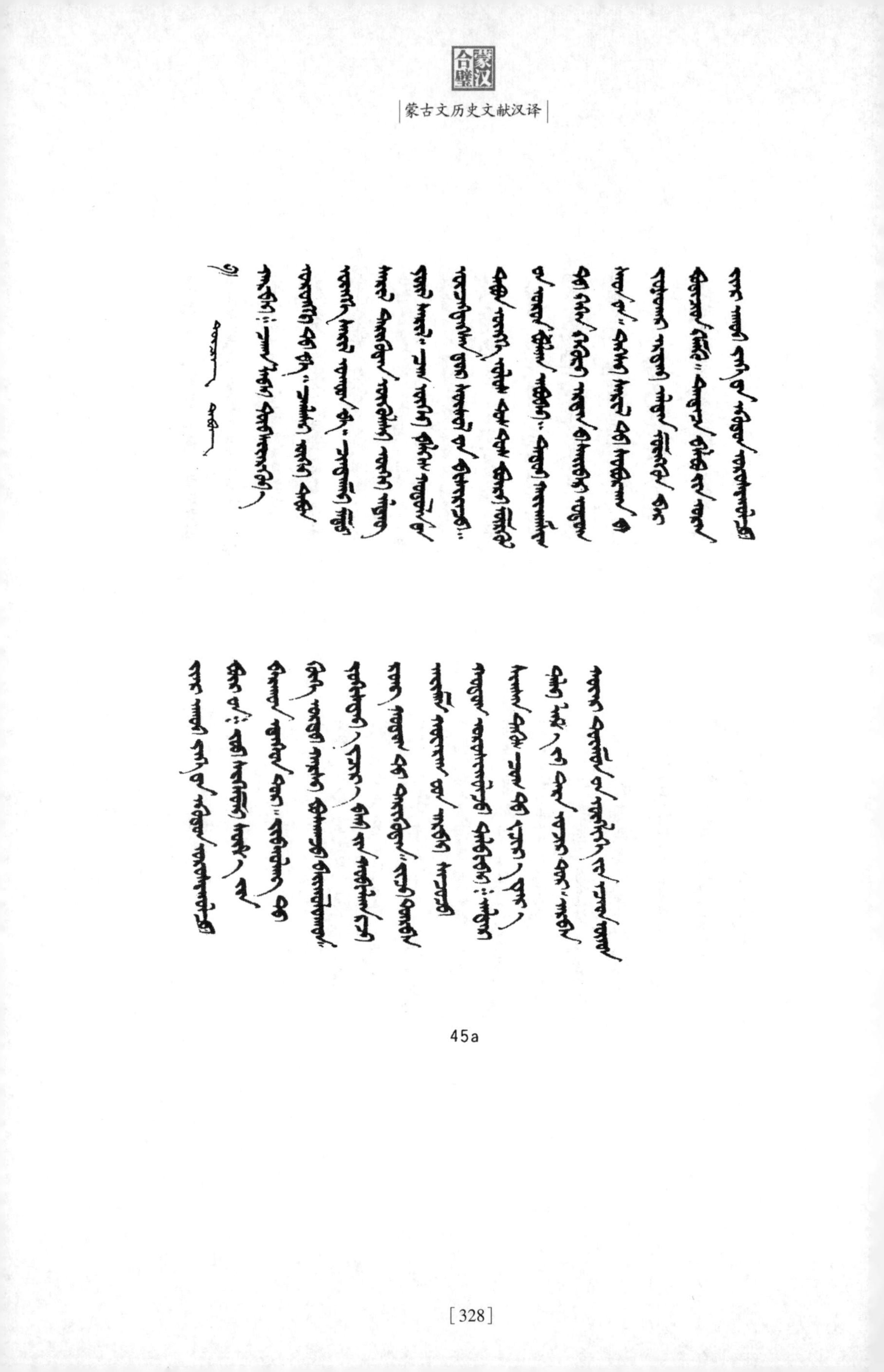

45a

[illegible]

[illegible]

45b

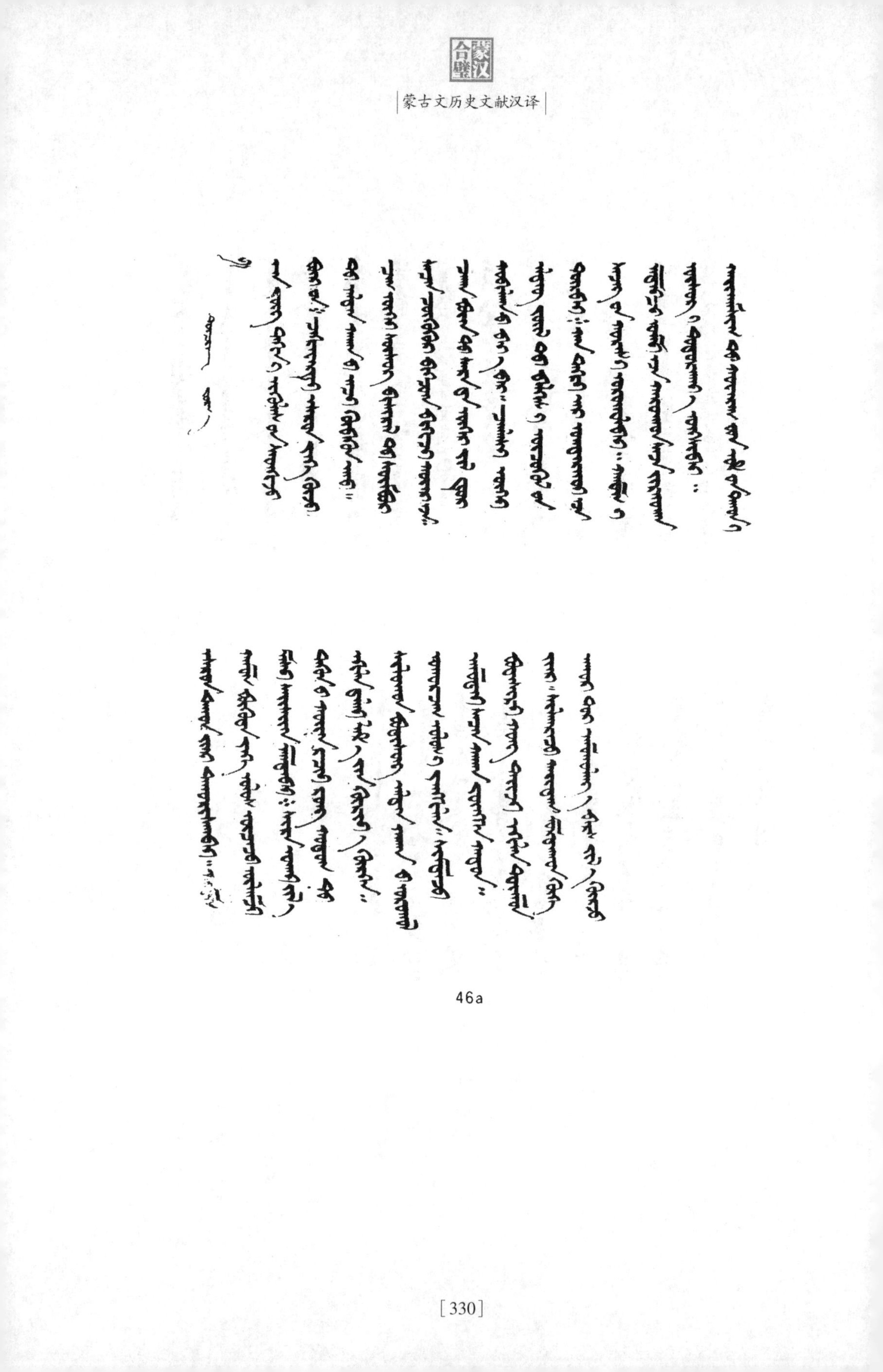

46a

46b

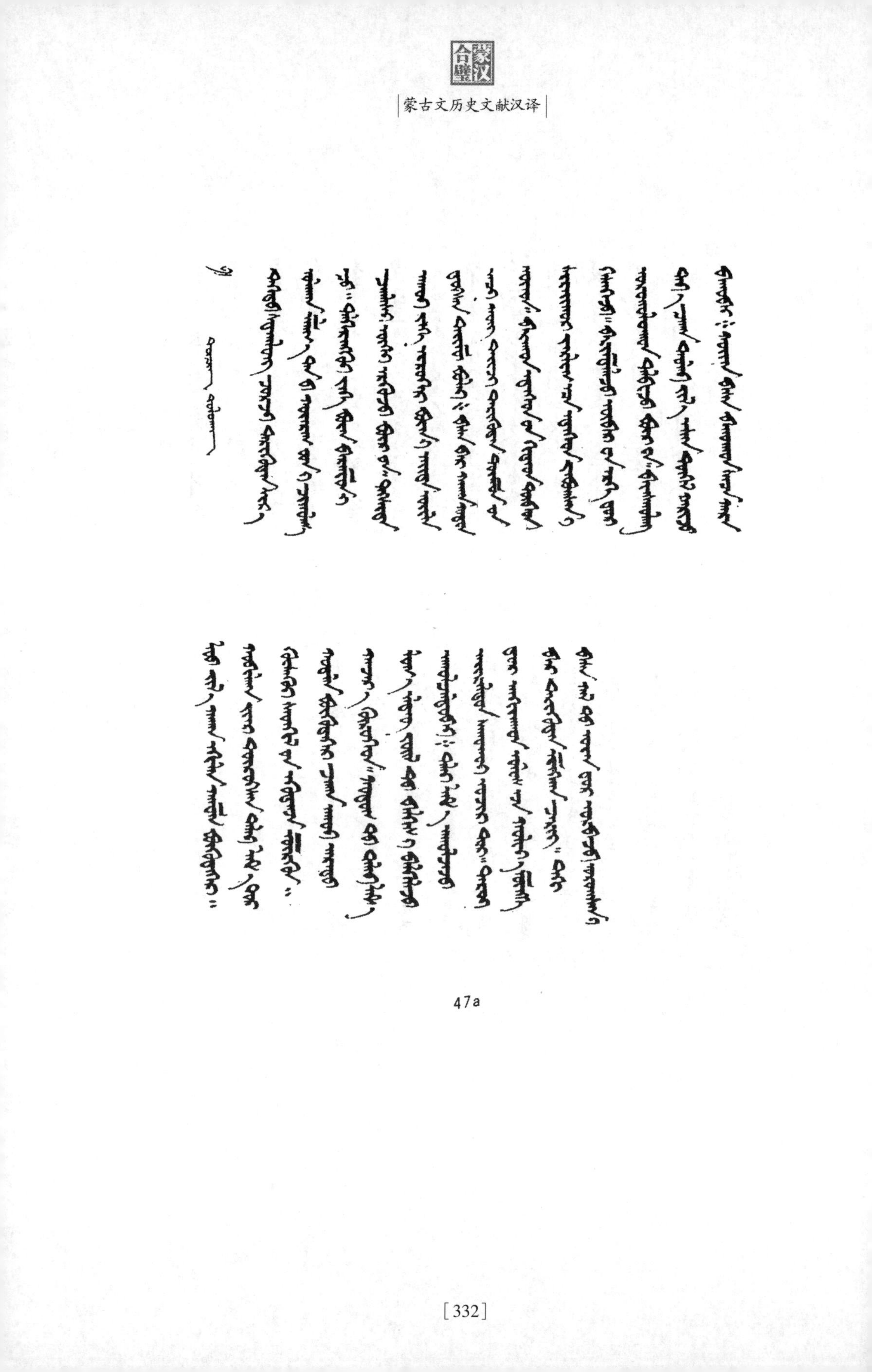

47a

47b

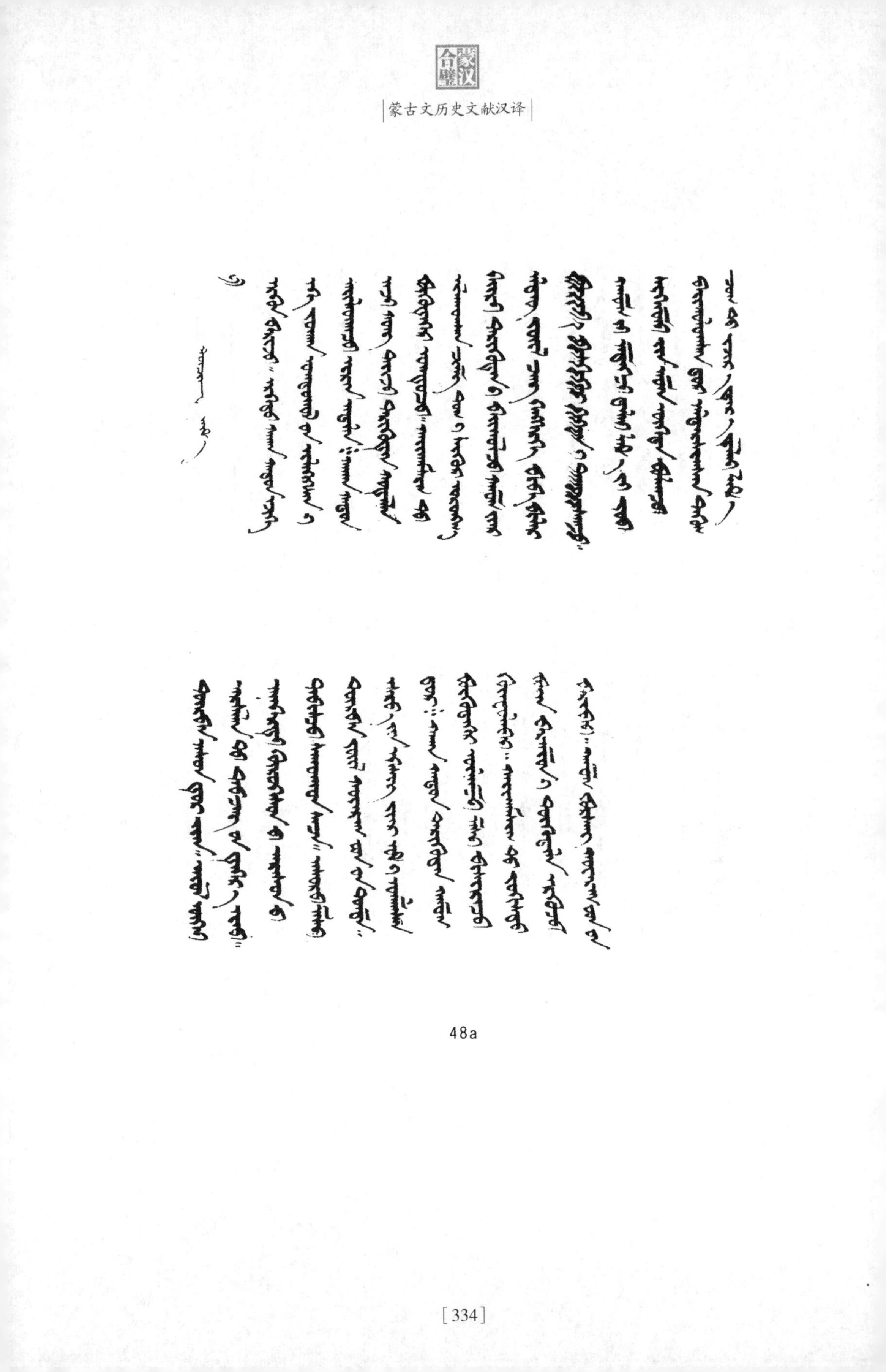

[illegible]

48a

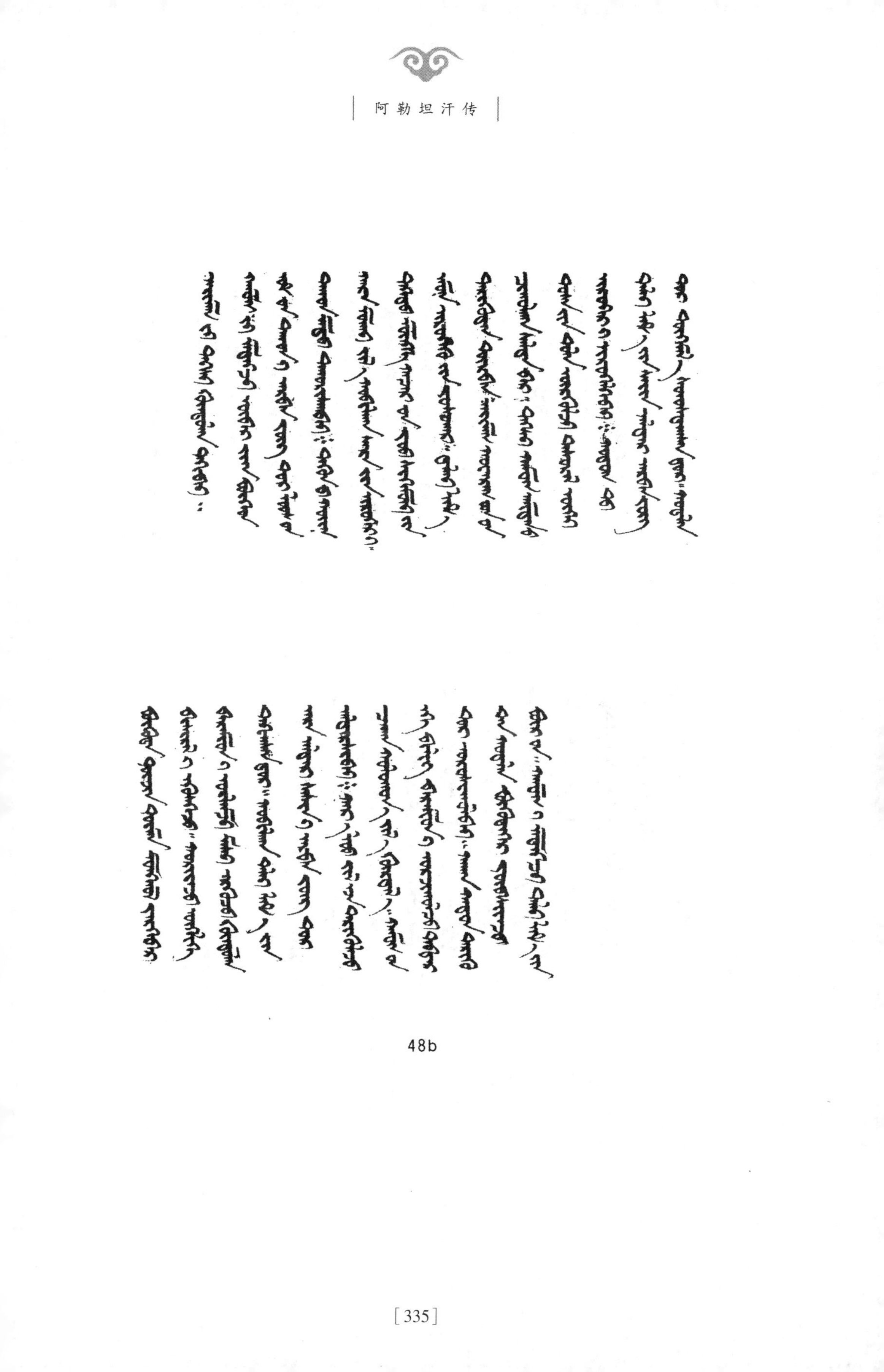

[illegible]

[illegible]

48b

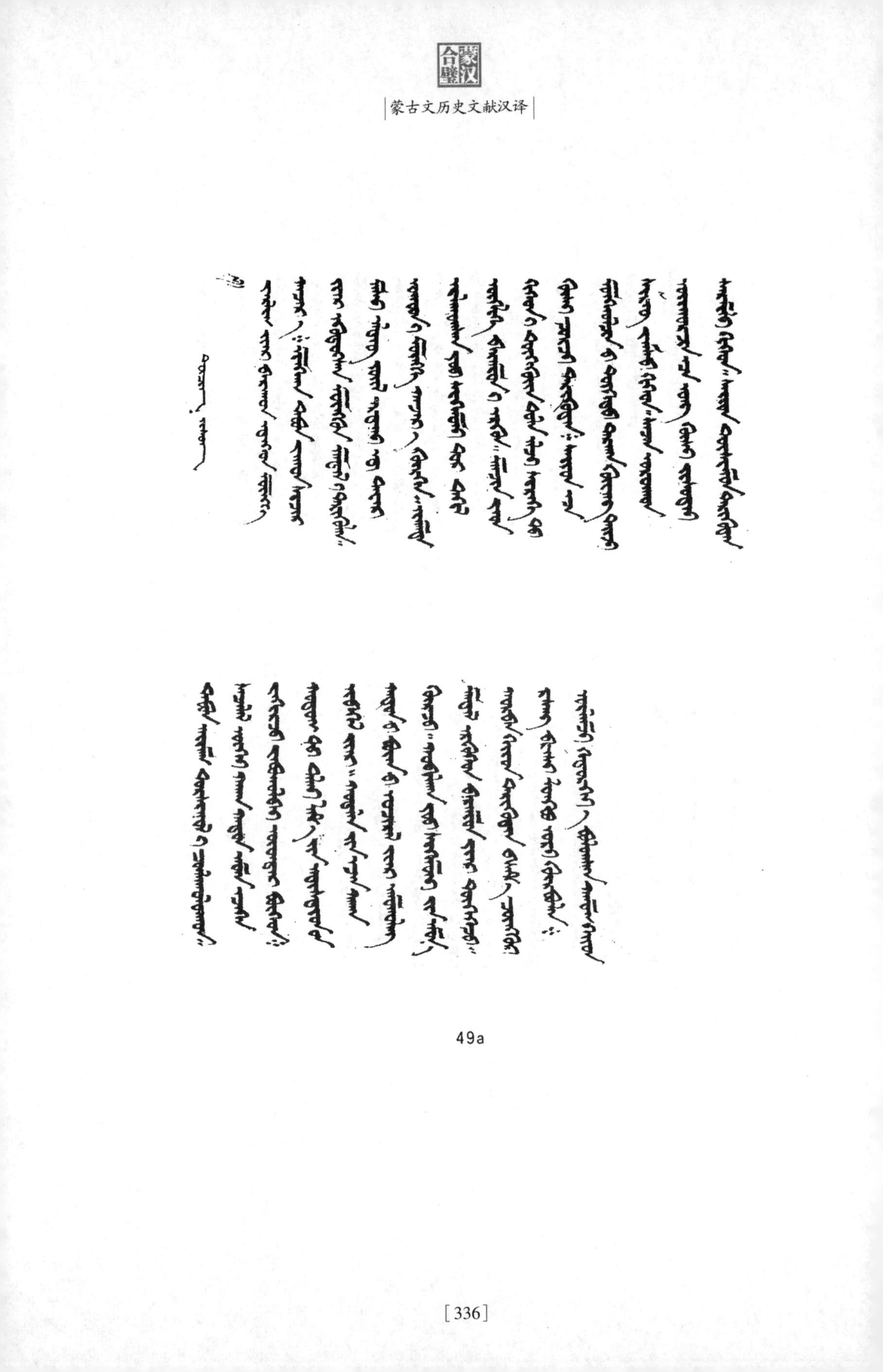

49a

49b

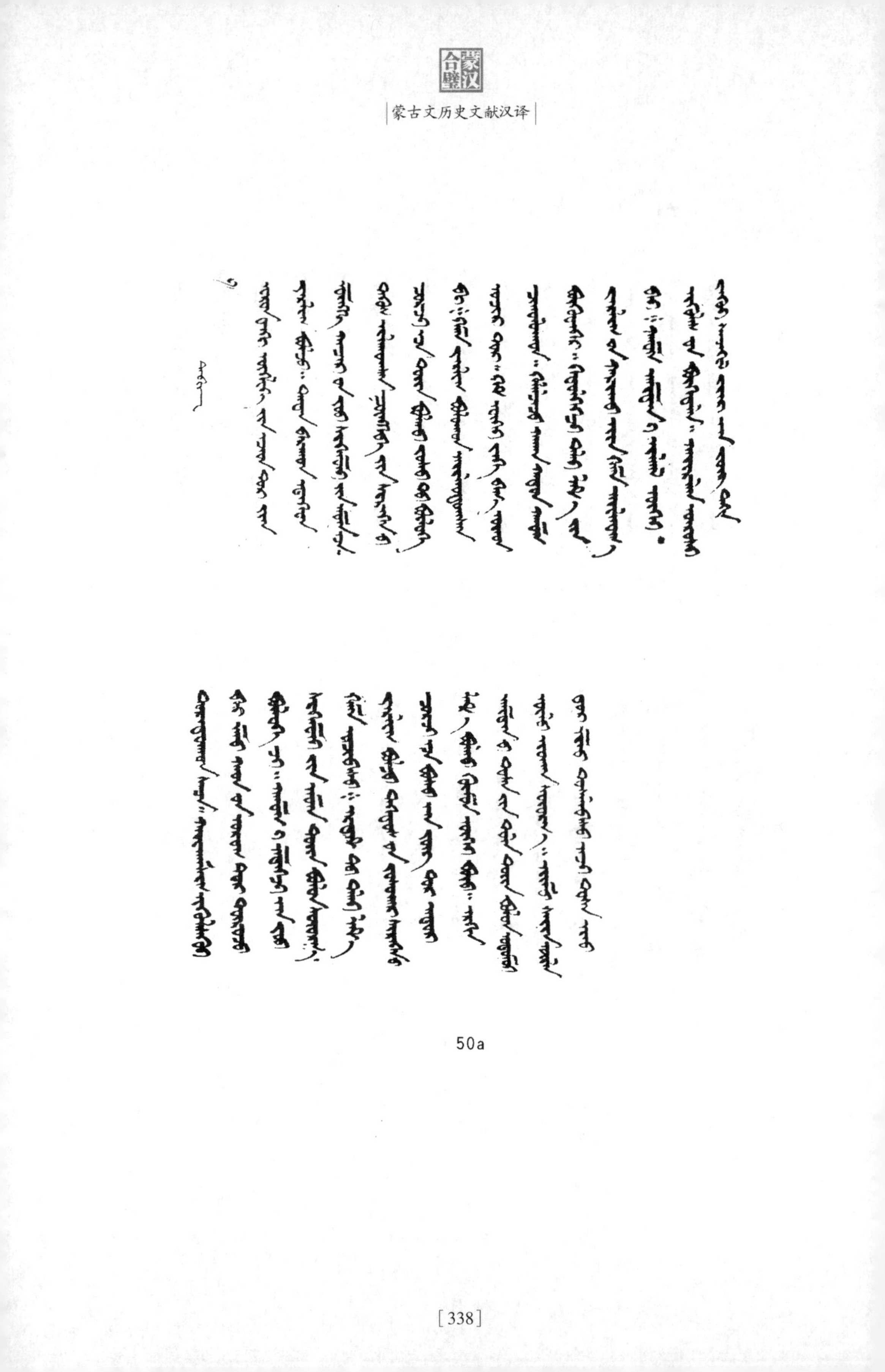

50a

50b

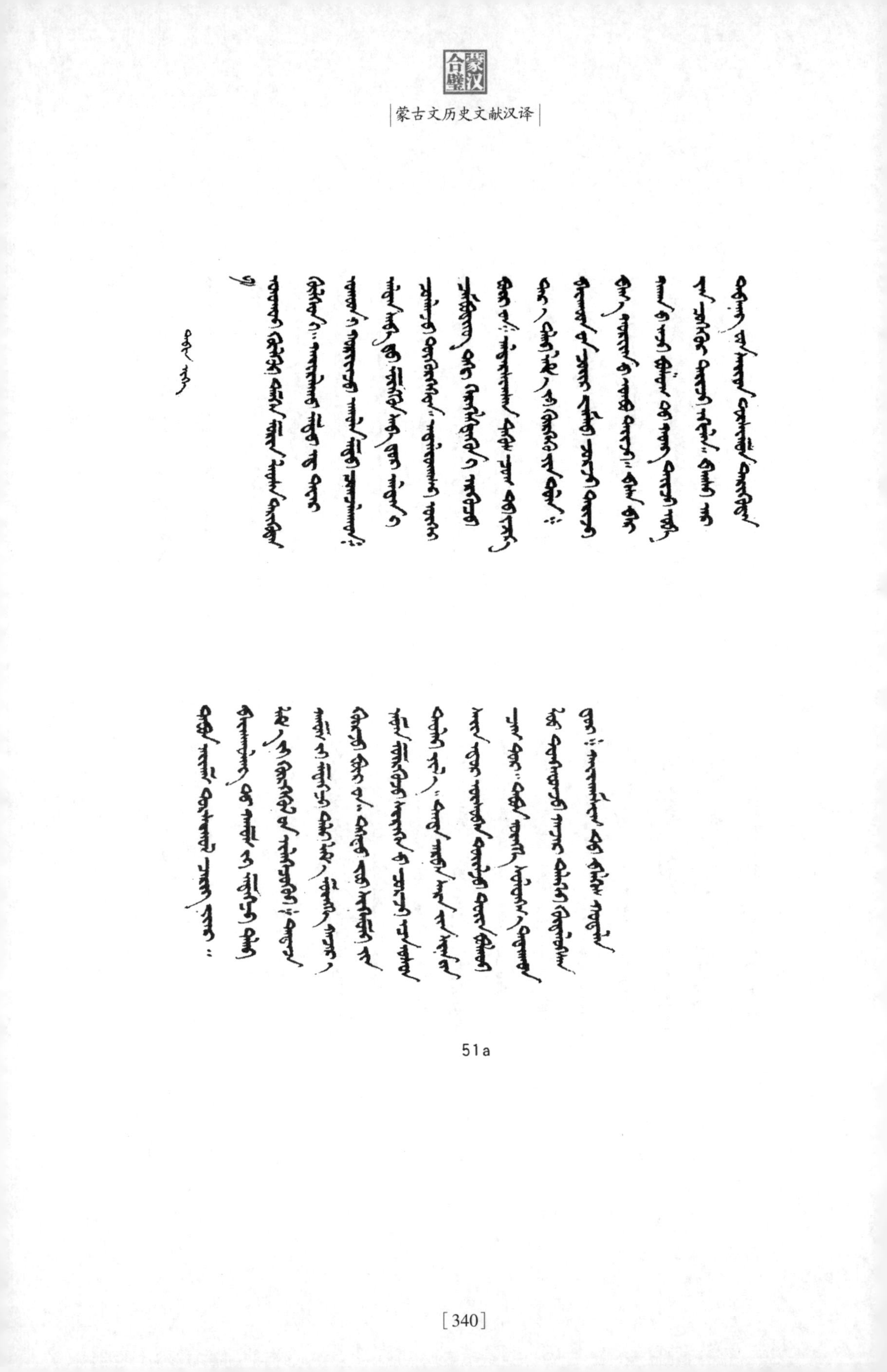

51a

51b

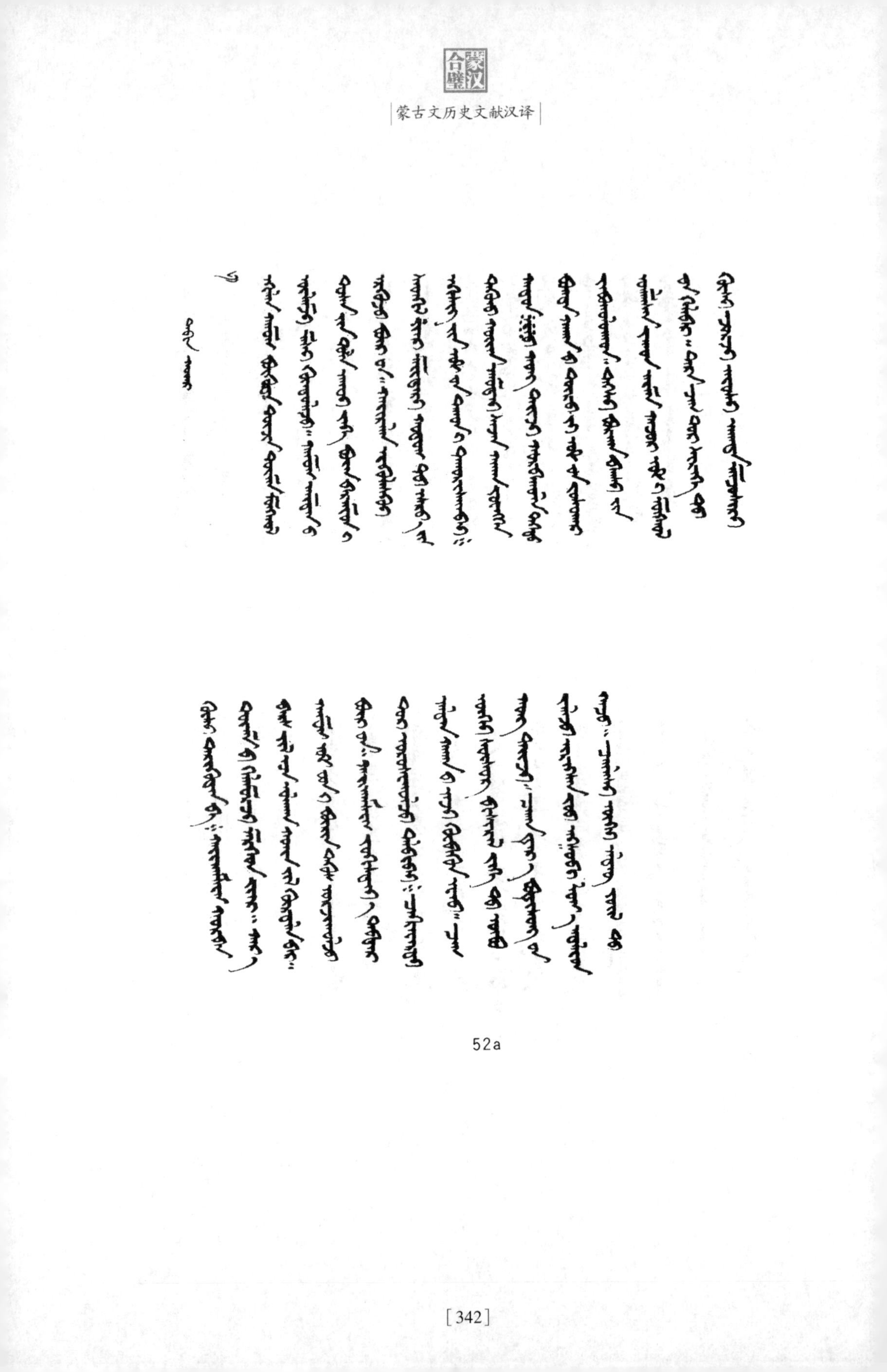

52a

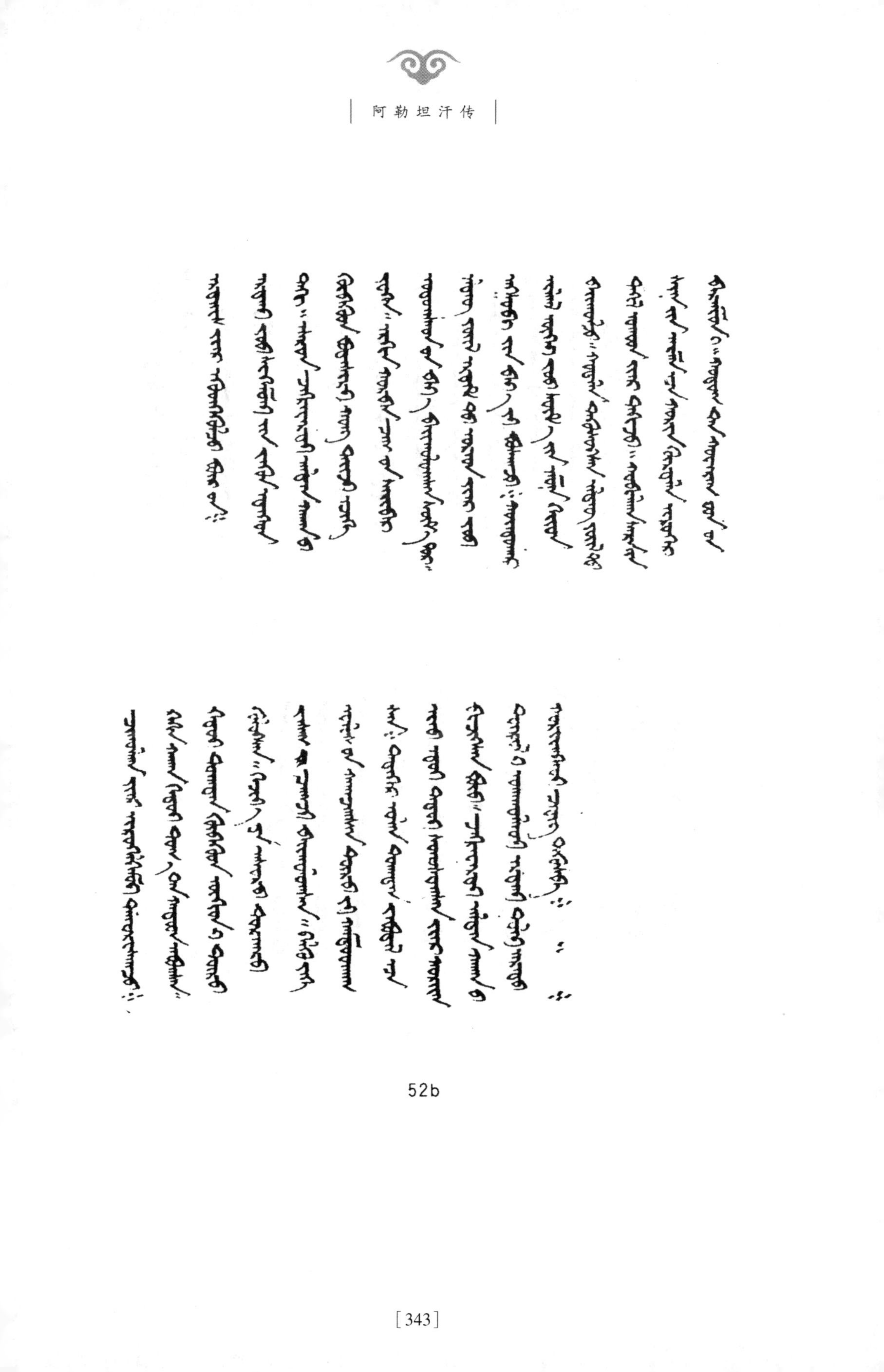

52b

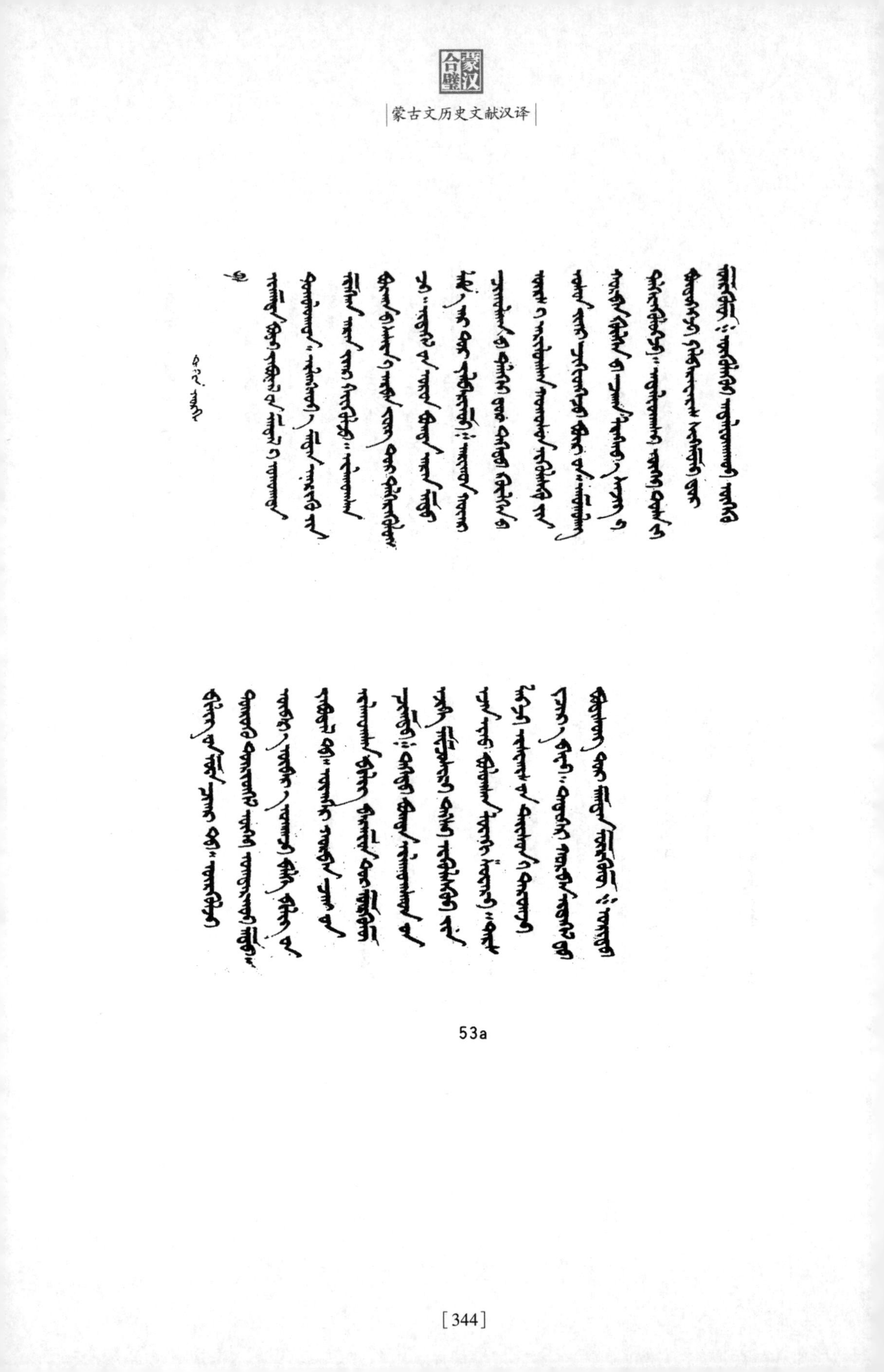

53a

53b

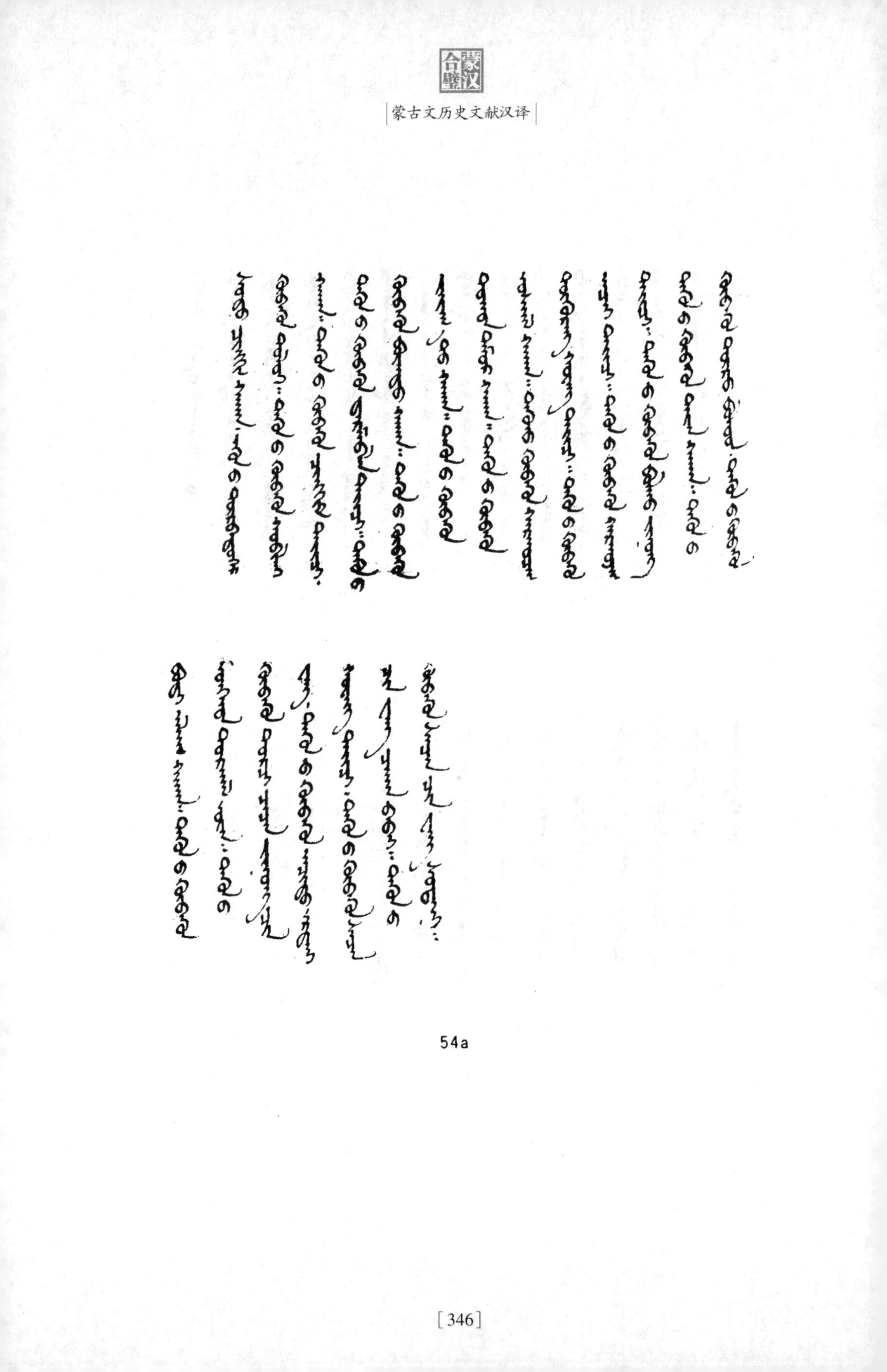

54a